THE
SCIENCE
OF
CREDIT
ENHANCEMENT

增信学

王祚君◎著

立信会计出版社
LIXIN ACCOUNTING PUBLISHING HOUSE

图书在版编目(CIP)数据

增信学/王祚君著. —上海:立信会计出版社,2018.7
ISBN 978 - 7 - 5429 - 5860 - 0

Ⅰ.①增… Ⅱ.①王… Ⅲ.①企业信用—研究
Ⅳ.①F270 - 05

中国版本图书馆 CIP 数据核字(2018)第 156410 号

策划编辑　　戎其玉
责任编辑　　戎其玉　余　榕
封面设计　　南房间

增信学

出版发行	立信会计出版社	
地　　址	上海市中山西路 2230 号	邮政编码　200235
电　　话	(021)64411389	传　　真　(021)64411325
网　　址	www.lixinaph.com	电子邮箱　lxaph@ sh163.net
网上书店	www.shlx.net	电　　话　(021)64411071
经　　销	各地新华书店	

印　　刷	上海天地海设计印刷有限公司		
开　　本	787 毫米×1092 毫米	1/16	
印　　张	14.75	插　　页　2	
字　　数	252 千字		
版　　次	2018 年 7 月第 1 版		
印　　次	2018 年 7 月第 1 次		
书　　号	ISBN 978 - 7 - 5429 - 5860 - 0/F		
定　　价	88.00 元		

如有印订差错,请与本社联系调换

前　言

　　除期货指数和汇率外,金融资产及其产品差不多支撑着整个金融体系。从资管角度看:属于资金投资类型的,风控方式主要是风险分散和风险对冲;属于资产管理类型的,主要是风险递延和风险转移。风险递延是临时而有限的,否则会导致严重的影子银行和货币超发。风险转移应该是终极的,无论固定收益产品(FIS),还是风险资产(RA),权益增信产品(ABS/RBS)都是金融资产/风险资产的风险终极者。因而,从风控角度看,从资产制造,到资产批零买卖,再到资产产品化,将资产风险通过 ABS/RBS 的市场交易与交易定价转化为产品风险、交易风险和定价风险,最终由产品交易市场(众多投资者)承担、消化,这些过程与环节都是为了实现风险转移的风控方式。如果说,金融体系是为了风险转移这一风控方式或资管模式而构建,那么,金融的本质也就是风险转移(增信),否则傻瓜也可以从事金融业务/金融事业。

　　ABS/RBS 中的权益增信产品,都离不开法律法规赋予金融机构仅用于风控的特殊目的载体(SPV)。有幸的是,本人作为律师在 2005 年中国证监会制定 ABS 交易规则时力谏并论证了 SPV 在中国法律制度下存在法理上的合理性,推动了 SPV 作为持有基础资产并由外部管理人(券商)进行管理的合法主体地位。在 ABS 及其 SPV 的立法立规过程中,原深交所创新部门负责人、现港交所副总裁毛志荣博士,原中国证监会研究中心副主任、现中投公司基金部总监王欧博士,作为具有国际金融研究与国际投资银行资历的实践者,他们俩都起到了积极而不可替代的作用。直到现在为止,中国证监会所制定的 ABS 交易规则中的 SPV,在整个中国金融系统中仍然是独一无二的,中国的商事信托尚未建立,虽然已经有了一部"民事"信托法。尽管中国的券商等投资银行机构只是运用了 SPV 的融资功能,创造了数万亿元的金融资产,构成了中国

1

金融机构表外资产近百万亿元级"灰犀牛"的一部分,却尚未理解SPV的真正含义:风险控制,这才是唯一性的"特殊目的",即实现金融资产(FIS/RA)的风险转移。一旦认识到RBS的无法估量的价值,SPV对于金融机构及其监管机构来说,更是无价之宝。

本人曾于DBA游学之际,走访了全球最大的再保险公司——瑞士再保险(Swiss Re),在那里获得一本书,书名叫 The Value of Risk。从而对增信产品及其增信定价有了清晰而明确的理解,对权益增信产品作为终极类型的增信产品充满了信心。RBS,作为权益增信产品,体现了增信效益性与增信安全性的完美统一,不仅可以解决目前中国金融界因基础设施项目融资所形成的"三座大山"(即风险巨大的金融资产、影子银行、人民币超发),而且可以为"一带一路",甚至全球基础设施项目融资提供支持,推动人民币国际化,造福于全人类。RBS,如同智慧之神再现,眷顾着思索者与实践者,为增信学谱下最为华丽的篇章。

本人从2007年在中国证券报上首次呼吁建设中国增信制度开始,到2008年在天津尝试推行增信产品,再到2014年获得中国证监会有关领导的关注及其相关部门的讨论,在近十年的增信理念及其增信产品推广中,得到了许多老同学(微信:增信一家)、老朋友的积极支持与关照,包括原中国社会科学院副院长、国家金融与发展实验室理事长李扬先生,原天津市崔津渡副市长的推广支持,新华社下属瞭望智库吴亮总编,及其《瞭望》杂志与新华网的大力推广,原西藏证券经纪有限责任公司董事长贾绍君先生的力荐,中国东方资产管理公司上海分公司总经理陈小俙先生的思想碰撞,特别是原深圳证监局领导袁晓德先生的鼓励与推动。在此,本人一并表示感谢!最后,对于立信会计出版社戎其玉副总编及余榕编辑为本书编辑加工所付出的辛勤劳动,表示衷心感谢!

王祚君

2018/06/30　于中国上海

目　录

第一章

概　论

第一节　增　信　简　史

增信,从表面上来看是指高信用等级的主体或产品为低信用等级的主体及其产品进行增信,或者对低信用等级出租、出售高信用等级。无论是增信的产生过程,还是增信的初期操作,都是对增信初级阶段的真切感受。但是,发展到一定阶段,或者后期操作,所谓增信,就是转移风险,即对风险定价所形成的风险资产转移并管理。增信,尽管名义上产生于 20 世纪 70 年代美国的金融担保(Finacial Gqurantee, FG),但数百年来增信却一直是伴随着投、融资产品,或者金融产品及其创新产品而存在,经历了全球整个金融历史发展的全过程,并通过下列历史事件表现出增信的不同方向、不同形式和不同价值基础。

罗马法规定了民事担保(Civil Gqurantee, CG),重点在于担保责任和法律责任,而非经济上的增信作用,也非为追求增信功能。在公元 538 年优士丁尼的《法学阶梯》1.3.20pr 中论述到:“为债务人被叫作保证人的人通常受他人之债的约束,在人们关心为自己取得更慎重的担保时,通常接受这样的人。”但公元 1 世纪盖尤斯的《法学阶梯》中却有诚意负责保证、允诺保证和诚意允诺保证三种保证种类,但后来的法学阶梯只留下诚意负责保证,其他两种保证都被淘汰。

担保物权(Real Right of Pledge)是指债务人或者第三人以保证债务履行而设定的物权,罗马法中的担保物权主要包括信托抵押权和质权。罗马法的起源是著名的十二铜表法(公元前 449 年)。在此之后,罗马法取得了很大的发展,经过几个世纪,其形成了今天许多国家的法律的基石。狄奥多西一世皇帝于公元 438 年将帝国的法律汇编成《狄奥多西法典》(Codex Theodosianus)。这部法典只是把君士坦丁大帝(272—337 年)之后的历任皇帝所签署的宪令进行汇集。一个世纪后,查士丁尼大帝对罗马法进行了重新整理汇总,编纂成一部由四部分构成的《民法大全》,译作“国法大全”(Corpus Juris Civilis),该大全是罗马法的集大成者。

在古罗马法律中的无限合伙制度已经高度发达,按照罗马法,合伙是一种合意契约,两个人以上相互承担义务将物品或劳作集中在一起,以实现某一合法的且具有共同功利的目的。15 世纪英国首开无限合伙(Generer Partnership, GP),1865 年英国制定了《合伙法修正案》,1890 年英国制定《英国合伙法》。因为无限合伙是统一权益结构,作为拟制人无限合伙的债务,就是每个合伙人的债务,无限合伙不存在差异权益结构,因此也就无法产生权益增信。这种统一权益的、无限责任的合伙拟制人,尽管增加了具有共同责任、共同义务的合伙人数量,却并未带来拟制人在融资和管理上的方便。

17世纪初英国女王颁布法令,允许成立英王特许的有限公司(Limited Company)。1694年,约翰·霍顿(John Houghton)在自办报纸上刊登了包括英格兰银行在内的各种股份(Actions)的一份价格单。不过也有历史文献显示,1553—1555年成立的莫斯科公司常被认为是近代英国第一家股份有限公司。有限公司作为拟制人,开创了拟制人的融资业务转化为投资业务,即公司股权融资转化为公司投资业务,在有限公司中实现了投融资业务一体化,即公司融资有限责任化。不仅如此,有限公司的权益结构又产生了权益增信功能。这样,有限责任公司作为拟制人的诞生,不仅是人类融资史上的第一次革命,而且附带着另一件金融"瑰宝"——权益增信功能。

第一只可上市交易的股票是荷兰东印度公司,第一家为股票提供交易的证券交易所是阿姆斯特丹证券交易所。1602年成立的荷兰东印度公司则是第一家"永久性"的股份有限公司,并成功在阿姆斯特丹证券交易所发行股票(Listed Stock)。通过向全社会融资的方式,荷兰东印度公司成功地将社会分散的财富,变成了自己对外扩张的资本,人们因此踊跃地大量购买荷兰东印度公司的股票,参与财富增长的分享。于是,世界上第一家证券交易所和第一只股票就这样开始了它们的历史使命。

20世纪20年代前后,另一种拟制人产生。与公司法人不同的是,它没有内部管理结构,即股东(会)、董事会、总经理的"三会"制度设置,而是在外部设置了管理人,这就是托拉斯(Trust)。19世纪末至20世纪30年代控制着美国经济、政治和社会生活各个方面的大金融资本集团,即以摩根财团和洛克菲勒财团为首的八大金融资本集团(即摩根、洛克菲勒、库恩-洛布、芝加哥、梅隆、杜邦、波士顿、克利夫兰八大财团)。托拉斯其实来自商事信托(Bussiness Trust, BT),最早出现的是美国的马萨诸塞信托,或称"麻省信托"。外部管理拟制人的产生和发展,深刻影响着人类经济活动及其全球金融事业发展。

20世纪70年代初,美国产生了金融担保(Finacial gqurantee, FG),适应了当时的地方债、市政债发行的需求。美国金融担保机构总共有15家左右,其中有5家最大型的金融担保机构,包括:AMBAC赔偿公司(AMBAC)、金融担保保险公司(FGlC)、金融证券担保公司(FSA)、市政债券投资者担保公司(MBlA)和资本再保险公司(Cap Re)。金融担保(FG)促使现代增信概念的产生,以区别于传统担保和传统保险的概念。

在金融担保这个崭新增信概念产生的同时，美国金融机构开始高度关注房地产融资产品的信用风险，并借助于从商事信托演变过来的全新的拟制人，特殊目的载体(Special Purpose Vehicle，SPV)发行资产证券化产品(Asset Backed Securities，ABS)和抵押贷款证券(Morgage Backed Securities，MBS)。由政府全国按揭贷款协会(Ginnie Mae,吉利美)发行的房地产抵押贷款支持证券(MBS)开创了第一单资产支持证券(ABS)。1983 年联邦国民抵押贷款协会(Fannie Mae,房利美)发行 MBS。

"美国二房"(即房利美和房地美)则是 SPV 的特别版本，属于特殊目的公司(Special Purpose Compony，SPC),1970 年房利美在纽约交易所上市，演绎了上市公司与 SPV 相结合的控制金融机构风险的一出大戏。但是，由于"美国二房"以 SPC 形式上市，有意或者无意间模糊了作为内部管理拟制人的公司法人与作为外部管理拟制人的 SPV 之间的不同权益关系，结果全球金融机构只是把 SPV 当作融资工具，而未把 SPV 当作控制或转移金融资产信用风险最为有效的方式，或者最为有效的资管模式。

1995 年，Blythe Master,这个美国大型著名金融机构——JP 摩根的财务总监所组织的创新团队首创 CDS。JP 摩根的第一份 CDS 合约就是成功地把安然公司的信贷风险转移给欧洲复兴开发银行，将资产负债表上商业贷款的部分信用风险一并转移给独立第三方——欧洲复兴开发银行。JP 摩根运用 CDS，不仅转移了商业贷款的信用风险，还节省了 JP 摩根的资本金。因此，JP 摩根开发的这个增信产品(Credit Default Swap，CDS),成功地得到了美国市场参与者和监管当局的认可，以参考公司为实体的 CDS，很快就出现在美国金融市场。无论是对冲风险的，还是转移风险(增信)的，抑或进行风险投机的 CDS，都蜂拥而上，于 2008 年美国金融危机前达到顶峰。

1997 年 12 月及 1998 年 1 月，韩国开发银行及泰国工业金融公司获偿 8 亿美元，但由于欠缺标准的法律文件规范，信用联结债券(Credit Linked Note，CLN)市场发展一度迟缓。1998 年国际掉期及衍生产品协会(International Swap and Derivatives Association，ISDA)公布信用衍生产品的定义，以减少法律争议的发生。

2004 年中国银监会发布《金融机构衍生产品交易业务管理暂行办法》，该办法经 2007 年、2011 年两次修订。中国在 2010 年推出了融资担保法规，规定持牌经营的融资担保机构可以从事债券的融资担保业务，与美国"金融担保"英文名相同，业务基本情况相近似，风险相同，只是有些细节不同。2010 年中债增信推出信用风险缓释系统（Credit Risk Mitigation，CRM），由信用风险缓释协议（Credit Risk Mitigation Agreement，CRMA）和信用风险缓释凭证（Credit Risk Mitigation Warrant，CRMW）组成。2017年9月中国银行间市场正式认定CRM，并宣布引进CDS和CLN。

然而，有限公司的诞生和公司投融资的产生，却是人类融资史上的第一次革命，尽管第一个拟制人是无限合伙。在这一融资革命中产生的拟制人的权益增信功能，正是这一融资革命所播下的最伟大的革命种子。由此带来的SPV权益增信产品，为金融机构的风险控制（以下简称"风控"）方式与资产管理（以下简称"资管"）模式，在数百年后大放异彩。尽管这一革命种子直到现在为止仍被人类狭隘思想束之高阁，埋没在近三百年人类增信历史长河之中，但这一革命种子终究可以演化为创新增信产品。创新增信产品不仅可以解决中国数百万亿元人民币金融资产的风控难题，而且将成为全球金融界最为有效的资管模式，抑或可以满足世界各地数百万亿美元规模的基础设施融资需求，造福于全人类。

第二节　增信概念

一、基本认识

信用增级（Credit Enhancement，CE），亦称信用增进或信用加强，对中国来说是"舶来品"。增信，就是信用增级的简称。20世纪70年代初，美国发展出了所谓的金融担保概念（FG），以信用出租/信用出售作为增信定价，以及时偿付作为制度安排，由这两个增信特征或增信门槛，以区别于以往的民事担保、物权担保及其一般保险概念。尽管现在中国也有"融资担保"的概念，在英文上与美国金融担保相通，而且它们都属于主体增信，但两者并不是一回事。美国金融担保（FGa），已经跨入了增信领域；中国融资担保（FGc）只是刚来到了增信门口，准备跨入增信的门槛。无论FGa，还是FGc，作为主体增信，或者外部增信，早已不再是人类增信史上的主角。尽管权益增信功能早已存在于500年前的有限公司这一拟制人之中，也许是人类具有"健忘症"这一基因缺陷，也许是某些利益集团有意无意地将人们引向错误的认知领域，增信权益，或者权益增信产品，却一直没有得到正确的认识。

二、外向认识

1. 增信与增信功能

增信功能,早已在人类历史上存在了数百年,甚至数千年。罗马法中的有关担保(民事担保)规定,则体现了一定的主体增信功能,尽管这种古老担保不具备现代增信的内涵。除此之外,增信还来自拟制人的权益增信功能。增信功能主要有下述类型:首先,自罗马法以来,民事担保在欧洲各国法律中得以确立。民事担保通过法律定义的行为,使得担保行为具有增信功能,即被担保人可以使用担保人的信用,或者被担保人的法律责任或信用风险由担保人承担。其次,近代欧洲各个国家的法律规定,由物权作为出质/抵押为被担保人进行担保,并以物权价值承担被担保人的法律责任,或者被担保人的信用风险由出质/抵押的物权承担。再次,自有限公司成立以来,有限公司的不同权益结构之间存在着一定的增信功能,比如公司股权对公司债务具有权益增信功能。最后,因前后权益资本更替,可以使后期权益资本对前期权益资本具有增信功能,比如后续公司债务融资对前期公司债务融资具有增信功能,因为后续公司债务融资可以归还前期公司债务融资,后期公司股权融资也可以归还前期公司债务融资。

由此可见,增信功能主要有四个类型,即主体增信功能或主体担保功能,物权增信功能或物权担保功能,权益增信功能与更替增信功能。但是,具有增信功能,并不等于增信本身;增信拥有自己的"门槛"(详见第六章第二节),并与增信功能相区别。但有时增信与增信功能合而为一,有时却并不同道。权益增信功能在有限公司及其股份公司中都有相应表现,但在股份公司与上市公司之间却存在增信权益,即为风险转移而存在的增信权益及其权益增信产品。

2. 增信与担保物权

在民事担保中,除了主体增信功能外,还有一种是物权增信功能,叫担保物权或物权担保。在大陆法系中,由于物权属于担保人,且担保价值不能止于物权价值,即使最高额担保;由于物权的变现性障碍和价值变动性,担保价值仍会超越物权价值追究至担保人。于是,物权担保仅是民事担保的附属物,物权增信功能则是主体增信功能的延伸版。在英美法系中,担保价值可以止于物权价值而不再追究至担保人,比如房产按揭。因此,物权担保不再是民事担保的附属物,物权增信功能独立于主体增信功能。这种物权增信功能,对于现代增信,对于增信定价,甚至对于现代增信产品都起到非常积极正面的作用。

3. 增信与一般保险

一般保险是对人与物,及人的活动通过概率精算进行保险,尽管也曾对 FIS 价值进行保险,但增信的"及时偿付"让其却步,直至 CDS 作为衍生产品或增信产品出现时,保险机构才重新介入 CDS 交易。虽然保险机构参与 CDS 交易,只是投资衍生产品,而任何持币投资者均可介入 CDS 交易,但是,保险的概率精算,却对以违约率为基础的风险(增信)定价起到积极而深远的影响。

4. 增信与金融担保等

在法律形式或法律名义上,增信来自金融担保(FG)。FG 跨越了现代增信概念的门槛,信用"租售"的增信定价与及时偿付的增信效果。从而,FG 作为现代增信概念,与古老的民事担保、有限公司的权益增信功能相区别。但是,FG 只是增信初级阶段的产物与认知,尽管具备了现代增信的必备要素,却仍在名义上受制担保概念。作为主体增信,FG 是行业监管和持牌经营的产物,只能通过非标合约开展 FG 业务,使增信局限于 FG 机构。尽管 FGa 以信用"租售"进行增信定价,却没有迈出信用交易/信用买卖关键一步,无法在法律形式上完成从民事担保向商事担保(Bussiness Guarantee,BG)的华丽转身,因而也无法从主体增信走入主体增信产品,将增信彻底地、完全地引入资本市场。尽管 FGc 与 FGa 在英文上相通,但却深陷民事担保概念之中。更可惜的是,中国所创立的 CRMA,已经运用了信用(保护)买卖概念,却自我限制不得转让。CRMA 不仅无法将增信对接资本市场,而且自身也丧失了向增信产品转化的历史机遇。

5. 增信与风险对冲:衍生产品

增信是民事担保(CG)发展到商事担保(BG)的结果。高级阶段的商事担保,实际上已经脱离了担保(行为)概念,进入了买卖(产品)概念,包括初期的信用(保护)买卖,后期的风险(资产)交易。这种转化,如同民事信托(Civil Trust,CT)向商事信托(Bussiness Trust,BT)转化,或者单一财产信托转化为集合投资信托,也是由信托(行为)概念转换为买卖(产品)概念。因此,在讲增信时,必然与担保/买卖等法律概念相关联,FG 正是这个转化过程的过渡性产物或矛盾体。

迄今为止,最重要的衍生产品就是信用违约互换(CDS),CDS 就是以信用(保护)名义进行买卖交易的。在功能上,CDS 的风险对冲与增信的风险转移,有着相互交叉关系,因此也意味着,CDS 既是衍生产品,又是增信产品。在价值构成上,CDS 与增信相通,都是风险(标的资产)定价,尽管在名义上是对信用(保护)进行定价。在信用事件构成及其处置回收率(Recouvery Rate,RR)上,CDS 与增信有着相应区别。应该说,增信与衍生产品互通有无,具有相互交叉的关系。

CDS 以其标准合约,打破了行业监管和持牌经营,将增信第一次引进了资本市场。但是,CDS 只是主体增信产品,除了交易对手风险可能引发金融行业系统性风险外,仍然受制于主体的无限责任,仍然陷于自我增信的恶性循环。而且,CDS 的资产标的(增信对象)只为财务透明度高的上市公司和金融机构,在投机与逐利主导的资本市场上,导致 CDS"裸交易"盛行,严重加剧交易对手风险所带来的系统性风险。

6. 增信与权益增信产品

尽管有限公司的权益结构具有增信功能,但不是针对信用风险而设计,只是自然产生或后人总结的。因此,这种权益增信功能不可进入现代增信的概念与范围。直至金融机构运用 SPV 设置不同层级权益结构,诸如优先级证券、夹层证券和底层证券等,才使增信权益及其权益增信产品成为增信大家族一名成员,并且,可能是这个增信大家族中最重要、最终极的成员。

300 多年前的英国创造了有限公司,在其内部设置了不同层级的权益结构。作为次级权益的公司股权吸收、分离、转移并承载了作为优先级权益的公司债务的风险,即公司债务的风险先由公司股权承担,或者有限公司破产倒闭时先清偿公司债务,如有剩余时再分配给公司股权。也就是说,公司股权对公司债务具有权益增信功能,公司股权是具有增信功能的权益。但是,(有限公司)权益结构所产生的权益增信功能,如同民事担保的主体增信功能,并不具备现代增信所要求的必要内含。因此,增信,与具有主体增信功能的民事担保,与具有权益增信功能的(有限公司)权益结构,有着相互区别的"门槛",尽管后面两者都为现代增信指明了相应方向。

三、内向认识

1. 信用风险

就其本质来说,信用风险就是增信对象,而且仅存在于包括债券、贷款及其债务融资工具等金融资产(FIS)及其发行人/融资者中。众所周知,FIS 的所谓产品风险来自其主体性或主体无限责任,即来自其发行人/融资者的信用风险。FIS 的产品风险与发行人/融资者这些主体的信用风险相一致,或者说是,产品风险是主体风险的延伸。因此,在增信过程中,有的增信对象是 FIS,有的增信对象则是 FIS 发行人/融资者,本质就是两者统一的信用风险,也就是所谓"标的资产"所转移的风险,必须是 FIS 及其发行人/融资者的风险,属于增信对象,并且必须是增信对象及其所罗列的风险。定价(后)的风险,就是风险资产。尽管金融资产

(FIS)都是风险资产,但增信所形成的风险(资产)却是从金融资产(FIS)分离转移出来的,属于风险利率产品;在分离转移出风险(资产)后,金融资产(FIS)只是无风险利率产品,与短期国债(收益率)相当。增信对象及其所罗列的风险,与衍生产品不同,衍生产品所列信用事件更为广泛,因此与衍生产品相区别。增信对象及其所罗列的风险,与生命风险或财产风险相区别,因此与一般保险不同。

2. 风险转移

风险转移可以采用不同的法律概念,既有初级阶段的金融担保,也有高级阶段的商事担保,即信用(保护)买卖/风险(资产)交易。在主体增信中,都是通过非标合约这种增信媒介来转移风险的,即将风险转移至增信主体(机构),犹如FG/CRMA,这也是传统上所说的外部增信或直接增信。在增信权益,或权益增信产品中,都是通过拟制人权益结构的设置来转移风险的。如果没有权益结构,就不存在增信权益,比如同为拟制人的无限合伙,就不存在权益结构。拟制人的权益结构作为一种增信媒介,把一部分权益的风险转移到另一权益中。风险转移出去的权益,形成优先级权益(证券);承载风险的权益,为次级(分档)权益(证券)。这种由权益结构转移风险的,传统说法为内部增信或间接增信。当然,不同权益可以产品化上市交易,优先级权益因上市交易或者具有流动性而成为优先级证券;次级(分挡)权益又因上市交易或者具有流动性而成为夹层证券与底层证券。也就是说,增信权益因上市而转化为权益增信产品。

风险的转移方式,可以是信用买卖,也可以是风险交易,更可以是设置拟制人的权益结构。信用买卖,包括信用"租售"的金融担保,尽管名义上仍为担保概念;风险(资产)交易,包括名义上的信用(保护)买卖,实际上的风险(标的资产)交易,包括CDS/CRMW、CLN;SPV不同权益结构的设置,公司法人的上市股票及其优先股、次级债,SPV的夹层证券与底层证券则就成了权益增信产品。

3. 风险(增信)载体

风险载体也可称为增信载体,是指承载从增信对象转移出来风险的各种载体。如果承载从增信对象转移出来风险的增信载体是法律主体,那它可能是增信机构,比如FG机构。如果承载从增信对象转移出来风险的增信载体是合约产品,那就是主体增信产品,比如CDS/CRMW;如果承载从增信对象转移出来风险的增信载体是FIS,那它可能是CLN。如果承载从增信对象转移出来风险的增信载体是拟制人权益,那它可能是上市股票,或者夹层证券和底层证券。如果承载从增信对象转移出来风险的增信载体是其他权益产品,那它有可能是另一种创新型增信产品。运用什么载体去承载增信对象转移出来的信用风险,涉及人类智慧与创造力。

不同风险载体,增信风险、增信效益、增信对象、增信定价及其增信成本不同。

4. 风险(增信)定价

在主体(机构)增信中,都是以主体(机构)自身价值进行增信,而且自身价值要比增信对象价值高出许多。虽然中国的融资担保机构的资本金具有10倍杠杆率,但单一增信名义价值不得大于融资担保机构资本金的30%。这种以自身价值进行增信的,可称"身价增信"。在产品增信中,信用买卖的定价,从增信关系的信用等级差(以下简称"信等差")所形成的信用利差,比如金融担保定价,上升到增信对象的风险定价所形成的风险利差,比如CDS。以信用利差或风险利差进行定价的,或者以违约率为基础的定价,可称"定价增信"。

关于风险(增信)定价要认清以下几个问题:

(1)风险定价问题。民事担保与物权担保中的主体增信功能与物权增信功能决定了它们对风险定价不关注,只是关注风险本身(担保责任)。它们并不关注担保费用或根本无法收取担保费用,即不关注风险定价或无法风险定价,因此它们还未成为主体增信或物权增信。而金融担保(FG)则是以信用租售进行风险定价并收取增信费用,则是跨入了增信的门槛。

(2)主动定价问题。具有权益增信功能的公司法人或资金投资类型的外部管理拟制人的权益结构,因无法主动对其他权益进行风险定价,或者自身价值与其他权益无关,它们就无法成为增信权益或权益增信产品。以违约率为基础的风险定价所形成的SPV不同层级的权益结构,夹层证券与底层证券,就是吸收了优先级证券的风险,是对优先级证券的风险定价,因此属于增信权益,或者权益增信产品。

(3)主动定价问题也是定价管理的根本问题。风险定价既包括产品发行价格,又包括产品交易价格,通过定价管理,将产品风险与市场风险逐渐释放出去,由市场承担并消化。

综上,增信是一门信用风险转移及其定价管理的学科,或者风险资产转移与他人管理的学科。从第一个定义看,(信用)风险,需要转移及其定价管理。信用与风险是两位一体;风险需要转移,反映了增信的必要性和原则性;风险转移管理,追求转移、承载载体的安全性,可能一次转移不足以完全转移需要再次转移,比如主体增信不安全而寻找产品增信;风险定价管理,是他人(增信者)定价、市场定价,不可为自我定价,并由定价者专业管理,增信主体的自我内部管理无法满足,需要增信产品的外部市场化专业管理。从第二个定义看,风险资产,需要转移并由他人管理。风险定价,是他人定价或市场定价,经他人定价的风险为风险资产;风险资产需要转移,反映了增信的必要性和原则性;风险资产由他人管理,他人是指独立于增信对象的、承载风险资产的增信载体,并由增信载体进行专业管理,增信主体的内部管理专业程度远低于增信产品的外部管理,公司法人的资产管理形式最终让位于 SPV 的权益管理形式。由此可见,上述两个增信定义,殊途同归,含义相同。

第三节 研究对象与研究方向

从增信定义上看,增信是一门信用风险转移及其定价管理的学科,或者风险资产转移与他人管理的学科。那么,增信学科的研究对象与研究方向也就可以确定了。

一、研究对象

增信的研究对象就是信用风险,这是核心的研究对象,同时也是增信对象。首先,如果将研究对象仅限于信用风险,那就是信用学科或 FIS 理论,不是增信学科。其次,信用风险仅限于 FIS 发行人/融资者,不涉及货币信用问题。关于贵金属与货币,国家信用与货币的关系则属于货币学范围。增信学仅关注 FIS(市场)及其对 FIS 进行增信的信用来源与类型。最后,增信学科的研究对象还包括信用风险转移及其方式、风险承载载体及其风险定价管理。信用风险转移,是增信学科的一个重要研究对象。增信学科不仅区别于信用学科,而且又区别于属于法律学上的民事担保。信用风险转移的定价管理,对不同的增信转移、不同的增信载体有着不同的增信风险或增信成本,因而增信定价不同,这与信用学科定价理论不同。

增信的研究范围就是研究与增信交集的各个不同学科,它包括以下几个方面:

(1) 信用风险学科。FIS 及其发行人/融资者的信用风险,涉及信用等级与信用利差等理论,特别是风险定价理论,涉及概率论、质数公理、大数据理论等各种数理统计理论与学科。

(2) 增信理念。增信原则、增信门槛、增信效益等问题涉及商事信托理论、经济管理学等学科。

(3) 信用风险转移。信用风险转移主要涉及法律形式、法律主体以及权益结构、行为法律概念转换形式等。

(4) 增信会计、增信投资与增信管理。其主要涉及会计学科、投资学科和管理学科。

从增信学角度看,首先要厘清增信方向,其次重点研究增信框架,包括增信形式、增信载体、增信媒介,终极目标是研究风险定价及其管理。

二、研究方向

增信是基于古老的民事担保及其担保物权所产生的主体增信功能或物权增信功能,又根据拟制人的权益结构所产生的权益增信功能,因此应该按照以下几个方向进行差异化的各种增信研究。

1. 主体增信

主体增信是指高信用等级的法律主体或增信机构为低信用等级的增信对象进行增信,或者"租售"高信用等级给低信用等级的增信对象。简单地说,主体增信,就是增信主体(机构)对增信对象(标的资产)进行增信,比如 FG/CRMA。增信主体与增信对象,两者都是独立个体且因"租售信用"而发生外部关系,并产生直接增信效果,亦称为外部增信或直接增信。因此,尽管 FG/CRMA 存在租售信用,却仍沿用担保概念;租售信用应该市场化而运用标准合约,但却受制于行业监管和持牌经营,无法使增信对接上资本市场,这是增信历史局限性的表现,也就属于增信的初级阶段。尽管 FGa 已经逐渐淡出美国增信市场,FGc 还未跨入增信门槛,却已赶上夕阳落日,连信用买卖的 CRMA,也会因自我限制交易而难以施展抱负。

2. 权益增信

权益增信是指拟制人不同权益之间所产生的增信。一般来说,拟制人的次级权益吸收、转移优先级权益的风险,或者由次级权益对优先级权益进行增信,次级权益相对优先级权益来说,具有增信权益功能。基于主动吸收、转移优先级权益的风险,并通过市场定价吸收转移优先级权益的风险,次级权益转化为增信权益。又基于次级权益被赋予流动性,次级权益转化为夹层证券与底层证券,成为权益增信产品。由于次级权益与优先级权益同属一个拟制人/法律主体,权益增信亦可称为"内部增信"。并且,两个权益之间的风险转移或增信关系是依据相应法律法规规定,在拟制人/法律主体的权益结构规定中实现的,并不是它们两个权益自己依据合约达成的,因此亦可称为"间接增信"。

权益增信如果没有产品化,增信权益没有转化为权益增信产品,即没有从次级(分档)权益转化为夹层证券与底层证券,或者没有从公司股权、公司股票转化为上市股票,则意味着这些增信权益的定价就失去了市场定价的支持。没有市场定价,次级(分档)权益只能是身价增信,虽然也可能以违约率为基础的风险定价。没有市场交易,次级(分档)权益的风险无法市场化,当然次级(分档)权益的信用,即权益增信的自身信用也得不到市场信用的支持,这种权益增信也将无法真实存在。特别强调一下,以往人们所说的ABS的内部增信,是扩大范围的说法。如上所述,ABS内部增信,实际上仅指增信权益,不应包括现金抵押账户、超额抵押、利差账户/现金抵押账户、资产出售方提供追索权等概念。也正因为以内部增信概念混淆代替了增信权益,代替了权益增信产品,以至于增信权益或权益增信产品被人埋没或遗忘,直至今日才得以发现,希望其未来能够发扬光大。

3. 产品增信

产品增信其实是基于物权增信功能的,这是因为:

(1) 从理论上来讲,无论什么产品,抑或金融产品,都属于动产,又属于大物权范围。

(2) 物权增信功能,源自英美法系的担保物权或按揭贷款,不是大陆法系的担保物权,主要区别在于担保责任或增信义务止于物权价值与否。止于物权价值的担保物权或按揭贷款,才会产生物权增信功能,不止于物权价值的担保物权则会产生主体增信功能。

(3) 物权增信功能,可以为动产增信功能,比如曾经存在过以信用证(L/C)进行增信的案例。同理,其他与信用证(L/C)相类似的动产或金融产品,也可以进行增信。

(4) 风险定价可以基于物权、动产及其金融产品,无论是来自金融产品的自身价值,还是转移过来的定价风险或风险资产构成了衍生产品,抑或与金融产品或者其他权益结构一起构成了全新的增信产品。

(5) 转移过来的风险资产,就是对所转移的风险定价,就是增信定价,也就属于定价增信。

1) 主体增信产品

主体增信,一方面,尽管仍以担保名义开展信用租售的FG业务,增信机构得以行业监管和持牌经营;另一方面,虽然明确了信用(保护)买卖的商事担保而开展的信用风险缓释协议业务(CRMA),却自我限制转让CRMA,囿于担保范围。因此,FG与CRMA,都表明了民事担保向商事担保转化的过渡性特征。

信用(保护)买卖的商事担保在CDS/CRMW中得以体现,定价风险或风险(增信)资产通过标准合约或合约规范而独立为CDS/CRMW等衍生产品或增信产品。CDS/CRMW名义上为信用(保护)买卖,实质上为风险(资产)交易,将标的资产(增信对象)进行风险定价后以标准合约形成主体增信产品在市场上交易,从而转移风险或对冲风险。作为增信产品,CDS/CRMW打破了行业监管和持牌经营,使增信对接上了整个资本市场。同理,将定价风险/风险资产转移并合并到债性金融产品,形成了CLN。CLN与CDS构成了资本市场上两大衍生产品。

CDS/CRMW尽管以标准合约进行交易而将风险资产产品化,在交易过程中为衍生产品而对冲风险,在交易终止或交割过程中为增信产品而转移风险。但是,CDS/CRMW仍然是主体增信产品,既没有脱离"主体性"带来的无限责任,也没有走出"主体性"带来的自我增信的恶性循环,尽管2009年后以清算中心(所)的交易合约替换交易对手所签CDS合约,用以避免作为2008年美国金融危机催化剂的"交易对手风险"。

2)权益增信产品

拟制人的权益结构所形成的不同权益,在没有风险定价的条件下,在不同权益之间会存在着一定的权益增信功能。但在拟制人权益(结构)上市条件下,由于底层权益通过上市交易定价转化为有价证券或者金融产品,这个权益自然就从具有权益增信功能改为增信权益,因其具有上市流通性,又可称为权益增信产品。于是,内部管理拟制人,公司法人的权益,由公司股票转化为上市股票,在上市股票与上市公司一般债务之间的各种权益也因上市成为优先股、次级债和可转债。上市股票,以及优先股、次级债和可转债,一起对上市公司一般债务进行定价增信。

作为外部管理拟制人中的资产管理型拟制人,SPV的优先级权益转化为优先级证券,SPV的次级(分档)权益转化为夹层证券和底层证券。当次级(分档)权益转化为夹层证券和底层证券时,夹层证券和底层证券作为增信权益,就是优先级证券的权益增信产品,并属于定价增信。权益增信产品通过产品定价发行,通过市场交易定价纠正产品定价。更为重要的是,夹层证券和底层证券通过市场交易,不仅释放了自身产品风险,而且将其所转移、承载的优先级证券的风险也一并释放,进而更是将SPV名下"资产池"所转移、承载的金融资产的风险也一并释放,最终成为金融机构最为有效的风控方式和资管模式,抑或最为有效的金融监管形式。

值得关注的是,SPV作为金融机构风控和资管的利器,不仅可以用于具有稳定现金流的金融资产(FIS),也可以用于承载风险的金融资产(增信资产),同样可以违约率为基础进行风险定价,形成SPV的权益结构,通过增信权益及其产品化,在市场交易和市场定价的基础上,不仅释放了自身产品风险,而且将SPV名下的风险"资产池"所转移、承载的风险也一并释放,最终成为金融机构管理风险资产或增信资产最为有效的风控方式和资管模式。这个增信权益及其产品化过程,就是增信产品的创新过程。

第二章

权益增信与拟制人

第一节　第一次融资革命

　　除了国家之外,最早的经济个体是自然人。自然人是以自身人力与财力从事劳动或经营,如有负债或融资,自然人需要承担无限责任。随着社会经济发展,各行各业需要多种形式的合作经营。在古罗马法律中的无限合伙制度已经高度发达,按照罗马法,合伙是一种合意契约,两人以上相互承担义务将物品或劳作集中在一起,以实现某一合法的且具有共同功利的目的。1865 年英国制定了《合伙法修正案》,1890 年制定了《英国合伙法》。但无限合伙所产生的债务,仍与自然人一样,需要承担无限责任。

　　尽管向欧洲大陆运销呢绒的"商人冒险家"名称出现于 13 世纪,但 1407 年在尼德兰经营的商人组织起来,并从英国国王那儿获得特许证,在英国成立的女王特许公司,却是拟制人历史上最早的有限(责任)公司。有限公司的设立,不仅是世界融资史上的第一次融资革命,首次使公司融资变成了公司(权益)投资,促使公司投融资合为一体,而且一改以往融资历史的无限责任,第一次出现了有限责任。更为重要的是,伴随着这个第一次融资革命,增信出现了萌芽。有限公司及其权益结构作为增信媒介,拟制人的权益结构可以产生增信功能,即不同权益之间可以转移风险,下一层级权益可以对上一层级的权益具有增信功能,犹如 ABS 中的权益增信或内部增信。随着有限公司演变为股份公司,最终股份公司上市演变为上市公司。这样,公司股权转化为公司股票,再由公司股票转化为上市股票,权益增信功能上升为权益增信产品。

　　与此同时,上市股票这种权益增信产品又为公司融资带来无限发展的巨大动力。尽管在有限公司和上市公司这类拟制人中已经产生权益增信功能和权益增信产品,比如公司股权对公司债务具有权益增信功能,上市股票(普通股)则是公司债务、次级债、优先股的权益增信产品。但是,有限公司这种拟制人的权益增信功能仅是为有限公司融资目的而产生,而不是为了追求风险转移(增信)而产生,即对风险无法准确定价。因此,公司股权只是具有权益增信功能,只有上市股票及其上市公司的其他权益,包括优先股、次级债和可转债,才是真正意义上的增信权益,或者权益增信产品。

　　综上所述,有限公司只是拟制人之一,在融资方面完美体现了权益增信功能的有效性与安全性,拟制人超越了自然人。就其权益设置,不仅具有法律上的创新意义,更是具有经济上/金融上无可比拟的价值创造作用。因此,可以预见,有限公司的权益增信功能,上市股票的增信权益及其产品化,会随着拟制人的创新而大放异彩,为人类增信史写下辉煌篇章。

第二节　有限公司:公司股权

一、有限公司

有限公司的创立对人类社会发展极具经济推动意义。有限公司发展的历史证明,其对全球经济发展起了不可估量的推进作用。有限公司区别于自然人,它可以有限公司名义进行不同权益的融资(投资),包括公司股权融资和公司债务融资。相对而言,公司权益融资都是有限责任,与自然人的无限责任不同。对于股权融资,有限公司作为融资者彻底摆脱了无限责任;相对债务融资,对于公司股东来说也是有限责任。有限公司可以集合财力、人力去经营一个营利事业,为公司不同层级的权益投资者获利,特别是为公司股权投资者(公司股东)获利。

1. 公司股权

从法律上讲,有限公司是拟制人;从管理学上看,有限公司是"内部管理"的拟制人。公司股权是公司构成的最重要基础,属于底层的权益。有了公司股权这一权益,才可以设置有限公司内部的其他权益及其结构,包括公司管理结构。如果站在公司管理结构与公司股权(结构)两个不同角度看,公司管理结构就是公司股权(结构)的内置化代理人或信托管理人。公司股权(结构)与公司管理结构,是有限公司作为"内部管理"拟制人的两个重要法律基础。

公司股东,作为在法律上的公司拥有者/所有人,对公司承担出资义务、亏损责任和破产最终责任,但这些责任仅以其公司出资为限,不同于自然人对负债承担无限责任。在经济上,公司股东享有公司的残值收益,相对公司其他权益,是最后获得公司盈余收益。因此,公司股权是有限公司最低层级的基础权益,相当于次级权益。

公司股权融资可以为公司获得融资资本(资本金),出资公司资本金或投资股权才能获得股权。尽管公司股权与公司资本金(公司出资)可以不同步进行,但两者应该根据公司章程约定合二为一,相互适应。最终,有限公司通过股权融资获得公司资本金,投资人通过股权投资获得公司股权而成为公司股东。股权投资,开创了融资新形式,有限公司作为法律主体融资而无须承担自然人那样的无限责任,公司融资转化为公司投资,即公司融资转化为公司权益投资。

2. 公司债务

作为公司权益,公司债务优先于公司股权。相对公司其他权益,公司债务优先享有公司盈余收益分配。公司债务又称(公司)一般债务,包括银行贷款、发行债券、信托融资、融资租赁等。公司债务作为最优先的公司权益,如果法律允许,其他公司权益可以依次建立在其之后,包括可转债、次级债、优先股。

公司债务相对于有限公司这个拟制人来说,有限公司须承担无限责任,除非有限公司作为法律主体破产倒闭。但是,公司债务相对于公司股东来说,公司股东对公司债务无须承担无限责任,仅以其出资为限,除非公司股东担保。

3. 公司股权与公司债务的关系

公司股权与公司债务都是公司权益,但属于不同的公司权益结构。公司债务是优先层级的公司权益,公司股权是次级层级的公司权益,相当于 ABS 中的优先级权益(证券)与次级权益(证券)关系。因此,公司股权与公司债务的风险收益次序不同,公司收益先予于公司债务,但公司债务为固定收益,在公司破产倒闭时,获得优先受偿权,风险则由公司股权承担。公司收益后予于公司股权,且收益"上不封顶下不保底";在公司破产倒闭时,风险先予于公司股权,后予于公司债务,公司债务先于公司股权受偿。但在一定条件中,由于公司债务是根据融资协议执行,在一定负债率的条件下,公司股东不一定愿意,或者公司债权人不一定有权获得优先偿付,反而公司股权持有人(股东)可以获得优先的分配受益。

4. 公司融资

其实,有限公司的融资也是相当困难的,即使有限公司具有一定规模,甚至规模巨大。特别是一些未上市的,投资金额较大,投资回报需要较长时间的基础设施投资公司,比如中国铁路总公司等,如不是中国政府政策支持,公司融资会非常困难,这在目前全球基础设施融资需求中可见一斑。对于持有(有限)公司股权的股东来说,以公司股权进行融资,也可能是非常困难的。一方面,对于有限公司,必须进行人为的所谓"评估定价";另一方面,即使有"评估定价",也难以确定风险价格给予精准融资额度。先不说"评估定价"准确与否,即使"评估定价"准确,也难以确定实际融资及其融资额度是否可行。由此可见,风险投资(PE)或天使基金的股权投资是多么的困惑,具有难以忍受的挑战性。当然,天使基金也必须最终以"概率"取胜。

二、权益增信功能

公司债务相对于公司股权,在公司破产/公司清算时属于公司优先级权益;公司股权相对于一般债务来说,属于公司次级权益。因此,公司股权相对公司债务来说,具有权益增信功能,即因公司不同权益结构所产生的增信功能。无论有限公司上市与否,是否为金融机构,根据法律规定,优先股、次级债与可转债虽均属于公司债务的次级权益,却是公司股权的优先级权益。次级权益对优先级权益具有权益增信功能。

然而,这种权益增信功能,只是以自身价值进行增信,并未对风险进行准备定价,因此可称为"身价增信",犹如早期的身价增信形式,即民事担保或物权担保,因此也不可认为是现代意义上的增信,只是具有增信功能罢了。这种权益增信功能,只是通过相应财务管理,如资产负债率、资本金限制等反映身价增信的相应价值和相应风险。

三、股东担保与制度破坏

正因为(有限)公司股权的权益增信功能只是身价增信,风险相对较大,公司融资也相当困难。因此,在中国便产生了公司融资要求股东担保的不当现象,而且中国公司法也未尽保护职责。如前所述,投资公司股权并持有公司股权的投资者为公司股东,公司股东以出资为限承担公司负债或公司责任,公司股权本身已对公司负债具有权益增信功能。因此,公司融资或公司负债要求公司股东再行担保,这应该属于践踏公司有限责任这一人类伟大创举的违法行为,应当属于触犯了公司法的禁止性条款或强制性条款。

股东担保属于关联担保,公司股东因此会对公司承担无限责任。既然公司有限责任属于法定原则,应该归于强制性条款或禁止性条款。如不是法律特别规定,任何违反公司有限责任的条款,无论是法规制度规定,还是章程合同约定,都应视为违法。股东担保明显属于对公司有限责任强制性/禁止性条款规定的破坏行为,当属违法行为。但可惜的是,公司的有限责任在中国公司法中并未被作为强制性条款或禁止性条款,而是作为一般性条款,可以任由融资关系主导方(金融机构)篡改与破坏。由于中国金融机构对公司融资,特别是有限公司的融资风险认识太浅,无法正确认识并采取合适的管理模式或风控方式,也无法正确对待或处理金融资产的信用风险。于是乎,股东担保反而成为中国金融机构管理金融资产的"常规"工具,粗暴地践踏公司有限责任,故而中国有些金融机构被称为"当铺"。

第三节　上市公司:上市股票及其他产品

一、上市股票

1. 公司股票与公司股权

公司股票与公司股权都是公司权益,但公司股票只是公司股权在股份有限公司的法律表示,实际上是股份有限公司与有限公司的差别。公司股票相对于公司股权,更强调公司权益个体化、有限责任和信托责任。非控股股东可以自由地卖出公司股票,自行定价交易而无须其他股东同意,甚至于不用知会其他股东;公司股票在一定条件下可以上市,上市股票作为金融产品,由股票市场通过交易定价,不是持有股票的股东来定价;非控股股东所持有的股票,没有义务为公司负债或融资承担股东担保责任;公司管理层是公司股票持有人聘用的"打工"阶层,不一定是大股东及/或其代理人,而应该是全部股东,包括大股东、小股东在内的全部股东的代理人,是股份有限公司的管理人。因此,公司管理层作为股份有限公司的管理人,须对公司股票持有人(全部股东)承担信托责任。

相对于股份公司股东来说,持有上市股票,与持有非上市股票或公司股权是不同的。在投资风险方面,持有上市股票的股东相对于非上市股票或公司股权的股东来说,投资风险较小,他们所持股票不仅可以自由买卖,而且买卖方便,变现及时。因此,如果公司出现重大经营问题,持有上市股票的股东可以出售股票一走了之,最多是承担市场交易价格风险。但对于持有非上市股票或公司股权的股东来说,则可能进入破产清算程序,并且作为公司权益结构的底层权益而承担公司最大、最多的风险。

在融资方面,持有上市股票的股东可以方便迅速地进行融资。因为上市股票具有流动性,上市股票价格是由市场定价的,无须进行人为的所谓"评估定价"。同时,上市公司的主体评级也相应方便。因此,上市公司融资的方式方法很多,拥有一切融资手段及其权益增信功能,不仅包括自身具有各种融资工具和权益增信产品,如银行贷款,债券发行,以及增发股票、优先股、次级债与可转债等融资产品发行,而且包括相对于未增信的银行贷款、债券发行等金融资产,也可研制出CDS、CRMW、CLN 等衍生产品/增信产品进行风险控制。可以说,为上市公司所设置的融资产品与增信产品,一应俱全,无一例外。

2. 上市股票与公司债务

上市股票与公司债务同属上市公司权益结构,但属于不同层级的上市公司权益。上市股票相当于上市公司的次级权益,公司债务相当于上市公司的优先级权益。由于上市股票的流通性及其财务透明度可以对上市公司债务进行风险定价,上市股票则是增信权益。上市公司债务是指上市公司的一般债务,包括银行贷款、债券发行、融资租赁、信托融资及其他债务融资工具所形成的公司债务。由于上市公司融资手段/融资方法健全,上市公司不一定需要构成一般债务,可以增发股票、发行优先股、次级债与可转债。但是,对于资本性公司,为了发展业务与占领市场份额,往往形成长期、巨额、低利率的一般债务。对于这种一般债务,或者金融机构的金融资产,为了防范其信用风险,在金融机构的风险控制(风控)方式或资产管理(资管)模式中具有产品增信方式,包括 CDS、CRMW 和 CLN 等增信产品。

二、上市公司其他产品

上市公司其他产品包括优先股、次级债与可转债。相对于上市公司融资来说,它们都是融资产品;相对于上市公司债务来看,它们都属于具有权益增信产品。因此,这些权益增信产品既是融资产品又是增信产品,而且它们构成了上市公司不同的权益增信产品的优次排序:①优先股;②次级债;③可转债。权益增信产品的优次排序实际上就是上市公司的权益结构。上市公司的最优先权益是上市公司的一般债务;底层、最次级权益是上市公司的普通股;上市公司的优先股则是在普通股前面层次的权益,排列于上市公司的次级债、可转债及其一般债务之后;上市公司的次级债是在上市公司的一般债务下面层次的权益,于优先股之前或之上;上市公司的可转债在可转股票条件之前,属于上市公司的一般债务,在可转股票条件之后,属于上市公司的普通股。总之,如以普通股为底层、最次级权益,那么,在这之上的依次是优先股、次级债、一般债务。可转债则视条件,要么归属于底层、最次级权益,即普通股;要么归属于最高层、优先级权益,即一般债务。

三、增信权益及其产品化

上市股票作为普通股,相对于上市公司其他产品,如优先股、次级债、可转债和上市公司一般债务,是一种增信权益,或者因其上市流通性而成为权益增信产品。比如,PE 所投资的公司股份,应该属于金融资产,而转移金融资产内在风险的方式,就是金融资产产品化,即把作为金融资产的公司股份演化为金融产品或有价证券,即上市股票。上市股票是具有流通性的公司股票,是公司股权产品化。

作为公司股权或底层的公司权益,公司股票属于 PE 所投资的金融资产,公司股票上市流通而成为上市股票,则意味着金融资产产品化。反之,正是因为公司股票上市,上市股票相对于上市公司债务,就是一种市场化的风险定价,上市股票就是由公司股票的权益增信功能转化为增信权益,或者权益增信产品。这样,上市股票相对于上市公司债务是一种增信权益,那么,上市股票对于上市公司债务,以及优先股、次级债与可转债,就是增信权益产品化,或者权益增信产品。优先股是次级债、可转债、一般债务的权益增信产品;次级债是可转债、一般债务的权益增信产品;可转债是一般债务的权益增信产品。当然,作为金融资产产品化,上市股票及其他权益增信产品,与 ABS 或其他权益增信产品有所不同。

有限责任公司的诞生及其公司上市,不仅是人类融资史上的第一次革命,也给人类在增信形式、增信载体和增信媒介等方面带来了可能性,即可以从主体增信、物权增信走向崭新的权益增信。增信形式由具有增信功能的民事担保向具有内部权益增信功能的拟制人转化;增信媒介则由风险转移/信用租售的担保合约向拟制人所具有的权益结构转化;增信载体则由增信主体向拟制人的增信权益转化。但是,权益增信功能及其增信权益产品化,第一次融资革命的伟大成果却被人类狭隘思想束之高阁,埋没在近三百年人类增信历史长河中。直至本书的出版,才把权益增信功能和增信权益产品化这个价值无限的人类知识瑰宝呈现给大家。

第四节　拟制人:权益增信(功能)

一、拟制人

国家作为特殊拟制人,是人类历史自然发展出来的,或者是后人总结得出的"结论"。但是,有限公司作为拟制人,却是人类创造、设计出来的。早期人类历史上的人或者法律上的人,只是自然人。自然人也就是法律上最早的人。也许早期法律可能并不把某些人当作法律上平等的人,但不能否认法律上最早的人,是自然人。即使国家,也是伴随着自然人而存在,所谓"朕即国家"。

随着资本主义经济的初步发展,作为个体存在的、有生命的自然人,不再完全满足自然经济发展的需求。于是,出现了自然人的集合(组织),如同教会、社会团体等。之对于财产所有权,不再是单个自然人。起源于罗马法对无行为能力人的监护制度,在英国逐步发展出"财产转移并由他人管理"的信托制度,其中,信托账户便具有了拟制人的基本法律要件。英国早期专业人员事业发展迅速,出现了合伙这一拟制人,但其却是无限合伙(GP)。无限合伙人与自然人一样,因无限合伙的(内部)权益均为相同,并对无限合伙这一拟制人承担着相同的无限责任。因此,无限合伙作为拟制人并没有发展壮大,只存在于某些专业领域。

15世纪初,英国产生了女王特许的有限公司,有限责任当初是建立在信用基础上的。有信用的人可以获得女王授权来成立有限公司,没有信用的人则无法获得女王授权来成立有限公司,只能是无限合伙,必须承担无限责任。有限公司作为法律上的拟制人,区别于自然人,并作为自然人的集合体,在法律上成为一个法律主体,却不再承认这个法律主体构成者,有限公司的股东(即自然人)不再是作为拟制人的法律主体。与此同时,有限公司作为拟制人,在经济责任上又区别于无限合伙,只承担有限责任。

在经济上更为伟大的是,有限公司作为拟制人的出现,使得公司融资演变成公司投资,以往融资的无限责任在有限公司面前销声匿迹。不仅如此,拟制人及其权益结构可以作为一种新型的增信媒介,使得公司股权投资具有权益增信功能,相当于对公司债务的增信。这种权益增信功能得益于拟制人及其权益结构这一创新增信媒介,打破并抛弃了合约增信这种古老的增信媒介。公司股权很快又被公司股票及其上市股票所替代,上市股票不仅具有权益增信功能,而且具有流动性。这种权益增信功能及其产品化过程,近三百多年来一直为加速人类经济发展与价值创造作出了巨大贡献,直至今世今日。权益增信功能及其产品化必将影响着未来增信历史发展过程;最为值得期待的是,拟制人的历史并未驻足于"内部管理"的有限公司或其上市公司,SPV作为"外部管理"的拟制人,在金融机构的风险控制方式或资产管理模式上更显现出不可替代的历史地位,为风险转移的增信领域大放异彩。

二、拟制人构成与分类

拟制人与自然人一样,都是法律上的人,必须符合一定要件。一定要件是由必要条件和充分条件构成。拟制人要件包括三个基本方面:①拟制人名称以及银行账户;②拟制人(通讯)地址;③拟制人法律法规。其中,拟制人名称、银行账户以及(通讯)地址,是拟制人的基本构成或必要条件;拟制人法律法规,则是充分条件。拟制人法律法规是指对拟制人的法律监管及其监管模式,因法律监管及其监管模式不同,拟制人有所不同,可以分为不同类型。首先,拟制人分为一般拟制人和特殊拟制人。其次,一般拟制人又可分为内部管理拟制人和外部管理拟制人。最后,外部管理拟制人又可分为登记拟制人与"纸上"拟制人。

1. 特殊拟制人

拟制人,在一个国家法律上,可分为特殊拟制人与一般拟制人。特殊拟制人即国家,它是由法律特别规定而组成的。国家,对一国内部来说,它是外部管理拟制人,即各级各种政府机构作为独立法律实体而成为外部管理人,对国家这个拟制人进行管理,并对国家及其权益人(公民)各自承担不同的信托责任;对一国外部来说,它是内部管理拟制人,属于特殊法人,表现为国家内部各种各级政府机构不是作为独立法律实体,只是内部管理人对国家这个拟制人进行管理,并以国家名义统一对外交往。

大部分国家法人不是自然形成的,而是创设的。因此,无论对于一国内部来说,还是对于一国外部来讲,每个国家都不尽相同。此外,在国家这个特殊拟制人之外,都是一般拟制人。特殊拟制人与一般拟制人的区别在于,前者无法像后者那样把拟制人进行权益化,即在一般拟制人内部可以形成权益结构,特殊拟制人无法在其内部形成权益结构,如同自然人。一般拟制人根据法律法规可分为:内部管理拟制人与外部管理拟制人。

2. 内部管理拟制人

内部管理拟制人是指设置内部管理人的拟制人,主要是指公司法人。所谓内部管理人,是指管理人不是以其独立法律实体名义,而是以非独立的内部机构名义管理公司法人。公司法人包括有限公司、有限股份公司、上市股份公司等不同形式,这些不同的公司法人都是因为法律法规而有所区别。同时,公司法人又有公司登记上的特别规定,不同国家、不同法系对于公司登记又有所不同。有的国家、有的法系登记要求非常严格,如大陆法系国家的法律法规;有的国家、有的法系登记要求比较宽松,如英美法系国家的法律法规。只有特殊公司法人,如金融机构,各个国家法律规定都是比较严格的,即持牌经营与行业监管。

公司法人作为内部管理拟制人,实际上是指在公司法人这个拟制人身上安装了公司"大脑",即在公司内部设置了管理结构,称为公司管理层。因此,这个公司"大脑"或公司管理层,是指股东(会)、董事(会)、总经理等所谓"三会"制度。内部管理是公司法人内部的管理结构,如果没有内部管理结构,则不可为公司法人。内部管理结构是公司法人区别于外部管理拟制人的根本要件。

3. 外部管理拟制人

外部管理拟制人是指具有外部管理人的拟制人。所谓外部管理人,是指管理人是以其独立法律实体名义管理公司法人。外部管理是指拟制人本身没有设置内部管理结构,如"三会"制度,却在拟制人以外聘用管理人,即外部管理人对拟制人进行的管理。根据有关法律法规,特别是金融法律法规,才可以设立外部管理拟制人。外部管理拟制人包括投资基金(Fund)、有限合伙(Partner Equity,PE)、商事信托(Bussiness Trust,BT)、房地产信托基金(Reits)、特殊目的载体(Special Purpose Vehicle,SPV),或者变体为特殊目的公司(Special Purpose Corporation,SPC)等。

外部管理拟制人又分为两种:一是资金投资型外部管理拟制人。先有资金后有资产的,属于资金投资型外部管理拟制人,主要包括 Fund、PE、BT 等。资金投资型外部管理拟制人主要采取风险分散、风险对冲的风险控制方式。二是资产管理型外部管理拟制人。先有资产后有资金的,属于资产管理型外部管理拟制人,主要包括 SPV 或 SPC、Reits 等。资产管理型外部管理拟制人主要采取风险转移这种风险控制方式。

4. 外部管理拟制人在中国

中国属于大陆法系,属于1961年欧洲大陆法系改革前的大陆法系,而且融入了已经消亡的苏联时代足够多的法律概念。因此,在这种法律体系下,要在中国金融领域里引入对金融机构与金融产品非常重要的英美法系所创立并运用有效的法律原则和法律制度,不仅是相当困难的,而且也是相当困惑的。中国尽管拥有证券投资基金法,却不承认这个基金(Fund)的主体性,或者属于外部管理拟制人。在中国法律中也承认了有限合伙(PE),但是 GP 作为外部管理人所承担的信托责任,并由此引申出来的无限责任却被边缘化了,仅为难以操作或实施的形式规定。SPV,虽然在证监会 ABS 的规章制度中也有所确立,但作为"特殊目的"的拟制人,却从未被揭开其神秘面纱。房地产投资信托(Reits),直至今日无法落地,因为中国法律无法赋予 Reits 的主体性,无法承认其为外部管理拟制人,因而无法持有房地产。对于商事信托(BT)或特殊目的信托(SPT),由于中国只是制定了具有民事信托性质的信托法(却又未真正实施民事信托),根本没有商事信托(BT)相关法规。现在用于社会融资的信托计划,只是按照民事委托概念,又是违反民事信托原理的,用中国文字图描出来的,不伦不类的合同而已,根本与商事信托(BT)无关。

1)中国外部管理拟制人制度

尽管中国引入了英美法系的基金制度和信托制度,但在这个基金制度和信托制度中的投资基金和商事信托,根本就不是一个拟制人,这样也就不存在外部管理拟制人制度,致使基金管理人不用承担信托责任。其一,中国信托法至多算上一个民事信托,但是在民事信托中最重要的信托账户,在中国法律法规中根本没有办法使其生根开花,于是这个民事信托也只能束之高阁。金融监管机构利用这个民事信托,将其改革为"投资信托"。但这个所谓的"投资信托",却没有设置外部管理拟制人制度,而是堆砌了一些毫无逻辑关系,没有任何法律概念支撑的所谓"信托计划"。其二,甚至在 Reits 研究设计中,发现了外部管理拟制人制度建立的重要性,却仍被监管机构屏闭,以保障所谓的"信托计划"顺利推行,使得至今信托资金已筹得三十多万亿元人民币。其三,中国的信托计划其实就是美国 20 世纪 20 年代成立的"麻省信托"(BT),但差距却如此之大,区别如此之明显。究其原因,中国的信托计划来源于信托监管机构的"筹钱",却不用对信托计划投资者承担信托责任的理念。除此之外,早期大陆法系只承认公司法人,即内部管理拟制人,并不承认外部管理拟制人。

更有甚者,中国的商业银行以资产管理计划为名,转移他人财产并进行管理,却不用承担(外部管理人)信托责任。所谓资产管理计划,就是金融机构以资产管理计划名义募集资金,再购买金融机构自身的金融资产。如此评判,原因如下:首先,资产管理计划只是投资合约,不是外部管理拟制人。投资合约是一个委托关系,投资者把资金委托给金融机构进行投资。其次,金融机构的投资对象是金融机构自身的金融资产,而这个金融资产具体是什么,金融机构并不告诉投资者。其三,因资产管理计划投资金融机构的金融资产,金融机构就可以把表内资产调整到表外,却不用关注风险是否终止确认。其四,金融机构又对资产管理计划投资者实行"刚性兑付",否则自身无法维护社会稳定。其实,无论在委托法律关系中,还是在信托法律关系中,受托人以委托人资金购买受托人资产,这本身就是违反法律的。何况,委托人对受托人资产并不了解。可见,这个委托交易的实质,不仅具有法律上的缺陷,而且不可能实现"真实出售",风险无法终止确认,不得不为"刚性兑付",这与维护社会稳定根本无关。由此资产管理计划造就的所谓百万亿元人民币级的"灰犀牛"现象,近期中国央行要求商业银行将百万亿元人民币级的"灰犀牛",进行表外资产"表内化",希望借此消减"影子银行"现象,却遭遇商业银行强烈反响。

2)中国关于信托责任的法律原则

大陆法系于 1961 年后逐步引入了对金融机构或金融产品非常重要的法律原则,即信托责任。因为在外部管理拟制人中,比如基金管理人对基金投资人承担着信托责任,基金管理人作为投资基金的外部管理人,其信托责任不可或缺,否则基金投资者的投资利益无法保护或者难以保护。不仅如此,对上市公司的内部管理人也同样适用了信托责任,因为相对于中小股票投资者来说,上市公司管理层相当于管理着上市公司这个外在于中小股票投资者的"上市壳"。

但是,在中国金融监管机构看来,信托责任可有可无,而且,无论什么金融产品,只要涉及外部管理拟制人,无论法律法规,还是金融机构规章制度,基本上不予承认。然后以所谓委托制度、信托制度中的一些看似相似,其实根本没有法律依据与逻辑关系的概念,堆砌成一个什么资管计划、理财计划。可见,既然没有外部管理拟制人存在,也没有外部管理这个法律构架,那也就不存在信托责任。有人认为,在没有信托责任的中国金融界,存在着诸多持牌"诈骗犯"。

三、权益结构与权益增信功能

拟制人,这个人类智慧所创造的法律上的人,也是可以成为创造价值的伟人。法律通过对拟制人权益结构的创制,让不同的权益结构创造了不同的价值结构。尽管初期无层级差异权益结构的无限合伙,并未创造多少经济价值。但是,随着层级差异权益结构的有限公司产生,它开始为社会经济细胞注入了价值创造,并迅速繁殖其强大无比的基因。拟制人权益结构开始具有权益增信功能。

有限公司作为内部管理拟制人,其内部权益结构存在权益增信功能。有限公司的公司股权,相对于有限公司的一般债务,属于有限公司的次级权益;有限公司的一般债务,相对于有限公司的公司股权,属于有限公司的优先权益。因此,公司股权吸收、转移并承担了一般债务的风险。因此,公司股权这个次级权益就是对作为优先级权益的一般债务具有权益增信功能。因有限公司不同权益结构所产生的增信功能,公司股权相当于一种权益增信。但是,公司股权由于无法对公司(一般)债务进行定价,它只是具有权益增信功能的公司权益,而非增信权益。

同理,作为外部管理拟制人,Fund、PE、BT、Reits、SPV 或 SPC,有的具有不同层级的权益结构,有的不具有不同层级的权益结构,但有的也正在创新改造,比如有的 Fund、PE,改造成了具有不同层级的权益结构。但是,Fund、PE、BT 作为资金投资型的拟制人,一般来说,与公司法人一样,都是投资于某项事业,其内部不同层级的权益结构尽管具有权益增信功能,但不是增信权益。由于证券投资基金(Fund)不可负债,即使 Fund 作为拟制人具有不同层级的权益结构,也不可能成为增信权益或权益增信产品。有限合伙(PE)因 GP 原因一般不可能上市,即使 PE 作为拟制人具有不同层级的权益结构,也只是具有权益增信功能。尽管商事信托(BT)作为拟制人具有不同层级的权益结构,由于 BT 都是私募的,而且 BT 权益都是因融资行为而成为金融资产,因此 BT 也不可能成为增信权益或权益增信产品。

四、增信权益及其产品化

作为公司股权的公司股票上市,成为上市股票,PE 所投资的公司股票,转化为上市股票,不仅意味着金融资产产品化,而且意味着上市股票对上市公司一般债务的风险定价。因此,上市股票作为上市公司权益,不再仅仅是具有增信功能的权益,而是增信权益,又因其具有流通性,它又是权益增信产品。

房地产信托基金(Reits)、特殊目的载体(SPV)及其特殊目的公司(SPC)等,作为资产管理型的拟制人,一般来说都具有不同层级的权益结构。这种不同层级的权益结构应该基于风险定价,即以金融资产(池)违约率为基础的风险定价。因此,在不同层级的权益结构之间存在着风险转移的增信权益。SPV 都具有不同层级的权益结构,包括优先级证券、夹层证券和底层证券。夹层证券和底层证券吸收、转移并承担了优先级证券的风险。因此,夹层证券和底层证券对优先级证券是一种增信关系,即因 SPV 不同权益结构所产生的增信关系,夹层证券和底层证券就是一种权益增信。SPC 作为上市股票,具有与上市股票一样的增信权益,又因其具有流通性,它又是权益增信产品。尽管 SPT 与 SPV 一样,具有不同层级的权益结构,但由于其流动性不够,SPT 可以具有权益增信功能,但不是增信权益。Reits 是一种上市流通的权益,因而也是一种增信权益,或者权益增信产品。如果 Reits 不具有上市流通性,即 Reits 权益也仅仅具有权益增信功能,而不是权益增信产品。

在 SPV 中,夹层证券和底层证券,相对于优先级证券,就是权益增信产品。权益增信产品,与流通性差的 BT、PE 的权益增信有着重大区别。由于权益增信产品,是由产品交易市场定价的,权益增信产品的风险是通过产品交易市场价格进行分散的,或者说是产品交易市场承担的。因此,权益增信功能与作为定价增信或产品增信的权益增信产品是不同。

因此,权益增信产品的产生,不仅是人类增信上的第一次革命,可以用于风险管理或资产管理,也给人类带来了全新的融资工具,为资本机构再融资打开了新的通道。但是,权益增信产品,却一直被人遗弃或束之高阁。在过去一段很长的人类历史进程中,它并没有为社会经济迅速发展提供强大的增信引擎,也没有为金融机构提供最为有效的风控方式和资管模式。但是,权益增信产品,这个人类智慧瑰宝和知识结晶,一旦嵌入人们的思想结构,一定会散发出无比强大的光辉,造福于全人类。

第三章

主体增信与政府融资

第一节　政府融资与中国实践

美国地方政府债或市政债,尽管已经有 200 年的历史,但人们对此认识只是停留在表象层次上。其实,美国地方政府债或市政债的发行融资,与第一次融资革命中有限公司的公司融资是完全不同的。其一,地方政府债或市政债等融资工具的发行人,与作为一般拟制人的有限公司不同,是特殊拟制人,即地方政府。其二,虽同为拟制人,地方政府与公司法人不同,地方政府无法以拟制人权益结构化方式为基础设施进行融资。其三,地方政府因此也不可能是上市公司,无法通过普通股、优先股等公司权益进行融资增信。其四,由于美国是联邦制国家,地方政府债务并不与联邦政府相关,因此地方政府存在破产的可能性,即存在与公司法人一样的信用风险。因此,地方政府只能以直接融资方式发行地方政府债或市政债。与公司法人不同的特殊法人(拟制人),并与中央联邦政府在财政上各自独立的美国地方政府,发行地方政府债或市政债,就为美国地方政府打开了一扇融资大门,这无疑是继公司股权融资这样的第一融资革命以来的第二次融资革命。

在此后的 200 年,太平洋彼岸的 21 世纪中国,也正在经历一场重大的经济改革运动。在中国经济改革运动中,一手对外改革开放,以廉价劳动力和便宜资源出口创汇,建立了宏伟的"外汇长城",所谓"外汇长城"就是以巨额外汇(3 万亿美元以上)和外汇管制所建立的隔离人民币,并保护人民币免受国际对冲基金冲击的外汇隔离措施;一手对内拉动投资,即基础设施投资建设,不仅使得中国基础设施得以迅速提升,甚至领先于发达国家,而且创造了近 20 年 GDP 的两位数增长率。中国基础设施的投融资方式,从形式上源自美国,但有过之而无不及。中国的基础设施项目融资,除了有"外汇长城"大环境保护外,还有以下几个方面特征:

(1) 与美国或其他国家的基础设施项目融资不同,包括以下三个方面:①交通设施。轨道交通、汽车工业、各种航天飞行器与各类航海船舶等。②工业化。适应中国工业化发展需要的工业结构与工业布局,如轻纺工业与重工业等。③城市化。城市化带来的生活配套设施,如水电煤(气)设施。基础设施项目融资,不仅反映在地方政府债或市政债上,而且反映在承担中国工业化、城市化进程中的建设者债务上,包括国务院及其各部委下属的各种公司所改制的中央企业、地方国资集团公司、地方政府及其各个部门下属的融资平台公司等。由此,从中央到地方,上下齐手共同为基础设施建设进行投融资。

（2）以中国中央政府为主导的基础设施投融资,表现为:①中央政府债务包括财政拨款、发行国债,财政债、央行债。②中国存在宏大的中央企业（央企）体系,为基础设施建设可以进行全方位融资,不仅包括非公开融资市场上的融资工具,如银行贷款、信托融资、融资租赁以及各种资管计划,而且包括公开市场产品包括企业债,及其他各种债务融资工具。③中国地方政府不仅自身发行地方政府债,而且其所设立的融资平台公司也进行全方位融资,同样包括公开市场产品与非公开融资市场上的融资工具。

（3）中国基础设施的投融资又与美国不同,特别是在信用风险及其管理上。①由于中国地方政府隶属于中央政府,使地方政府在信用风险上与中央政府一致。②中国金融机构,或者商业银行,为了自身利益而借用、"绑架"中央政府的信用。至于中国地方政府信用是否存在,中国金融机构并不关心,认为中央政府是地方政府的最后担保者、托底者。正因为如此,地方政府难以倒闭,为基础设施项目融资提供了再融资空间,也就是中国庞大债务、影子银行、人民币超发的"空间"原因。③不仅如此,央企国资、地方政府都把自己的信用风险挂在中央政府身上,制造了中国2/3的银行贷款及其他债务,总额达百万亿元人民币以上。因此,人们便可明白,为什么中国拥有3万亿美元的外汇储备,却在信用等级与融资利率上远远不及欧洲小国希腊。

由于中国所经历的债券市场时间仅为20年左右,金融机构长期以来执行"刚性兑付"政策,投资者,包括机构投资人都对债券风险毫无敏感度,即使前几年发生"钢贸企业"严重违约事件。于是,金融机构对于自己制造的金融资产所采取的风控方式或资管模式也仅为风险递延,比如通道业务、资管计划等。因此,中国金融机构在形成数百万亿元人民币的金融资产同时,又形成了百万亿元人民币的"灰犀牛"或影子银行、人民币超发。而对于风险转移或增信这一最为有效的风控方式或资管模式知之甚少,即使了解也只是停留在表面上、直观上,比如中国2010年设立融资担保（FGc）法规的同时,又有了CRM系统。

第二节 主 体 增 信

一、美国金融担保（FGa）

20世纪70年代初,美国经历了数百年快速经济发展,庞大的基础设施投资建设接近尾声,但是基础设施对建设资金还有一定需求。与此相应的,美国对债务风险的研究,也达到一定水平。对于基础设施项目融资工具的风险控制方式或者增信手段也就应运而生。金融担保(FG)其实就是一种管理地方政府债或市政债信用风险的一种方式,通过金融担保达到转移风险的目的,把地方政府债或市政债的风险转移到金融担保机构身上,不再由市场投资者承担,以便市场投资者放心投资地方政府债或市政债。金融担保是一种持牌经营、金融行业监管业务,不具备持牌经营的金融机构或任何公司法人,不得从事金融担保业务。

金融担保(FG)其实就是主体增信,即把地方政府债或市政债的风险转移出来,由金融担保机构以其法人资本金及其10倍杠杆率进行承载并经营管理。在担保收费与偿付安排上,金融担保既与传统的民事担保不同,也与传统保险公司不同,更与权益增信产品不同。拟制人权益结构的制度安排已经达到了增信效果,不再另行作出及时偿付的制度安排,金融担保作为信用租售,或者商事担保,还须追求增信效果,及时偿付与制度安排。除了增信效果,再加上以信用租售形成信用利差作为增信费用或风险(增信)定价,这个名义上的金融担保,才算跨入增信门槛,尽管还未进入信用买卖方式。

金融担保(FG)是由信用等级较高的金融担保机构为信用等级较低的地方政府及其债券进行担保增信,即开展"信用租售"业务。因此在美国设立金融担保机构,都希望获得最高信用等级(3A)。20世纪70年代设立的美国金融担保机构,要获得(3A)这个最高信用等级,金融担保机构资本金须在3.75亿美元以上。尽管美国金融担保仍以担保名义开展业务,但是担保定价却是以"信用租售",这一不同于以往担保行业的定价。

信用租售就是金融担保机构以较高信用等级向信用等级较低的地方政府出租、出售信用等级,所形成两者的信用等级差转化为两者的信用利差,信用利差就是信用租售的收入,即增信收益/增信费用。通过租售信用,金融担保机构向地方政府收取增信费用。地方政府及其债券因此获得更高信用等级,可以降低发行成本和易于发行。除了为地方政府债或市政债提供金融担保外,金融担保机构还为资产证券化(ABS/MBS)提供金融担保。因为ABS/MBS刚开始发行之际,一方面,对于以违约率进行风险定价还有一定担心,主要是基于测度违约率的方式方法还不齐全,违约数据还有欠缺;另一方面,作为初创的证券化产品,ABS/MBS的流动性不足,造成了市场定价机制不足。

作为商事担保的过渡形式,金融担保(FG)出现之前,民事担保并未规定及时偿付及其制度安排。民事担保一般需要经过相应程序,甚至通过诉讼才可获得相应偿付。民事担保合约既未作偿付安排,也不要求及时偿付,增信效果在民事担保中并无涉及。具有增信概念的美国金融担保(FG),开始把增信效果作为增信所追求的目标,是商事担保与民事担保相区别的一个重大标志。尽管金融担保仍以担保名义,并以行为作为转移信用风险的法律形式。但是,却将商事担保的及时偿付这一核心责任建立起来,并配合信用(等级)的让渡或信用租售的增信定价,金融担保(FG)就成为商事担保初级阶段的必然形式。

通过及时偿付及其制度安排,可以达到增信效果,从而促使 FIS 市场更稳定、更具吸引力;反之,FIS 市场的迅速发展,也需要增信效果,更加促进增信产品不断创新及时偿付及其制度安排。增信效果与 FIS 市场相辅相成,有了好的增信效果,FIS 市场就可迅速发展。但是,不良的增信效果,对 FIS 市场发展肯定有负面的影响。从信用增级(增信)角度看,如果增信为一般担保,不仅没有偿付安排,而且法定的处置资产完毕后才能涉及偿付问题,增信效果最差,属于"伪增信"。如果仅为没有偿付安排的增信合同,增信效果非常一般;如果具有合同性偿付安排,增信效果有所提高;如果作为增信产品的及时偿付及其制度安排,或者作为为权证/证券,则会取得较佳的增信效果。

因此,真正意义上的增信,或增信雏形,开始于 20 世纪 70 年代初美国金融担保(FG)对地方政府债券或市政债等 FIS 所开展的金融担保业务,以适应美元与黄金脱钩后的资本市场。金融担保(FG)尽管形式上如同民事担保那样,以担保行为转移信用风险,但却向商事担保或增信走出了关键的两步,才使金融担保(FG)走进了现代增信大门。第一步是以高信用等级的债保机构为信用等级较低的增信对象进行增信,导致信用的出租、出售,由此产生的信等差及其信用利差作为增信定价形式。第二步是追求增信效果的及时偿付及其制度安排。这两个关键步伐,成就了美国金融担保(FGa)走向增信的初级阶段,促使民事担保转向商事担保或者信用增级(增信);否则,作为民事担保,不仅以行业规则或潜规则作为增信定价方式,而且并不追求及时偿付的法律责任条款,那就永远无法过渡到现代增信事业。

从事金融担保(FG)的各种名目的担保公司或保险公司,作为增信机构,一般都拥有很高的信用等级,比如 3A 或 2A + 的信用等级。担保对象一般是地方政府债或市政债和 ABS/MBS,这些担保对象的信用等级一般在 A 至 2A 之间。因此,无论是融资增信,还是投资融资,因担保可视为出租"高信用等级",那么,增信机构与担保对象之间就存在信用等级差(信等差),信等差就形成信用利差,可为担保(增信)收益,这就是增信的形式定价。如果担保对象发生违约风险,则由增信机构及时偿付,赔偿已经担保的债券持有人的损失。如果担保对象未发生违约风险,担保合约到期自动失效。

可见,债券持有人通过融资担保(FG)合约将债券(担保对象)的信用风险转移给增信机构,一般来说,融资担保(FG)合约不可转让,由增信机构承载、持有并进行被动式经营管理。但是,也存在担保对象发生违约风险时无法及时偿付的事件,这种不良增信效果可能导致增信机构失去增信市场。于是,有些大型综合保险机构逐渐退出了这种增信市场。美国从事金融担保(FG)的各种专业债保机构最终坚守了现代增信的底线,追求了增信效果所要求的及时偿付及其制度安排。因此说,美国的金融担保(FGa)开启了现代增信的初级阶段或者增信雏形。

二、中国融资担保(FGc)

追求增信效果的及时偿付及其制度安排,对于商事担保或现代增信非常重要。实际上,这是现代增信与民事担保的最重要区别,称为"分水岭"也不为过。中国的融资担保(FGc),尽管是在美国金融担保(FGa)之后的三四十年后才开始的,并同样使用了金融担保之英文名称(FG),却未曾将追求增信效果的及时偿付及其制度安排这一条款(增信灵魂)引入中国融资担保(FGc)中。那也就意味着,融资担保与商事担保或者增信概念还有很大差距,应属于民事担保的范围。不过,中国创设的CRMA,则填补了这个缺口,尽管CRMA本身还存在诸多问题。中国融资担保(FGc)相对于美国金融担保(FGa)而言有着诸多不同:

(1) 增信机构资本金规模不同。美国专业增信机构资本金较大,按照当时监管规定,3.75亿美元以上的增信机构才有资格评为3A增信机构。因早期担保机构转型而来,中国融资担保机构平均资本金不到1亿元人民币。但是,近期已有几家百亿元人民币级资本金的融资担保机构产生。

(2) 增信机构信用等级不同。美国专业增信机构信用等级高,有3A级信用等级不下5个,2A级信用等级不下10个。中国融资担保机构信用等级低,尽管有些按中国信评机构评为3A信用等级,但实际信用利差却并非如此,实际在A或3B水平的信用等级。

(3) 增信对象不同。美国专业增信机构的增信对象都是信用等级较高的,绝大部分为投资级以上,甚至有些还是3A信用等级的FIS,包括地方政府债或市政债、ABS优先级证券。中国融资担保机构的增信对象信用等级较低,大多是投机级以下,少数名义为2A、A信用等级的FIS,实际在3B水平,存在FIS发行困难问题而需要增信解决。

（4）增信资产配置不同。美国专业增信机构由于增信对象信用等级高,可以进行增信资产优化配置,减少增信风险。中国融资担保机构的增信对象信用等级较低,一般都是短期增信资产,无法进行增信资产优化配置,因此增信风险巨大。

（5）及时偿付机制不同。美国专业增信机构注重及时偿付的制度安排,因此可以达到增信效果,为增信市场所认可,因而可以维持很高的信用等级。中国融资担保机构并不注重及时偿付的制度安排,当发生增信偿付时,一般都会进入诉讼程序,因此,不仅增信效果难以实现,增信市场难以认可融资担保行为,而且也导致融资担保机构难以维持信用等级。

三、现代增信业务

担保描述了一种行为状态,是一种行为法律概念。从字面上看,"担保"与信用买卖或风险转移看似并无相涉。实际上,担保却是从行为角度来实现风险转移的。如前所述,所谓"风险",就是一种不确定性。比如,FIS 投资人担心 FIS 的投资本息的不确定性,即违约风险,希望把这种风险转移出去,以求得投资本息的安全性和确定性。这样,FIS 持有人/投资者希望有承受这种风险的载体来受让这种风险。美国经营风险的金融担保机构,包括各种名目担保机构/保险机构,或者现代增信机构,不但机构资本巨大,而且信用等级高,可以"租售"信用,也可以受让、承担、经营风险,从而达到转移 FIS 风险的目的。那么,无论买卖信用,还是交易风险,站在双方行为角度看,均为担保行为,站在买卖双方角度看,皆为商事担保或增信。

民事担保作为一种行为来讲,只是解决了法律责任,却无法对担保这种行为或法律责任进行定价。从理论上讲,非增信形式的民事担保或关联担保,均不会关注担保（增信）定价的,它也无须进行担保（增信）定价。因为担保机构是行业监管和持牌经营的,担保定价只能是行业定价。中国融资担保（FGc）,又因其担保对家并非真正的 FIS 信用风险,所以造成抵（质）押担保非常盛行。

在增信的初级阶段,金融担保（FG）终究还是一种担保,是一种信用行为。金融担保（FG）,还是涉及"金融",它不仅与债券、FIS 等金融产品相关,而且与信用评估、信用等级、利率及其信用利差相关。于是,从信用评估开始,有了信用等级及其"出租"高信用等级所形成的信等差。信用等级又与利率挂钩,信等差就会形成信用利差。信用利差给金融担保找到了定价收费的基础。"出租"或"出售"信用,就有了新的概念。因为真正能够为担保定价的,却正是担保对象——信用风险。为了对信用风险进行定价,就应站在信用风险转移（增信）的角度。这样,金融担保(FG)开始走进了现代增信的高级阶段,完全脱离了民事担保,真正进入了商事担保。商事担保,就是进行信用风险买卖交易,即信用(保护)买卖或风险(资产)交易,或信用风险合并的增信形式。

现代增信或增信业务是指通过关于信用(保护)买卖或风险(资产)交易的增信合约把 FIS 信用风险转移至增信机构,由增信机构持有并经营。现代增信应该包括主体增信与主体增信产品两个方面。中国于 2010 年开始有了现代增信,即信用风险缓释协议(CRMA)。CRMA 属于主体增信,只是打破了行业监管和持牌经营,通过信用(保护)买卖达到风险转移目的的,实现了增信功能。但 CRMA 仍然由信用(保护)卖方,即增信主体承载风险,并且风险(增信)资产不可转让。

1. CRMA

CRMA 既然可以把信用(保护)作为交易标的进行买卖,就应该可以进行再交易。这个再交易,可以独自,也可以与主体增信一起构成主体增信产品。这样,增信主体不再被动地持有(承载)从 FIS 转移出来的信用风险,而是可以进行主动管理,包括运用不同时期的信用利差通过再交易对冲信用风险,实现套利交易和套期保值的目的。因此,增信业务不仅可以实现 FIS 信用风险的转移,而且通过信用风险定价实现了对增信资产的管理,包括价格管理。

现代增信与金融担保不同,是成为主体增信产品的前提基础。因此,主体增信产品化必然要求增信合约进行标准化改造,否则主体增信无法过渡到主体增信产品。主体增信标准化体现在增信合约的标准化。标准增信合约是主体增信产品的灵魂,也将自身从增信媒介演变成增信载体。在金融担保(FG)中,金融担保机构只是被动地承载、持有从 FIS 转移出来的信用风险,并希望通过优化配置减少、降低增信主体风险。但是,在随机违约率条件下,"肥尾现象"困扰着增信机构,使其处于赌徒地位。在主体增信中,增信机构不仅仅可以被动地承载、持有从 FIS 转移出来的信用风险,比如 CRMA,而且可以主动地管理信用风险。所谓主动管理,就是指不仅通过优化配置提高增信资产质量,而且可以通过再交易向主体增信产品转化。CDS 就是从主体增信向主体增信产品转化的典型代表。

2. CDS 首交易

现代增信业务仅指 CDS 的首交易。即 CDS 信用保护卖方出售 CDS,给予标的资产以信用保护,收取信用保护费用。CDS 信用保护买方受让 CDS,使其持有的标的资产获得信用保护,并向信用保护卖方支付信用保护费用。如果在 CDS 有效期内,标的资产发生约定的信用事件,信用保护卖方将向信用保护买方支付损失赔偿,信用保护买方因此获得损失赔偿,实现了增信的目的。

但是,CDS 作为现行增信产品,并不会止于现代增信业务,即 CDS 首交易不仅仅为信用保护买方达到信用保护、套期保值的目的,而且也为信用保护卖方实现套利目标进行风险对冲,寻求利差的再交易。CDS 的这种再交易则不属于现代增信业务,但却与首交易合成了现行增信产品。如果没有再交易,只有 CDS 首交易,这是地道的现代增信业务。没有再交易的情形包括因惧于风险、市场投资(者)消失、CDS 没有卖出现象等。比如,2008 年金融危机爆发时,CDS 市场停止了,没有人愿意承担风险。这样,曾经卖出 CDS 的投资机构,因无法买入 CDS 进行风险对冲,就转化为现代增信机构。CDS 只有首交易,没有再交易的情形发生了,也就有了所谓的现代增信业务。

但是,在 CDS 裸交易里,CDS 买方并不真正持有需要增信的 FIS 以期获得套期保值目标,而是根本就是为了寻求套利而成为 CDS 买方。在这个 CDS 裸交易里,首交易并不具有增信功能,因此也不属于现代增信业务。同理,再交易也不会与这种首交易一起构成合约增信产品。因此,CDS 裸交易可以成为金融衍生产品,但绝不属于增信产品,也不属于增信范围。

第三节　缺陷与出路

在 20 世纪 70 年代至 20 世纪末,美国基础设施融资总规模在 1 万亿美元左右,美国 15 家大型金融担保机构资本金及其 10 倍杠杆率在 30 年的时间里足够支撑这个融资总规模,并且,如上所述,金融担保机构相互之间还存在着一定的竞争。自 21 世纪开始,美国基础设施融资规模趋于下降,资产证券化(ABS)及其他金融资产的信用风险,在吸引金融担保(FG)的同时,信用违约互换(CDS)开始登上增信舞台,并开始主导着增信市场,金融担保(FG)则逐渐边缘化。金融担保(FG)边缘化本身,正是反映了金融担保(FG)已经无法满足日益增长的 FIS 市场规模化发展的需求,除非资本不再优化配置,不再追求效益最大化。

21 世纪的中国,基础设施融资规模却持续扩大,融资风险开始受到市场关注。从 2010 年开始,中国原来的担保机构被允许为债券等债务融资工具进行担保,并称之为"融资担保"(FGc)。如果说,美国金融担保(FGa)只是一个名称,实际上已经摆脱了民事担保的约束,走向了商事担保的增信概念。那么,中国融资担保(FGc)则仍未脱离民事担保的范围,还未进入现代增信大门。因为中国融资担保(FGc)的定价仍是行业定价,还未开始以信用租售所带来的信用利差作为增信定价。中国融资担保(FGc)还未为追求增信效果而设置及时偿付及其制度安排,仍然以纠纷诉讼摆脱法律责任却并不追究增信效果。与此同时,中国还出现了类似融资担保的主体增信,比如信用(保护)买卖的信用风险缓释协议(CRMA)。但是,作为现代增信,中国的CRMA,仍然未达商事担保的现代增信要求,特别是在追究增信效果上。

相对于中国基础设施融资规模,或者融资需求,现有中国融资担保机构资本金及其10倍杠杆率,是完全不成比例的。实际上,大部分基础设施融资并没有进行融资担保。因为中国金融机构习惯于"刚性兑付",不适应信用违约;习惯于风险递延的资管模式,不会运用风险转移的风控方式。因此,"灰犀牛"不断壮大起来,影子银行不断地膨胀起来,并与基础设施融资规模基本相当。那么,如果采用中国融资担保(FGc)去转移(融资)风险,那么就需要大幅增加现有中国融资担保(FGc)机构资本金,或者增加新的中国融资担保(FGc)机构。当然,也不乏"砖家"提议设立千亿甚至万亿元人民币级融资担保(FGc)基金。

如果市场资本不讲效益最大化,不关注资产优化配置,只是一味听命于政府投资于融资担保(FGc)机构,那么就可能需要十万亿元人民币的资本金,去从事既无资本效益又无增信效果的融资担保(FGc)业务,这对资本市场来说是不可思议的。此外,即使增信主体资本金再大,现在信用评级为最高等级(3A),也并不等于保证其未来永远为最高信用等级(3A),正如法定增信对象(详见第六章第一节)一样。那么,由未来信用等级不确定的主体(增信机构),为同样未来信用等级不确定的FIS及其发行主体/融资主体(法定增信对象)进行增信,在逻辑上也是相悖的,无法自圆其说的。

其实,如果不再进行改革,从民事担保走向商事担保,取消行业监管和持牌经营,对接并拥抱资本市场,中国的融资担保(FGc)只能走向绝路。只有对中国融资担保(FGc)进行彻底改造,把融资担保(FGc)所形成的担保资产视为一种风险(增信)资产,通过批零买卖交易并集合这种风险资产,将其转移至SPV名下组成资产池,并以违约率为基础进行风险定价,形成SPV权益结构,并最终形成权益增信产品,才是中国融资担保(FGc)的最终出路。

作为现代增信的样板,CRMA存在着下述两个方面的缺陷:

(1)在及时偿付及其制度安排上,还得不到应有的关注,CRMA在中国仍然会通过司法诉讼解决,与民事担保相似。

(2)增信合约或增信资产不可转让。由于这种限制使得商事担保的信用(保护)买卖失去存在意义,只是重新回归民事担保,并且存在规避中国融资担保

（FGc）重大嫌疑，以至于2018年年初新组建的中国银行保险监督管理委员会（以下称"中国银保监会"）下达了强调中国融资担保（FGc）持牌经营的文件。

综上，无论美国金融担保（FGa）、中国融资担保（FGc），还是CRMA，作为主体增信，还存在着一个致命的基因缺陷，那就是无法抵御随机违约率的"肥尾现象"，如同赌徒持有有限资本在有限时间内与赌场（风险市场）进行博弈，大概率地发生破产倒闭。因此，作为主体增信，FG相对于风险市场，处于赌徒地位。因此，主体增信本身就是形成风险资产，并且无法自身消化，最终可能形成增信机构、增信对象（FIS）、FIS投资者之间的系统性风险。

随着目前全球基础设施融资需求日益增长，我国提出的"一带一路"（以基础设施投资建设为主）倡议深入发展，中国目前金融机构百万亿元人民币级"灰犀牛"的解决进程步履艰难，影子银行和人民币超发问题仍然不容乐观。在这样的严峻背景下，必须将FG/CRMA业务所形成的风险资产或者增信资产通过SPV进行产品化改造，形成权益增信产品。权益增信产品，不仅能成为中国金融机构最为有效的风控方式或资管模式，彻底解决数百万亿元人民币金融资产的风险问题，大幅度地消除"灰犀牛"或影子银行现象，尽可能地抑制人民币超发现象；而且可以支持"一带一路"基础设施项目融资，推动人民币国际化，满足全球基础设施日益增长的融资需求，造福全人类。

第四章

主体增信产品与风险对冲

第一节　风险对冲与风险转移

为了冲销标的资产(Underlying Asset)潜在的风险损失,可采用一种风险管理策略,即投资或购买与标的资产收益波动负相关的某种资产或衍生产品,这就是所谓风险对冲。与风险分散策略不同,风险对冲所管理的风险,可以是系统性风险,也可以是非系统性风险,同样还可以根据投资者的风险承受能力和偏好,通过对冲比率的调节将风险降低到预期水平。

风险对冲的关键问题在于,确定对冲比率。对冲比率直接关系到风险对冲的效果与成本。风险对冲应该是风险组合设计,而不是单一风险。对于单一风险,只能进行风险规避、风险控制。风险对冲包含:①自我对冲,是指商业银行及其金融机构利用资产负债表或某些具有收益负相关性质的业务组合本身所具有的对冲特性进行风险对冲。②市场对冲,是指对于无法通过资产负债表和相关业务调整而进行自我对冲的风险(又称残余风险),可以通过介入衍生产品进行对冲。

根据上述说法,风险对冲与风险规避、风险控制的最大分界点在于,是否单一风险。最为有效的风险控制或者风控方式就是风险转移,即增信。这样,如为单一风险,就是风险转移,不是风险对冲。如为风险组合设计,就是风险对冲,不是风险转移。其中,市场对冲中所介入的衍生产品,自我对冲中所开展的表外业务,是风险对冲的两个最重要表现。然而,在引入风险转移或增信概念之后,风险对冲的范围领域将会大大缩小,特别是金融机构在金融资产的风控方式上,无论是自我对冲,还是市场对冲,都应让位于风险转移,即增信概念。

自我对冲中所开展的表外业务,最重要的是利用特殊目的载体(SPV)开展资产证券化业务(ABS),达到表内资产终止风险确认,即表内资产表外化,从而对冲表内资产的风险。其他所谓各种"资产管理计划"或单一ABS,可能只是虚假的表外业务,难以终止表内资产风险确认,即不可表内资产表外化,而且它们都是形成影子银行的重要工具。如第五章所述,表内资产出售或移至SPV名下组成"资产池",以违约率进行风险定价,构筑SPV不同层级的权益结构,次级权益(证券)吸收、分离、转移优先级权益(证券)的风险,使得优先级权益(证券)成为无风险利率产品,次级权益(证券)则为风险利率产品,从而实现对优先级权益(证券)的增信,并通过这种权益增信达到转移表内资产风险的目的。因此,ABS不再是一种自我对冲,或者一种风险对冲,而是风险控制方式之一,且是最为有效的风险控制方式,即风险转移或增信。

市场对冲中所介入的所谓衍生产品,无非在认识上存在不同观点,特别是关于单一风险认识问题。①无论是 CDS/CRMW,还是 CLN,风险对冲都是指向主体风险,而非某一特定产品风险。众所周知,金融资产,特别是 FIS,产品风险均来自主体风险,是主体风险在产品中的延伸和特定表现,产品风险与主体风险是高度一致的,尽管有所差别。而风险转移或增信概念也可直接指向主体风险,而非某一特定产品风险。因此,风险对冲指向主体风险,而非某一特定产品风险,这并非为其固有特征。②产品风险比主体风险更为狭窄,更为具体;主体风险则比产品风险更为广泛,层级更多。因此,产品风险,比如违约风险仅为主体风险所设置的违约事件的最低层级事件,违约事件则包括多层次的事件、重大重组、信用等级下调等事件。因此,产品风险包含在主体风险之内。③正因为违约事件的设置范围与层次广泛而多样,当发生违约事件时还存在 RR;产品风险中直接发生的违约风险,可能并不存在 RR,只是存在违约资产,由此引起的定价模型也有所不同。

因此,在增信(风险转移)概念产生后,风险对冲概念应该在上述领域退出,由风险转移替而代之。应该看到,风险对冲所带来的两个方面的风险转移。其一,无论 CDS,还是 CRMW,作为衍生产品,则是在增信初级阶段上作了增信资产产品化的尝试。希望通过标准合约赋予增信资产流动性,用以摆脱增信主体(机构)的局限性,或主体增信的局限性,全面对接、实际拥抱资本市场用以支持金融机构的 FIS 规模化发展。其二,运用 SPV,转移表内资产风险,这是完美地创造了一次增信革命。从主体增信的雏形,到主体增信产品的过渡,再到权益增信产品,再现了增信历史不断走向成熟的发展过程。

然而,这种增信资产产品化的尝试,却产生两个不利的结果。其一,衍生产品并未摆脱主体性限制,只是从主体合同增信转化为主体产品增信,产品仍受制于增信主体的无限责任,增信主体需要自我增信的奇特怪圈。其二,为了追求表内资产表外化,实现表外再融资,化解表内资产风险,SPV 的风险控制/风险转移这一特殊目的被边缘化,却极大地放大了 SPV 的融资功能。单一 ABS 或假性 ABS 盛行,再加上各种资管计划,最终形成了金额庞大的影子银行现象,表内资产风险并未终止确认,从而也未真正实现表内资产表外化,如同目前中国百万亿元人民币级资管计划的"灰犀牛",再从表外向表内转移。

第二节 衍生产品与增信产品

一、信用违约互换(CDS)

1. 概况

除了中国的 CRMW,CDS 是国际资本市场上公认的衍生产品。根据国际互换与衍生品协会(ISDA)的定义,信用违约互换(CDS)是指用来分离和转移信用风险的各种工具和技术的总称。CDS 可为单一产品,即参考实体(资产)为单一经济实体,亦可为组合产品,即参考实体(资产)为一系列经济实体组合。CDS 在 20世纪 90 年代中期逐步形成雏形,但是 CDS 内在缺陷"交易对手风险"随着雷曼兄弟公司的倒闭撕开了全球金融机构的风险敞口,若不是以美国财长保尔森为代表的美国政府出手救市,美国华尔街可能会退回 200 年前的金融蛮荒时代。

CDS,它名字复杂古怪,因惧于证券监管以及避税需要,甚至连买卖等交易名义都不敢越雷池一步,只冠以"互换"之名。CDS 不仅突破了金融担保的行业监管和持牌经营,而且在法律概念上走得更远,说穿了就是形式上的信用(保护)买卖,实质上的风险(资产)交易。从 CDS 的具体内容来看,其基础交易结构是:从信用(保护)卖方来看,卖出信用(保护),收取信用(保护)费用;从信用(保护)买方来看,买进信用(保护),付出信用(保护)费用。但是,信用(保护)的却是标的资产的风险,信用(保护)费用就是标的资产的风险对价,即风险资产。信用(保护)买卖最典型、最流行的衍生产品或增信产品,即 CDS。

2. 基本原理

(金融)机构出售 CDS(首交易),作为信用保护卖方,其实只是以主体信用承诺增信义务,故为现代增信业务。作为信用保护卖方的(金融)机构,为了对冲风险而卖出 CDS,并不能将第一次出售的 CDS 再次出售,或将第一次 CDS 所承担的增信义务转让给任何第三方机构,而是需要作为信用保护买方买入一个相同标的资产的 CDS(再交易),再交易买入的 CDS 与首交易卖出的 CDS 在价值方向/交易角色上相反,才可对 CDS 首交易所承担的风险进行对冲。同样,再交易卖出 CDS的信用保护卖方,如果需要对冲风险,也必须如此交易。循环往复,CDS 交易直至 CDS 信用事件发生或 CDS 期满。

3. 交易结构

1) 形式交易结构

首交易:信用(保护)卖方,以自身信用(保护),进行卖出或出售,收取信用

(保护)费用；信用(保护)买方,买入信用(保护),支付信用(保护)费用。

再交易:首交易的 CDS 卖方,为了套利或对冲风险,反手买入信用(保护),支付信用(保护)费用,成为再交易的信用(保护)买方;再交易的信用(保护)卖方为了后续套利或对冲风险,卖出或出售信用(保护)合约,收取信用(保护)费用。首交易的信用(保护)买方,为了套利或套期保值,反手卖出信用(保护),收取信用(保护)费用,成为再交易的信用(保护)卖方;再交易的信用(保护)买方,为了后续套利或套期保值,买入信用(保护)合约,支付信用(保护)费用。

再交易的信用(保护)买方,可能要从两个或多个新的信用(保护)卖方那里,方能买到相同数量的、相同标的资产(增信对象)的信用(保护)合约,从而实现完全的交易套利或风险对冲的目标;再交易的信用(保护)卖方,也可能没有完全的 100% 的卖出信用(保护)合约,那么,也就必然未实现完全的交易套利和风险对冲的目标。

再交易的信用(保护)买方,可能要从两个或多个再交易的 CDS 卖方,方能买入相同数量的、相同标的资产(增信对象)的信用(保护)合约,从而实现完全的交易套利或套期保值的目标。因此,除了首交易的信用(保护)卖方,加上再交易的信用(保护)卖方,参与这个交易的信用(保护)卖方可能是两个以上或多个。再交易的信用(保护)卖方,也可能没有完全的 100% 的卖出这种信用(保护)合约,那么,也就必然未实现完全的交易套利或套期保值的目标。那么,结果是,除了首交易的信用(保护)买方,必然增加至两个以上或多个的信用(保护)买方。

由此可见,信用(保护)合约的交易参与者,只要参与了信用(保护)合约交易,即使买入后又反手卖出,或者卖出后又反手买入;即使再交易完全实现了交易套利、或者风险对冲,或者套期保值的目标;但是,所有信用(保护)买方和卖方并没有完全退出信用(保护)合约交易关系,反而由单一的首交易关系,形式了更为复杂、多层次的信用(保护)合约再交易关系或再交易网络。不仅如此,任何一方交易对手(信用保护合约交易参与者)由于无法完全退出信用(保护)合约交易关系,反而都支撑着一个更为复杂、多层次的信用(保护)合约再交易关系或再交易网络,尽管所有交易对手都已完全实现了交易套利、或者风险对冲,或者套期保值的目标。这就演变成 CDS 的致命缺陷——"交易对手风险"。

2) 实际交易结构

形式上的信用(保护)买卖,其实交易或转移的交易(买卖)对象,并非增信主体(信用保护卖方)的信用,而是标的资产或者信用风险,即增信对象。因此,作为信用(保护)卖方,其实是信用(保护)合约(增信义务)持有人,或风险资产持有人,即通过信用(保护)合约买入了风险资产,包括风险及其对价,也就是风险资产的买方;反之,作为信用(保护)买方,其实并不是信用(保护)合约(增信义务)持有人,或者风险资产持有人,而是风险资产的卖方,即通过信用(保护)合约交易卖出了风险资产,包括风险及其对价,是信用(保护)合约(增信权利)持有人。这样,作为 FIS 的发行人/融资者,或者投资者/持有人,只要通过标准增信合约卖出 FIS 中经定价的风险资产,便实现了对 FIS 的增信,可以实现增信功能。市场投资者买入这个风险资产进行增信,可以通过再交易寻求合理利差,实现交易套利或者风险对冲目标。因此,经定价的风险所形成的风险资产,或增信资产,也就是金融资产,通过标准增信合约在交易参与者(交易对手)中穿梭交易流通。

由此可见,在标的资产真正信用违约之前,CDS 所实现的是风险对冲功能,可以达到套利目标或套期保值目的,属于衍生产品。在设立 CDS,或者发生标的资产信用违约事件,CDS 所实现的是风险转移功能,属于增信产品。因此,CDS 兼具风险对冲功能与风险转移功能,分属衍生产品和增信产品。

4. 交易结构风险与实质

CDS 这种信用(保护)买卖的交易结构,一方面,承继了金融担保(FG)的"信用租售"理念,也只是一种初级增信阶段的形式定价,仅仅符合持牌经营、垄断经营的金融担保(FG)机构的利益诉求。在深入研究信用风险及其价值以后,可以通过合理推断得出如下结论:信用本身无法确定价值,即信用无法定价,因此信用无法租售。另一方面,CDS 沿用这种形式上信用(保护)买卖的交易结构,也可能为了维护现有利益集团的垄断利益。众所周知,正因为 CDS 这种交易结构所带来的"交易对手风险",引爆了 2008 年美国金融危机。

CDS 仅以标准增信合约将名义上的信用保护,实际上的风险资产在参与买卖的交易对手之间转让流通。CDS 具有以下特征:

(1)将风险从增信对象(标的资产)中分离转移出来的,通过风险(中性)定价模型进行定价形成风险资产,以所谓"信用保护"名义进行买卖交易,属于定价增信。

(2)信用风险属于单一增信对象(标的资产),以其风险定价仍然无法抵御随机违约率。

(3)风险资产转移是通过标准化 CDS(增信)合约进行的。因标准化 CDS(增信)合约,与非标金融担保合约不同,打破了行业监管与持牌经营的限制,使资本市场上的所有参与者(市场交易者)都可参与买卖交易。

（4）单一增信对象（标的资产）以信用（保护）名义进行标准化 CDS（增信）合约买卖交易，可能产生以单个市场交易者为支撑的 CDS 交易网络，必然会产生交易对手风险。

（5）CDS 市场交易者仍以主体信用参与买卖交易，这个主体信用就存在无限责任和自我增信的恶性循环问题。

为了规避交易对手风险，修正改进后的规制型 CDS，监管方要求 CDS 交易双方到清算中心（所）将 CDS 协议与清算中心（所）的交易协议进行交换。所谓规制型 CDS，就是指清算中心形式上仅提供清算功能，实际上却提供了担保功能。因为交易对手之间无须了解相关之间的信用等级和抵押价值而进行交易，每个交易对手实际上是与清算中心进行交易并清算，交易对手的信用完全转移至清算中心。清算中心则分别与每个交易对手进行交易并清算，了解交易对手信用并要求提供相应抵押担保。CDS 这种合约交换行为实质上就是 FIS 及其发行人的定价风险或风险资产的交易，不再是信用（保护）买卖。

但是，令人费解的是，即使这种规制型 CDS，仍然保留了形式上的信用（保护）买卖，这不得不让人再次领教既得利益集团的无边魔法。规制型 CDS，尽管产生了如此明确的风险资产交易结构，但是，为了维护现有利益集团的垄断利益，CDS 仍然保留了这种形式上的信用（保护）买卖。保留并维护这种信用（保护）买卖形式的交易结构，就是为了控制 FIS 及其发行人的信用评级。众所周知，主体评级是免费的，而产品评级是不免费的，如果真正实现风险资产交易，FIS 产品评级将会大大萎缩，那么，这将直接危及三大国际信用评级机构的存在与发展。

如果改为风险（资产）交易，将对信用评级机构产生如下不利影响：

（1）FIS 转移出风险后，剩下的仅为无风险利率产品。作为无风险利率产品，FIS 就不再需要信用评级。

（2）而转移出去的信用风险，经定价后形成风险资产。根据 CDS 的财务规则，CDS 是可以在市场交易的衍生产品，因此可以随时对冲风险的，只是会产生对冲利差。因此 CDS 不仅是风险资产，而且风险资产产品化了，已经成为金融衍生产品，或增信产品。因此，作为市场信用支持的增信产品，是由市场交易定价的，不再需要评级定价了。

（3）风险资产也可以打包形成"资产池"并转移至 SPV 名下，以违约率为基础进行风险定价，设置 SPV 权益结构，形成权益增信产品。因此，作为市场信用支持的权益增信产品，是由市场交易定价的，不再需要评级定价了。综上，如果风险资产交易结构成立,作为主体增信产品和权益增信产品均无须信用评级,增信的 FIS 作为无风险利率产品,更是无须信用评级。

然而,CDS 在形成增信资产(名义上的信用资产,实际上的风险资产)之时,又立刻将这个增信资产转化为增信产品。但是,CDS 风险责任并没有止步,并没有将风险责任进行有限责任化,仍然会要求 CDS 持有人(信用保护卖方)承担无限责任或担保责任。这样,尽管在 CDS 定价上作了很大努力,在增信合约标准化做了许多工作。但是,CDS 却只能是一个主体增信产品,并属于单一增信产品。

从这个意义上讲,CDS 实际上仍然是一种风险资产,CDS 持有人(信用卖方)仍需承担无限责任。因此,CDS 作为主体增信产品,并没有真正转移风险,终结风险,只是递延风险,并因仅适用于财务透明度较高的 FIS 及其发行人,配之以信用事件(真正的信用违约只是垫底),才具有了一定的风险对冲或风险缓释的功能。正因为如此,在解决了 CDS"交易者风险"后,关注重点或风控重心就落在抵押物或者风险计提上。这样的 CDS 仍然是信用评级的关注重点,犹如德意志银行(CDS 信用卖方,增信者)因持有 50 多万亿美元 CDS 名义资产(相当于欧盟各主权国家债的总额),却被三大国际评级机构下调信用等级至 3B 的垃圾级。

二、信用风险缓释权证(CRMW)

1. 基本情况

CRMW 是 CDS 在中国的翻版,承袭了信用买卖的交易结构,与 CDS 一样,也是以信用利差或风险利率为产品定价,属于单一增信产品,但却属于 2009 年后的规制型 CDS。为了避免交易对手风险,CRMW 也引进了清算中心作为交易担保主体。不仅如此,CRMW 还将合同增信改为权证增信(法律程序上存在瑕疵),发行并回购 CRMW 的交易结构,免去了 CDS 合同替换清算中心合同这一多余行为,更好地掩饰了虚假的信用买卖这种形式交易结构。

在英美法系下,法律是建立在合约基础上的。增信合约标准化,可以产生合约增信产品。增信合约也就从增信媒介转化为增信载体。在大陆法系下,合约是建立在法律基础上的。增信合约不可能通过合约标准化,使标准增信合约成为合约增信产品,并从增信媒介转化为增信载体。标准增信合约如要转化为增信产品,必须获得法律或政府规制。信用风险缓释权证(CRMW)就是在大陆法系下的中国政府将标准增信合约进行规制而产生的。CRMW 属于规制增信产品,也是一个权证型增信产品。

所谓"权证",在大陆法系下,就是把增信合约的权利义务或合同权益,在法律上认可为一种权益证券。因此,权证效力在法律上高于合同权益,它可以是一种可以交易流通的金融产品。合同权益一旦被规制为权证,意味着交易合约转化为金融产品。因此,信用风险缓释权证(CRMW)又称权证型增信产品。尽管在中国关于证券(权证属于一种权益证券)的法律认可效力还有待商榷或完善。但是,CRMW 至少作为权证概念,已经走出了第一步。必须强调,权证型增信产品,不是把信用风险通过合并方式转移至权证产品,而是标准增信合约被规制为权证型增信产品,这是基于大陆法系下的法律要求。其实,在英美法系下的合约增信产品,与权证型增信产品并无二致,只是法律体系不同,规制要求不同罢了。

2. 基本原理

权证型增信产品——信用风险缓释权证(CRMW),除了增加规制的法律属性外,产品的交易结构与 CDS 一样,也是一种形式交易结构,即信用(保护)买卖。CRMW 作为一种权证增信产品,如同 CDS 所承载、所交易的合约权益,并非是定价后的信用(保护)权益。因信用(保护)无法作为定价对象,而无法定价的信用(保护),就无法进行交易流转。即使信用(保护)买卖这种形式交易结构可以施行,也已因"黑洞现象"所形成的交易对手风险被规制改变。也正因为 CDS 被规制改变,才有了合约增信产品向规制增信产品转化,才有了清算型增信产品和权证型增信产品;否则,就不会有改革 CDS 的动力。

真正可以成为 CRMW 定价对象的,如同 CDS,就是风险资产。CRMW 真正作为一种权证(证券权益),如同 CDS 的合约权益,也是风险资产的合同权益。CRMW 实质上是一种风险资产交易结构,而非形式上的信用(保护)买卖结构,如同 CDS。因为经定价的风险,是一种风险资产。作为一种风险资产交易,才有可能成为 CDS 的合约权益或 CRMW 的证券权益。而且,正因为风险资产作为一种权益,如同其他权证交易一样,才可以由卖方卖出,由买方买入进行直线向后的交易过程,不会形成以任何一个交易对手为中心的交易结构网络,并有可能形成"黑洞现象"及其交易对手风险。

经相关合规程序的认可,CRMW 作为一种权证,其发行人地位属于中国银行间交易市场中的约 1 400 个的交易成员。CRMW 发行人,就是享有 CRMW 发行权利的交易成员,称为核心交易商。实际上,CRMW 发行人也就是 CDS 交易中可以卖出信用(保护)的卖方。在 CRMW 中,与 CDS 不同,信用(保护)的卖方,即 CRMW 发行人是一种资格,不是所有人都可以成为 CRMW 发行人,比如一般交易商。也就是说,一般交易商,不可成为 CDS 首交易中的信用(保护)卖方,但可以是信用(保护)买方;但在再交易中,一般交易商不仅可以成为信用(保护)买方,还可以成为信用(保护)卖方。

3. 交易结构

CRMW 是指由标的实体以外的资本机构所创设的,为凭证持有人就公开发行的标的债务提供信用风险保护的,可交易流通的有价凭证。CRMW 交易结构具有如下特征:

(1) 从形式上看,是由凭证创设人面向市场投资者"一对多"发行的、可在二级市场转让的、附带信用保护义务的有价证券。

(2) 从实质上来看,是信用风险缓释合约的标准化形式,从而可以在不同投资者之间流通转让。

(3) 从流程上看,与权证类似,有创设登记、发行销售、交易结算、注销等一系列流程规范信用风险缓释凭证的管理,实行"集中登记、集中托管、集中清算"。

凭证(合约)创设方是可以开展 FIS 增信业务的金融机构,针对特定债券发行主体或标的债券创设凭证,并向市场参与者发行,以缓释债券市场风险,保障债券市场健康发展。凭证(合约)交易方是以投资 CRMW 获利为主要目的的市场参与者,多数在凭证到期前平仓以获取价差收入,少数会在到期日交割以求获取债券违约补偿。

在信用保护目的下,CRMW 购买方为债券持有人,因担心债券发行人可能出现违约风险,向 CRMW 创设方购买 CRMW 凭证,转移债券违约风险。如果发生约定信用事件,便由 CRMW 创设方/出售方向 CRMW 购买方进行赔偿。在套期保值目的下,CRMW 购买方为债券的持有人,为了规避所持债券的信用风险,向 CRMW 创设方购买 CRMW 凭证,以使 CRMW 凭证的公允价值变动全部或部分抵销所持债券的价格变动,以达到套期保值的目的。在套利交易目的下,CRMW 购买方并不持有债券,仅购入可转让的 CRMW 凭证以获取差价(信用利差)收入。

4. 基本特征

1) 独立运行

CRMW 与 CRMA 同属 CRM 体系。与 CDS 不同,CRMW 是在中国大陆法系下特有的现象,是为了适应中国特有的 FIS 市场。首先,由于中国融资担保行业资本金较小,不足以适应中国 FIS 市场规模化发展的需求,需要更大、更多的资本金进入这个增信(融资担保)行业。于是,CRM 在中国大陆法系下,被疑为"名为买卖,实为担保",打破了融资担保持牌经营的垄断格局,侵蚀了融资担保领域和既有利益。其次,既然融资担保的转让或再交易,是受限于担保法。那么,CRMA 同样也不得转让或再交易,这是一种所谓法权平衡。再次,中国 FIS 市场规模是最大的,适应融资增信的央企国资、地方政府及其平台融资产品。因此,如果仅为 CDS 式的 CRMW,就无法适应中国 FIS 市场特有的需求。如果仅为中国版的 CDS 式增信产品,CRM 适用范围太窄。最后,要成为可以流通交易的增信产品,必须给予其特殊法律地位。CRMW 权证化则是 CRM 分化出增信产品的必由之路。CRMW 必然与 CRMA 分离,两者都各自独立运作,并不关联。

2) CDS 中国版

从基础交易结构来看,CRMW 与 CDS 相同,故称之为 CDS 中国版。其一,两者同属投资增信类型,都是由 FIS 持有人(投资者)为对冲 FIS 信用风险而支付增信费用(信用保护费用),FIS 发行人应该都是财务公开可以查询的。其二,从信用事件上看,两者应该是相同的。其三,两者具有相同的产品定价模型,并都以信用利差为基础。其四,两者交易角色相同,都是由产品卖出方作为信用保护卖方,是增信者,是承担增信义务的一方。产品买入方作为信用保护买方,是被增信者,是享有增信权利的一方。其五,交割方式基本相同,都以现金交割为主。

三、信用联结债券(CLN)

1. 基本原理

商业银行发行某个企业债券,除了一般条款(本金,利率、期限、结息日期)外,特别约定,当这个企业法人发生约定的信用事件,商业银行没有义务兑付这个债券。如果某个企业法人没有发生约定的信用事件,商业银行应正常兑付债券本息,除非商业银行倒闭。CLN 有以下基本特征:

(1) 这是商业银行债券(FIS),但却指向另一企业法人(贷款)的信用风险与这个商业银行债券相联结。

(2) 这个利率为合成利率,这个结息期限与到期期限均为同期期限。由此可见,这是一个典型的信用联结债券(CLN)。

(3) CLN 的真正增信对象是企业法人/贷款(FIS)/信用风险,商业银行则是贷款(FIS)持有人,实际上就是 CLN 的信用保护买方,或者增信受益人/被增信人,通过支付利差给债券(FIS)合成 CLN,既通过发行债券全额收回了贷款(扣除利差/增信费用),又通过支付利差(增信费用)对冲了企业法人贷款的信用风险,最终实现了交易利润(贷款利率债券利率利差)。

从商业银行角度看,在不增加任何风险,也不用影响客户信贷关系的条件下,商业银行发行 CLN,不仅可以收回本金,还有 0.6%/年的利差收益。如果不发行 CLN,就会临时缺少这笔头寸。如果做保理产品和 ABS 产品,不仅交易时间和交易对象可能不确定,而且利率也很难自主定价。如果为 ABS 产品,可能还要持有次级权益,并且金融监管、会计确认和财务审核更为严格。因此,保理产品和 ABS 产品,在收益和风险上都不如发行 CLN。但是 CLN 一般为柜台交易,不是公开发行的金融产品,流通性比 ABS 差一些。

银行机构发行 CLN,通过风险转移可以提升信贷资产或其他 FIS 资产质量,可以取得比银行资产 ABS 更为方便的、更有定价权的效果。但是,对于 CLN 投资者来说,却是比同样标的主体的一般债券增加了一个主体信用风险,却不一定获得更高风险利率。CLN 实际上是 FIS 市场缺少高信用等级产品的结果。

2. 利益导向

从 CLN 发行人角度看,就是发行人(商业银行)把对客户的债权(贷款)通过发行 CLN,收回贷款,转移债权(贷款)的信用风险,并因此取得利润。发行人发行 CLN,比发行 ABS 利益更大,风险更少。从 CLN 投资者角度看,其可以分享一般无法取得的大客户融资(贷款)的利益,可以得到比大客户发行债券更多一些利息。对比 CLN 和 ABS 的风险收益,就可以发现,CLN 无论是在风险上,还是在收益上,都对商业银行有利,对投资者不利。从风险角度看,ABS 的风险仅为一种资产,即 ABS"资产池"的风险,这个"资产池"的风险已与 ABS 发行人进行了风险隔离。CLN 的风险实为两种不同主体的信用风险,一个是发行人(商业银行)的自身风险,另一个是大客户(贷款人)风险,任何一个风险都构成 CLN 风险。CLN 投资者/持有人同时面临金融机构(商业银行)和大客户这两个违约风险,比大客户的债券风险增加一倍。从收益角度看,ABS 的优先级或各分档证券收益一般远远高于 CLN 的收益。因为,CLN 定价是可以由 CLN 发行人(商业银行)主导的,CLN 投资者没有议价权。ABS 优先级或各分档证券的收益,是市场交易定价的,不是发行人(商业银行)可以控制/主导的。

由此可见,商业银行不仅掌握定价权,利润比 ABS 更高,而且不用担心 ABS 国际会计准则中关于风险资产转移等会计确认问题,更是在风险上全面转移,不用保留 ABS 中不可交易流通的次级权益所具有的风险。CLN 与 ABS 夹层证券,两者赖以发行证券的资产不同,但两者的内在机理却是几乎相同。商业银行发行 ABS,不仅会计要求较高,还需以次级权益或分档证券增信优先级证券,并且极有可能还需持有次级权益。自然而然的,发行 ABS 的最终风险仍在商业银行手中,商业银行资产质量尽管有所提高,但仍不尽如人意。

商业银行发行 CLN,既可以不用出让信贷而得罪客户,又可在不增加成本的基础上彻底转移贷款风险。投资者持有 CLN,CLN 中的债息相当于一部分贷款利率、无风险利率再加上风险利差。所以,商业银行发行 CLN,比发行 ABS,更有助于银行资产质量改善。当然,CLN 只能属于柜台交易产品,而 ABS 属于公开市场交易产品,因此 ABS 监管更胜于 CLN。正因为如此,CLN 有利于商业银行改善资产质量,分散商业银行经营风险,而且商业银行对 CLN 具有定价权,据此商业银行中意 CLN 更甚于 ABS。

第三节　增信功能与主体增信产品

无论是 CDS/CRMW,还是 CLN,因具有一定风险对冲功能而成为衍生产品,同样,也因具有一定风险转移(增信)功能而成为增信产品,并且从交易结构来看,都是对增信资产进行产品化的尝试。

一、增信功能

1. CDS:增信产品试水

作为主体增信产品,CDS 与主体增信(FG)两者应分属增信历史所展开的两个不同阶段。FG 处于增信初级阶段,仍以主体(机构)信用(资本金及其杠杆率)通过增信合约这一媒介而作为增信基础,适合于地方政府、基础设施项目以及 ABS 初期产品等特殊增信对象,并由 FIS 发行人/融资者支付增信费用,亦可称融资增信。CDS 则是处于增信发展阶段,是以市场信用支撑的衍生产品/增信产品作为增信基础,适合于财务透明度高的上市公司、金融机构等增信对象,并由 FIS 投资者支付增信费用,亦可称投资增信。总之,CDS 与 FG,两者体现了两个不同的增信历史阶段,CDS 则是以产品增信方式对主体增信所产生的增信资产进行了一次产品化的尝试。尽管这次尝试以 2008 年美国金融危机的爆发而宣告失败。但是,增信资产产品化,则是增信历史发展的必由之路。

1) CDS 与 FG 的相同之处

（1）都是名义上的信用交易。FG 的"信用租售"，即以较高信用等级者（增信者、增信机构）向较低信用等级者（增信对象）出租、出售信用等级，利用信用等级差（信等差）进行增信并获取增信收益。CDS 的"信用保护买卖"，即信用保护卖方以信用保护买卖方式向信用保护买方出让信用保护，并向信用保护买方收取信用保护费（增信收益/增信费用）。

（2）两者都是形式上的信用定价。FG 利用信用等级差所形成的信用利差开展金融担保业务，创造担保资产；CDS 则运用类似风险中性等类型的定价模型开展信用保护业务，创造风险资产。

（3）两者都追求增信效果，具有及时偿付的制度安排。FG 通过及时偿付的制度安排，排除了保险机构的巨大"干扰"，维护了金融担保作为增信（商事担保）行业的独立性。CDS 作为衍生产品，及时偿付的制度安排是产品设计与产品交易的内在机制。

由此可见，CDS 与 FG，都具备了商事担保（增信）的两个主要特征：信用（风险）定价与及时偿付，以区别于民事担保的行业定价和诉讼追责。因此，CDS 的增信功能一目了然，在属于衍生产品的同时，也无可争辩地可以成为增信产品，哪怕是还未摆脱无限责任的增信产品。而且，CDS 的"信用保护买卖"，彻底摆脱了担保概念，真正完成了从民事担保向商事（投资）担保的华丽转身。

2) CDS 与 FG 的不同之处

（1）两者在法律形式上的不同。在增信（法律）形式上，FG 仍是金融担保，尽管金融担保的相关法规宣称，FG 既不是担保概念，也不是保险概念，只是没有指明 FG 实质上是商事担保，形式上还有担保痕迹。CDS 复杂难懂的名字，则表明了其是形式上的信用（保护）买卖，实质上的风险交易。尽管 CDS 与传统担保/传统保险无涉，但是 CDS 所涉及的信用与风险，却是担保/保险的核心本质。打开这个核心本质并进行买卖交易，在法律形式上则由民事担保转化为商事担保，在风险定价上则由保险（出险）概率转化为违约概率（违约率），在增信效果上则由诉讼追责向及时偿付的制度安排转化。

（2）两者在相应设置上有所区别，包括增信对象、违约事件、RR 等问题。①因衍生产品不能针对单一（事件）风险，因此增信对象不可能是某一产品风险，而是某个主体风险。众所周知，产品（FIS）风险其实来自融资主体风险或发行主体风险，两者具有高度一致性，除非增信的 FIS 可以摆脱融资主体风险或发行主体风险。但是，即使摆脱了融资主体风险或发行主体风险，增信主体风险仍然存在，结果仍为主体增信。FG 作为主体合同增信,仍是不可避免主体(金融担保机构)增信风险。CDS 作为主体产品增信,则是增信资产产品化的尝试,还是具有无限责任的增信产品,仍不可避免增信主体风险。②增信对象必须是财务透明度高的发行人或融资者,包括上市公司和金融机构。如果财务透明度不够,融资者风险或发行人风险则无法认识,产品定价或交易定价就无法实现,市场则无法接受这种产品。③要针对某个主体风险,那么主体风险就包括了不同层次的信用事件。那么,产品风险中的信用违约,则处于信用事件的底层,在其之上还有信用等级下调、资产重组等。也就是说,主体风险中所设置的信用事件比产品风险中的信用违约要广泛得多,以便于投资者防范风险与对冲风险,最终达到风险转移的风控目标。④也正因为主体风险中所设置的信用事件比产品风险中的信用违约要广泛得多,所以在发生产品风险中的信用违约之前,可能发生其他信用事件而导致 RR 的存在。但是,有时信用事件就是直接发生信用违约,如同 2008 年美国金融危机中的"雷曼苦债主",导致 RR 无法存在,只有产品风险中的违约资产。

2. CRMW:CDS 改革与中国翻版

2008 年美国金融危机把 CDS 在交易结构中的致命缺陷"交易对手风险",以及作为主体产品增信的"无限责任"暴露无遗。基于 2008 年美国金融危机的经验教训,"交易对手风险"所引发的系统性风险已经被世界各国金融监管机构所确认。在 2009 年以后,美国、G20 集团及国际掉期与衍生工具协会(ISDA)均规定了 CDS 这种"信用买卖"必须全部实行清算,即将交易双方(交易对手)的信用买卖,通过清算中心(所)进行交易,把双方 CDS 合约通过清算中心(所)进行转让,可以使信用交易的任何一方(交易对手)不再成为网络交易的支撑点、放射点,只有清算中心(所)才能成为 CDS 义务履行的支撑点、放射点,以防交易对手风险导致的金融危机,导致金融机构"大而不倒"的恶性循环。

CRMW 就是 CDS 典型的中国变种,特别是信用买卖交易结构规制化的结果。这个规制化结果就如同合约增信产品(CDS),即把任何交易对手的增信合约替换成与清算中心(所)的增信合约,把交易对手的清算责任(增信义务)全部转移给清算中心(所),每个交易对手之间不再具有清算责任(增信义务)关系。除此之外,由于中国属于大陆法系,增信合约标准化,并不会自动转化为可流通交易的增信产品(金融产品或金融衍生产品),必须对标准增信合约进行规制。于是,标准增信合约就被规制为一种权证产品(尽管合法性有待商榷),并由上海清算所进行清算的权证产品(CRMW)。

　　中国在引入清算中心的同时,因法律环境等原因,将 CDS 改造为 CRMW,于 2010 年推出 CRMW。CRMW 与 CDS 有以下特征:

　　(1) CDS 在一般情况下,多通过指定参考实体、债务类型和债务特征,把参考实体的债务组合都归入信用保护之中。CRMW 则要指定具体的标的债务,以使信用保护与特定债务挂钩,使得 CRMW 更具增信产品性质,与指定具体标的债务虽然在一定程度上会影响市场交易效率,但在处理信用事件上则会更加方便,也能更容易地判断市场参与者的真实交易意图,避免交易过于复杂,有益于防范市场风险。

　　(2) CRMW 在中国复制、修改 CDS 之时,割断了与 CRMA 的联系,所有 CRMW 参与者都必须拥有"参考资产",无法进行裸交易。那还是意味着只有"核心交易商"或"创设机构"才可能发起交易,再由"一般交易商"与之"对冲交易"。即使一般交易商最先获得"参考资产"信用风险的信息,也无济于事。这样,CRMW 就可能失去一大部分的 CDS 最具"价值发现"的功能。核心交易商与一般交易商的地位、风险和盈利能力是有很大区别的。

　　(3) CDS 被改造成 CRMW,不仅对其作了相应限制,包括买卖总量限制、资本金限制等,而且对 CRMW 进行登记结算,风险总量在信息披露上得以控制。从增信权益上看,CDS 仍然是合同权益,CRMW 则是一种权证,在法律效力形式上更胜一筹。CRMW 作为权证交易,不仅流通便捷有利于定价,而且通过清算所发行交易,比 CDS 的合同替换机制更为合理。

　　尽管 CRMW 拥有 CDS 改进版的优势,摆脱了"交易对手风险"。但是,CRMW 与 CDS 一样,仍然属于主体产品增信,并未摆脱产品发行人/交易者的无限责任,以及产品发行人/交易者自我增信(抵押品)的恶性循环。

3. CLN:反方增信

　　CLN 与 CDS/CRMW 不同,增信受益人不是 CLN 投资人或买入方,即资本市场上的投资者,而是 CLN 发行人或卖出方,即商业银行或金融机构。因此,CLN 与 ABS 中的夹层证券/底层证券相似,增信受益人是 ABS 发行人或原始权益人,即商业银行或金融机构。由于 CLN 吸收了商业银行或金融机构所拥有的某个主体的金融资产(FIS)的风险,因此,CLN 是对金融资产(FIS)的增信,也因流动性而成为债性增信产品,如同 ABS 中的夹层证券/底层证券具有流动性而成为权益增信产品。CLN 与夹层证券/底层证券的特征比较如下:

　　(1) CLN 与夹层证券/底层证券都是增信产品,只是两者基础资产的形态不同。夹层证券/底层证券所吸收、承载的信用风险,是来自同一个基础资产("资产池")支持的 SPV 所分割的优先级证券,即优先级证券与夹层证券/底层证券都基于同一个基础资产("资产池")。对于 ABS 发行人来说,是表内资产表外化。CLN 所吸收、承载的信用风险,是来自 CLN 发行人的另一个金融资产(FIS),CLN 是另一个金融资产(FIS)的衍生产品。

(2) CLN 与夹层证券本身就是一种 FIS,属于风险利率产品,有着 FIS 自身的定价。夹层证券因承载了 ABS 优先级证券的信用风险,因此除了本身无风险利率再加上转移过来的风险利率,合成为夹层证券的自身定价。CLN 风险则独立于被增信的 FIS,不仅承担被增信 FIS 的信用风险,而且 CLN 发行人也同样存在信用风险,因此是 CLN 发行人的风险利率加上转移过来的风险利率,合成为 CLN 的自身定价。正因为如此,CLN 和夹层证券对其所承载的信用风险不是独立定价,而是包含在 FIS 价格之中。

(3) 从衍生产品角度看,CLN 无疑丰富了增信衍生产品,而且增信产品以债券为偿付安排,具有极好的增信效果。但是,不得不承认,这些好处更多地属于金融机构(商业银行),大大多过于 CLN 投资者/持有人。CLN 对于调整金融机构(商业银行)的资产质量和增加利润具有重要作用;同时,也丰富了资本市场上的 FIS 品种,当然 CLN 投资者/持有人的投资风险有所提高。为此,CLN 投资者/持有人应该进行风险对冲,如果价格允许,可以通过 CDS 卖出大客户的信用风险。当然,买入一个 CLN,再买入一个 CDS,要比较风险利差,要么可以无风险套利,要么通过时间差进行套利,但时间差本身就是成本或风险。

二、增信资产产品化

1. 创造增信资产

CDS 的首交易即所谓的 CRMW/CLN 发行,如同从事零售业务的金融机构在创造金融资产,是增信产品参与交易者在创造风险资产,或者增信资产。

当信用保护卖方出售 CDS,发行 CRMW 时,相当于在选择一定信用事件等条件后为信用保护买方提供"信用保护",收取信用保护费用;当 CDS/CRMW 发生标的资产主体所列的一定信用事件,信用保护卖方将按市场价格从信用保护买方买入 CDS/CRMW 所指向的标的资产,无论实物交割,还是差额交割。根据增信定义,这种名义上信用(保护)买卖,实质上风险(资产)交易,就是 CDS/CRMW 具有增信(风险转移)功能的本质,这种首交易的 CDS,发行的 CRMW,就是增信资产。

CLN 的发行,使得 CLN 发行人所持有的金融资产(FIS)及其发行人/融资者的主体风险得以转移到 CLN 之中,由 CLN 承担这种主体风险,并构成了 CLN 价格。当 CLN 所指向的主体风险发生时,由 CLN 投资者承担风险,而 CLN 发行人则豁免 CLN 的兑付义务。同理,由 CLN 承担 CLN 所指向的主体风险,即由 CLN 承担这种风险转移,就是 CLN 具有增信(风险转移)功能的本质,这种发行的CLN,就是增信资产。

2. 增信资产产品化

CDS 的再交易即所谓的 CRMW/CLN 交易,如同从事零售业务的金融机构在创造金融资产后进行批发买卖交易,或如同从事批发业务的金融机构将在二级市场上所购买批发的金融资产经打包组合后发行金融产品,是增信产品参与交易者将增信资产通过标准化增信合同一并或分割流转交易,即进行增信资产产品化。

当信用保护卖方在 CDS/CRMW 出售后,经过一定期限后,为了获得期限上收益或年限利差,可以买回同样标的资产的 CDS/CRMW,并进行风险对冲。如为同样数量的 CDS/CRMW,不仅可能挣得期限上的收益,而且可能挣得利差;如为数量较少的 CDS/CRMW,不仅可挣得期限上的收益,也可能挣得利差,而且可以继续等待剩余数量的下个周期收益。但是,如果 CDS/CRMW 标的资产所指向的主体风险有所上升,但未发生信用事件,CDS/CRMW 价格可能上升。为了规避风险,信用保护卖方可以买回同样标的资产的 CDS/CRMW。如购买同样数量的 CDS/CRMW,则可能挣得期限上的收益,却损失了期限利差;如购买数量比原来数量较少的 CDS/CRMW,尽管损失了部分期限利差,但是可以继续期待剩余数量的下个周期价格的下降,以期未来获利;如购买数量比原来数量较多的 CDS/CRMW,可以继续期待超出数量的下个周期价格的上升,以期未来获利。

当信用保护买方在买入 CDS/CRMW 后,经过一定期限后,可能已经卖掉了CDS/CRMW 所指向的标的资产,已经没有风险对冲的需求。于是,信用保护买方可以卖掉同样标的资产的 CDS/CRMW,以期获利。也可能因为 CDS/CRMW 价格上涨幅度较大,却并非 CDS/CRMW 标的资产所指向的主体风险有所上升,于是,信用保护买方可以卖掉同样标的资产的 CDS/CRMW,以期获利,并希望在未来价格合适时候再买回 CDS/CRMW,用于对冲风险。

当 CLN 价格上升时,CLN 投资者可能期望获利而出售;当 CLN 价格下降时,CLN 投资者可能期望规避风险而出售。

三、产品化优势

1. 增信全面对接整个资本市场

CDS/CRMW,对增信来讲,最重要的特征是,不惜在名称上绕开行业管理,打破持牌经营的限制和垄断,不仅使所有金融资本都可参与 CDS,而且促使所有普通投资者(一般投资者)也都可以参与投资 CDS,从而增信全面对接上了整个资本市场。

2. 满足 FIS 市场规模化发展的要求

CDS/CRMW,全面对接了资本市场,用以支撑 FIS 市场规模化发展,这本身又说明增信功能更为 FIS 市场所需。如果资本市场没有增信功能,金本位取消后的资本市场、FIS 市场将难以得到规模化发展。因此,CDS/CRMW 作为试水的增信产品,支撑了 FIS 市场或资本市场,成为支撑了 FIS 市场或资本市场的基础设施,这个作用是显而易见、毋庸置疑的。实际上,金本位只是作为支撑 FIS 市场或资本市场的物化基础设施,而增信产品就是产品化、流通化的基础设施。另外,如果 FIS 市场不是规模化发展,金融担保业务如果可以满足 FIS 市场,作为增信产品的 CDS/CRMW 也就无法应运而生。正是因为 FIS 市场具有内在的规模化发展的需求,金融担保业务不再适应这种规模化发展的 FIS 市场,CDS/CRMW 才会脱颖而出,为资本市场所青睐。

3. 彻底改变增信基础

CDS/CRMW 作为增信产品,不再以增信机构的主体信用为基础,即以资本金及其 10 倍杠杆率为基础的增信,而是通过可以交易流通的合约增信产品进行增信。一般投资者通过投资增信产品可以为金融机构,或高信用等级公司/机构,特别是银行机构的 FIS 进行增信。一旦增信产品以现金交易方式开展,增信就不再是增信机构/持牌机构之事,而是一般投资者的日常投资。

第四节　产品缺陷

一、CDS:交易对手风险

CDS 的交易结构是信用(保护)买卖。信用(保护)卖方其实是 CDS(资产)或风险资产,或者增信义务的持有人或风险责任人,如需完全实现风险对冲或套利目标,需要买入同样数量、同样标的资产的 CDS;信用(保护)买方其实是 CDS (资产)或风险资产的卖出方,或者增信权利的享有者,如因各种原因需要实现套利目标,需要卖出同样数量、同样标的资产的 CDS。信用(保护)买卖双方,一旦 CDS 交易完成,并不如我们想象中的那样,可以退出交易关系。买卖双方只是交易风险得以对冲,套利目标得以实现而已,上下交易对手的关系仍然维持着。

这是因为:其一,信用(保护)卖方,仍然对 CDS 首交易中的信用(保护)买方承担信用保护(增信)责任;信用(保护)买方,仍然对 CDS 首交易中的信用(保护)卖方享有信用保护(增信)权利。其二,信用(保护)卖方,由于在再交易中成为信用(保护)买方,开始对再交易中的信用(保护)卖方享有信用保护(增信)权利;信用(保护)买方,由于在再交易中成为信用(保护)卖方,开始对再交易中的信用(保护)买方承担信用保护(增信)责任。首交易与再交易中的买卖双方并不因为 CDS 买与卖,自动解除相应的增信权利和增信责任,退出各自在首交易与再交易中的买卖关系和交易责任(权利义务)。

无论信用(保护)卖方,还是信用(保护)买方,为了寻求风险对冲,或者套利目标,CDS 买入和卖出的交易对手,偶尔才会实现“一对一”交易,多数情况下是“一对多”或“多对多”交易。这仅是指某一标的资产的、一次平行数量层次的 CDS 交易。如果某一标的资产的 CDS 交易,在一定期限内(5 年内)多次进行 CDS 交易,将形成多层次的“多对多”交易网络。也就是说很多金融机构不仅仅只做某一标的资产的 CDS 交易。根据风险分散、资产组合原理,很多金融机构可能会对多个标的资产进行 CDS 交易,从而拥有标的资产范围非常大的、多层次的“多对多”交易网络。

对于整个非常大的、多层次的“多对多”交易网络,如果从每个交易对手来看,却又是以一个个金融机构所支撑的数额巨大的、多层次的“多对多”交易网络。每个金融机构不仅可以单一标的资产形成多层次的“多对多”交易网络,而且尽可能大的标的资产范围,又给这个多层次的“多对多”交易网络增加了数量巨大的广度和深度。尽管每个金融机构可以通过成千上万次的 CDS 交易,确已实现风险对冲,也许也有损益。但是,这样的 CDS 交易并未让某个金融机构可以退出这个数量巨大、金额巨大、具有广度和深度的多层次的“多对多”的 CDS 交易网络,这个交易网络仍然笼罩着某个金融机构。也就是说,一个个金融机构仍需支撑着这个已经对冲风险的、盈亏已定的 CDS 交易网络,犹如层层缀缀的“千斤顶”互相联结着,最终由某个金融机构支撑着。因此,CDS 交易中的任何一方,如果发生信用风险或者破产倒闭,就意味着它的交易前手和交易后手都会产生巨大风险或风险敞口。

其一,当信用(保护)卖方破产倒闭时。在首交易中,对于交易前手,即信用(保护)买方来说,原来相应数额的增信权利消失了,其所持的 FIS 及其风险开始暴露。如果已经对其所持有的 FIS 作无风险交易或处置,意味着风险敞口产生。在再交易中,对于交易后手,即信用(保护)卖方来说,尽管豁免了原来数额的增信义务,但如果交易后手卖出 CDS 是基于对冲买入 CDS 风险,那么,未来在支付信用(保护)费用上会形成风险敞口,即使再卖出 CDS,交易价格仍可能存在风险敞口。

其二,当信用(保护)买方破产倒闭时。在首交易中,对于交易前手,即信用(保护)卖方来说,尽管豁免了原来数额的增信义务,但如果其卖出 CDS 是基于对冲买入 CDS 风险,那么,未来在支付信用(保护)费用上会形成风险敞口。即使再卖出 CDS,但交易价格同样可能存在风险敞口。在再交易中,对于交易后手,即信用(保护)卖方来说,原来相应数额的增信权利消失了,所持 FIS 及其风险披露;或者已经对所持 FIS 作无风险交易或处置,意味着风险敞口产生;或者卖出 CDS 是基于对冲买入 CDS 风险,未来在支付信用(保护)费用上会形成风险敞口,即使再卖出 CDS,但交易价格同样可能存在风险敞口。

因每个交易对手都如同层层缀缀的、互相联结的"千斤顶"式的支撑着这个交易网络,而且标的资产范围广泛,交易金额如此巨大。任何交易对手,无论是前手,还是后手,一旦发生破产倒闭,这个标的资产范围广泛、交易金额如此巨大的交易网络就会失去支撑而轰然倒塌。这样的倒塌,如同白矮星倒塌后所产生的"黑洞",可以吞噬周边的一切物质,即使是光线也不例外。也即,这样的倒塌,意味着将产生巨额的风险敞口,导致系统性风险。

在 2008 年美国金融危机中,一个资本仅为百亿美元的雷曼兄弟公司破产倒闭,就将雷曼兄弟公司交易 CDS 所支撑的数千亿美元的 CDS 交易网络推向崩塌,把与之交易的一大群华尔街上的金融大鳄,包括花旗银行、美林证券、AIG 等大型金融机构撕开了一个高达数千亿美元的风险敞口。如果放任这些大型金融机构继续破产倒闭,那么这个 CDS 交易网络会继续崩塌,甚至会吞噬整个华尔街,导致美国金融倒退 200 年。疏于管理 CDS 的美国金融监管机构这时才恍然大悟,开始采取违反通常所秉持的市场自由、市场自律的经济原则,用国家税金为这些私营的大型金融机构注资,大规模介入金融危机。但是,这样的救市结果又伴生了金融机构"大而不倒"的恶性循环。于是,全球各国政府对于 CDS 的改革有了明确的认识,CDS 改革拉开了帷幕,中国的 CRMW 就是在这个背景下产生的。

二、共同缺陷

1. 主体性质与无限责任

无论是 CDS,还是 CRMW,仍然属于主体产品增信类型,仍是主体增信产品。主体产品增信(CDS/CRMW)与主体合同增信(FG/CRMA)的根本区别在于:对于主体合同增信来说,作为增信媒介的增信合同,由于合同标准化不足,造成增信合同权益(增信资产)转让困难/障碍,无法通过市场化的自由买卖交易实现增信资产风险转移与风险定价。对于主体产品增信来说,作为增信媒介的增信合同,由于合同充分标准化,造成增信合同权益(增信资产)转让易行便捷,可以通过市场化的自由买卖交易实现增信资产风险转移与风险定价。但是,无论是主体合同增信,还是主体产品增信,都离不开这个"主体"。所谓"主体",就是指主体信用。尽管较增信合同而言,增信产品摆脱了行业限制与持牌经营,在一定程度上解放了受限主体或市场主体。但是,作为主体增信产品,它仍然受限于增信产品投资者的"主体"性质,即主体信用。

增信合同、增信产品的"主体"性质,一方面来自增信资产本身,与担保资产/保险资产一样,增信资产属于风险资产,因为增信合同、增信产品所约定的权利义务,增信权利在先,增信义务在后,增信义务所指向的价值大于增信权利所指向的价值;另一方面来自增信资产与增信主体的关系。在增信合同阶段,增信资产通过增信合同与某一增信主体(机构)紧密相连;在增信产品阶段,增信资产通过标准增信合同可以在增信主体之间流通,但却无法割断与主体之间的关系,即增信产品仍然需要增信主体的支撑,否则增信产品无法存在,更是无法在增信主体之间流通。但是,增信产品可以在增信主体之间流通,并不等于可以离开增信主体的支撑。这是由增信产品的"主体"性质、风险特性所决定的,即持有增信产品的增信主体必须对增信产品承担无限责任。

2. 自我增信与恶性循环

增信产品的"主体"性质或无限责任,使得增信产品持有人或者增信义务人,必须证明自己的主体信用。尽管增信产品摆脱了行业限制,打破了持牌经营,每个市场参与主体均可通过产品交易市场进行自由买卖交易,即市场参与主体获得了最大限度的解放。但是,也正是因为市场参与主体的参差不齐,对于市场参与主体的信用认识就无法统一。于是,要求增信产品的市场参与主体提供"抵押物",便是 CDS 改革的又一关注重点。

由此可见,投资增信产品而成为增信者的增信产品持有人,如果需要提供抵押物,进行自我增信,不可避免地陷入增信的自我循环与恶性循环之中。增信的自我循环与恶性循环,如同改革的 CDS,为了避免"交易对手风险"而仅仅引入清算中心(所)进行互换 CDS 合同,也不愿从根本上改变 CDS 交易结构一样,代表着增信产品设计者、信仰者及其使用者的悲哀,反映了增信产品设计者在国际资本既得利益面前的妥协。

3. 增信对象限制与"赌博"

增信对象即 CDS/CRMW 所指向的标的资产,均为财务透明度较高的上市公司和金融机构。众所周知,上市公司和金融机构的融资工具很多,包括股票增发、优先股、次级债与可转债。除中国外,运用一般债务形式(银行贷款、债券及其他债务融资工具)进行融资的国家数量有限。因此,如果仅从增信角度看,增信对象并不多。但是,CDS 的交易结构可以促使市场投资者进行 CDS 裸交易,这样便产生泡沫化的巨额的 CDS 交易总额。假设 1 万亿美元 FIS 需要增信,CDS 交易可能高达 50 万亿~60 万亿美元,在 2008 年美国金融危机爆发前半年,CDS 泡沫化或杠杆率高达 60 多倍。

CDS 因高杠杆而演化成赌博产品。CDS 的合约成本远低于其标的资产的风险和收益。当市场繁荣时,收益会通过高杠杆率而成倍放大;当市场经济衰退时,亏损和风险也被成倍地放大了,从而使投机者很容易因为 CDS 的高杠杆性陷入财务危机,并降低市场流动性,影响整个金融市场的稳定性。CDS 裸交易的大量后续买卖交易可能完全与增信无关,也与 FIS 信息对称问题无关,只与价值链上的剩余价值有关。CDS 裸交易转嫁了个别风险但却堆积了系统风险,金融机构为了短期利益过量持有这种风险类的增信产品,就可能逐渐转化为赌博类型的交易产品。特别是基于不可覆盖/周延增信风险的 CDS 定价,还只是或有负债性质,在信用风险随机发生的条件下,都将会把投资者推到"赌徒"地位。

但是,就目前情况来看,中国及全球发展中国家,包括很多发达国家,也包括美国在内,基础设施投资需求旺盛。单是美国就有 1.5 万亿美元的基础设施投资需求;中国拥有百万亿元人民币存量 FIS 需要市场增信,以便国家信用撤出;而且中国所创导的"一带一路"所涉国家与基础设施建设项目融资需求也高达百万亿元人民币;东南亚近五年的基础设施融资需求也达 2.5 万亿美元。对于此类增信对象,由于不符合财务透明度高的标准,增信产品对此无能为力。所以,从增信合同走向增信产品,这是增信产业得以迅速发展的一个难得的历史机遇,何况现在的大数据理论足以支持/覆盖风险随机、概率化的增信产品。对于基础设施融资需求,如果在基础交易结构、增信费用收取方式、及时偿付等方面作出合乎理性的制度安排,一个创新型增信产品便可呼之而出。

第五章

权益增信产品与 SPV

第一节　第一次增信革命

增信,在最近 50 年来的时间里,只停留在外部增信或直接增信,即主体增信(FG/CRMA)及其主体增信产品(CDS/CRMW,CLN)上。人们忘记了早已存在的权益增信,即拟制人的权益增信及其产品化,比如上市股票、夹层证券/底层证券。众所周知,法律法规为金融机构风险控制或资产管理所特设的特殊目的载体(SPV),与 Fund、PE、BT、Reits 等一样属于外部管理拟制人,如同公司法人,具有增信权益及其产品化的独特功能,并于 20 世纪 70 年代率先在资产证券化(ABS)中使用。在 ABS/MBS 中,通过次级权益承载优先级权益的风险,或者夹层证券与底层证券对优先级证券的增信,使 SPV 名下金融资产(池)中的全部风险得以释放、消化、转移,这样便使金融机构在风险管理或资产管理等方面获得了积极而正面的效果。

法律法规特别授予金融机构的 SPV,与公司法人的权益增信功能及其产品化不同,目的是为了风险管理或资产管理,即通过增信权益及其产品化转移金融机构所持有的金融资产内在的信用风险。这样,SPV 就是法律法规授予金融机构进行风险管理或资产管理最为有效的利器。ABS 中的次级权益或者夹层证券与底层证券,承载了信用风险,释放或转移了 ABS 中优先级权益(证券)的风险,甚至释放或转移了 SPV 名下全部金融资产(池)的所有风险。据此可以说,20 世纪 70 年代出现在美国的资产证券化(ABS),无疑是增信历史上的第一次革命。

可以说,除了货币汇率、商品期货和指数产品外,金融产品都是融资产品或增信产品。两者相互联结,相互依存。融资产品的规模化发展,离不开增信及其产品化;创新增信产品,又为融资产品规模化发展提供了基础。有限责任公司诞生后,公司股权/上市股票融资,就成为全球投融资市场最大的融资类别。全球每年新公司股权融资不低于万亿美元,公司股权价值存量总额不低于数百万亿美元;当公司股权产品化而成为上市股票时,每年股票价值存量总额就达数百万亿美元,每天交易总额近万亿美元。目前全球金融机构的 FIS 价值规模总额可能高达千亿美元,SPV 权益增信产品总额至少可达数百万亿美元。而且,SPV 权益增信产品还可为未来全球基础设施带来数百万亿美元项目融资。如果说,对于有限公司的权益增信功能及其产品化,包括上市股票、优先股、次级债、可转债等习以为常,甚至从未认识到这些投融资产品的权益增信功能及其产品化的存在与优势,那么,为了防范金融风险,法律法规所赋予金融机构的特殊目的载体(SPV),通过权益增信产品可以对金融资产的信用风险或金融风险实施风控或资管,并成为金融机构最重要、最核心的风控方式或资管模式。这对于人类增信史来说,无疑是一次革命。

如果真正发挥 SPV 的风险转移或增信功能,就可以全面改革中国金融机构的风控方式或资管模式,甚至金融监管机构的监管形式。SPV 的风险转移或增信功能,可以重新定位各种中国金融机构,将全部金融机构分别改造为制造金融资产的零售机构和从事金融资产买卖和发行金融产品的批发机构和发行机构。而批发机构和发行机构可以合一,也可以分立。零售机构包括商业银行、保险公司、信托租赁等,并由银保监实施监管;批发机构和发行机构包括券商、投资基金、PE 等,并由证监会实施监管。并且,零售机构不得从事批发机构和发行机构的批发业务和发行业务,批发机构和发行机构不得从事零售机构制造金融资产的零售业务。这样,诸如各种资管计划、信托计划等只是风险递延的风控方式或资管模式,只是零售机构表内业务之一,批发机构和发行机构不得从事;诸如发行集合的、出表的 ABS,必须由批发机构和发行机构从事,零售机构不得从事。这样,SPV 所带来的权益增信产品,不仅带来增信革命,也给整个金融管理体系带来巨大的变革。

然而,迄今为止,全球市场近 50 年 ABS 的具体实施,出现了众多消极负面效果,比如只运用 ABS 的再融资功能,不注重金融资产的风险转移,造成了影子银行,加重了金融机构的金融风险等问题。当然,这也说明,全球金融界对 SPV 出现了重大误解,我们需要调整对 SPV 的认识和理解。

第二节　SPV

一、商事信托与 SPV

SPV 又称为特殊目的载体。载体即资产拥有者,属于法律主体。SPV 作为法律主体,与公司法人一样,都属于拟制人,并拥有 SPC 等变化形式。但是,SPV 与公司法人这种装有"大脑"的内部管理拟制人不同,是一种自身并无行为能力、需要在拟制人外部聘用"外脑"进行外部管理的拟制人,如同投资基金(Fund)、有限合伙(PE)、商事信托(BT)、房产投资信托(Reits)等外部管理拟制人。

　　SPV 源自商事信托(BT)。商事信托(BT)最早出现于 20 世纪 20 年代的"麻省信托",被美国马萨诸塞州法律认可为法律主体,并由承担信托责任的外部管理人对"麻省信托"进行谨慎管理。商事信托与民事信托(CT)的不同之处在于,民事信托是以个人(信托人)的民事行为转移资产并由他人(受托人)管理,他人作为名义上的持有人管理资产,并对信托人承担信托责任。商事信托(BT)却是一种投资信托,是通过资产买卖交易转移资产并由他人(受托人)管理,即由投资者(信托人)投资商事信托的信托权益,成为信托权益的持有人;商事信托及其名下资产则由管理人受托管理并对投资者承担信托责任。从行为(民事)信托到投资(商事)信托,无论如何,核心理念就是受托人的信托责任。没有信托责任,就没有投资信托,虽然也许存在投资关系或者委托关系。

　　SPV 作为外部管理拟制人,这个拟制人本身没有行为能力,如同自然人孩童一样。因此,SPV 如同孩童需要监护人一样需要外部管理人对其进行管理。如同监护法规定监护人的监护行为与监护责任一样,法律法规应该对这个外部管理人进行特别规定,即外部管理人应该根据相关法律法规规定对 SPV 进行谨慎管理,并因这种外部管理而承担信托责任,用以制约管理人。信托责任要求"出民而入刑""罪与非罪",均以信托责任认定。

　　作为外部管理拟制人,SPV 符合拟制人的法律要件:拟制人抬头与账户、拟制人地址、法律法规。在法律法规上,SPV 与公司法人不同,属于"纸上人"(Paper Work),即金融机构根据法律法规设立,却无须工商登记。所谓依据法律法规而设立,就是金融机构符合实现风险控制或风险转移这一特殊目的的,方可设立。即非金融机构不得设立或运用这个拟制人作为持有资产的法律主体,并且为了金融资产的风险转移,法律法规才允许金融机构创设 SPV,则不可设立,如同非金融机构。

　　然而,对于大陆法系的中国法律来讲,SPV 却是难以想象的拟制人。中国法律主体,从民法总则规定来看,仅仅为自然人和法人。但是,社团出自民政法规,律师来自律师法,PE 来自合伙法。那么,尽管 SPV 来自属于英美法系的美国,中国金融法律法规为了防范、控制金融风险,转移金融资产的信用风险这一特殊目的而设立 SPV,在中国法律主体的设立上没有强制性或禁止性规定的条件下,也非为违反上位法,并且符合中国设立法律主体的制法习惯与立法方式。当然,中国证券投资基金到现在为止仍未被立法为法律主体或外部管理的拟制人,并不能证明设立 SPV 的金融法律法规的非法性。而有限合伙(PE)的立法则说明中国立法机构对外部管理拟制人有了一些深入认识,可以逐步加深对 SPV 法律性质的理解和认同。

　　在这方面,作为大陆法系的中国,需要在整个法律体系上予以调制,以适合经济发展对外部管理拟制人的巨大需求。中国的证券投资基金、集合信托计划及其资产管理计划等,其实均应成为外部管理拟制人。但中国法律却没有将 Fund、BT、Reits、SPV 及其 SPC 等各种外部管理拟制人认可为合法实体或法律上的人。失去了这个外部管理拟制人,在民事信托向商事信托/投资信托转化中,就等于把信托责任这个核心理念给抛弃了。按照中国银行界的说法,中国所有 Fund、BT、Reits、SPV 产品,不存在外部管理拟制人,只是委托/信托合约所产生的合约权益产品,即所谓"非法人产品"。因此,失去了信托责任,其实就不属于商事信托/投资信托,而是金融监管机构制造出来的所谓"非法人产品"。究其原因,对商事信托的"拿来主义"均没有从信托原理出发,没有认识到民事信托走向商事信托/投资信托的转化原理,从根本上讲,中国金融监管机构就不想让中国金融机构承担信托责任。

二、商事担保与增信

　　商事担保(Bussiness Garranty,BG)既有信用(保护)买卖形式,也有风险(资产)转移形式。通过非标增信合约并以信用租售形式承载信用利差的,为金融担保(FG);通过标准增信合约及其规制合约,并以信用买卖形式承载风险利差的,既有主体增信(CRMA),也有主体增信产品(CDS/CRMW)。商事担保与民事担保的不同之处在于:民事担保是以担保人的民事行为让渡信用,并由担保人承担法律结果;商事担保却是一种投资担保或信用增级,是通过信用(保护)买卖或风险(资产)交易形式,并进行定价管理。从行为担保到投资担保,归根到底,核心理念就是及时偿付的增信义务。如果没有及时偿付,就没有投资担保,虽然也许存在投资关系。中国的融资担保(FGc)应该属于商事担保,如同美国的金融担保(FGa),但中国法律法规及其行业监管均未认可及时偿付这一增信义务。这样,中国的融资担保就还未跨进商事担保(增信)门槛,仍属于民事担保,究其原因,是因为还未理解民事担保与商事担保的根本区别和转化原理。

　　信托原理为"财产转移且由他人管理",强调受托人的信托责任。但是,受托人不是谁都可以担当的。在民事信托中,受托人是信托人选择的,因此是被动的,必须被信托人认为具有信托责任,具有信托责任的人不一定成为受托人;反之,受托人在管理信托财产时是消极的,保守的。在商事信托中,管理人(受托人)是主动的,以其信托责任及其管理能力证明其具有管理人资格,并为市场投资者所认可,管理人是以积极进取态度进行资产管理的。但是,在 ABS 中,管理人(受托人)在资产管理上却是采取谨慎态度,而非积极进取态度,这是因为 ABS 的管理模式属于资产管理型的,与 Fund、PE 的资金投资模式有所不同。

增信原理应该是"信用风险转移且定价管理"或者"风险资产转移且由他人管理"。因此,它不仅强调及时偿付的增信责任,同时也强调风险定价管理。

如同受托人,担保人同样也不是什么人都可以担当的。在民事担保中,担保人先要具有担保资格,即使被选择为担保人,也可以拒绝。因此,担保人应是主动的,而且与被担保人具有很紧密的关联关系(不一定是血缘关系),一般属于关联担保。一旦为担保人,担保人对其所承担的信用风险在担保期间都是被动的,无法抛弃、转让或主动管理信用风险。

在商事担保中,信用风险管理人不是消极地承担信用风险,而是经营管理信用风险。只是增信主体受限于资本金及其管理方式,难以采取主动管理方式去经营风险资产。因此,以增信主体作为承载信用风险的,增信业务风险巨大,难以为继。以主体增信产品的投资方式去管理经营风险资产时,既不受限于资本金,又不受限于监管方式,可以采取主动管理方式去经营主体增信产品,而且关键在于价格管理或盈利管理。

不同的风险资产管理人可以采取不同的价格管理或盈利管理,在主体增信产品中,可以利用时间利差进行管理,或风险对冲管理。在权益增信产品中,可以是零售管理、代理管理、批发管理、产品发行管理、产品投资管理等方式对风险资产进行管理。

任何主体增信,甚至主体增信产品,因其主体性因素,它们实际上都属于增信资产,都应该最终形成权益增信产品。因此,与外部管理拟制人相适应的"他人管理",同样存在不可推卸的信托责任。由此可见,商事担保的最终成果——权益增信产品,实际上是商事担保与商事信托的完美结合。

三、SPV 与增信:风险转移

SPV 所诉求的特殊目的,就是要求金融机构以金融资产的风险转移为目的,这也是法律法规赋予金融机构设立 SPV 的法律要件,而不是现在大部分学者、专家所谓的融资或再融资的特殊目的。对于具有信用风险的金融资产(FIS)而言,金融机构的风控方式或资管模式可以采取风险递延方式,但风险递延方式不是最为有效的方式,如同现在百万亿元人民币级的"灰犀牛"让人难以承受。从中国实际状况来看,金融机构过多采用风险递延这种风控方式或资管模式,可能更多地形成影子银行,并更多地超发人民币。

资产管理(资管)其实是一种通俗称呼,实际上就是对金融资产(FIS)实施风控管理。风控管理就是要通过两种模式达到风控目的或资管目的。这两种风控方式或资管模式就是风险递延和风险转移。其中,风险转移是最重要、最核心的风控方式或资管模式。为此,国家政府或金融监管机构允许金融机构不通过其他国家权力机构及其程序而设立 SPV,除了信托责任外,SPV 方便简捷、成本超低、保密安全,便于运作。而且,作为拟制人,SPV 可以与其他拟制人(金融机构)有所不同:①不创造金融(风险)资产,通过买入或受托金融(风险)资产,并通过 SPV 权益管理,只持有并转移金融(风险)资产,并进行定价管理。②持有并转移金融(风险)资产,可以没有资本金,也不受资本金或资本充足率限制。

由此看来,最为有效的风控方式或资管模式就是风险转移。如果金融资产(FIS)实现了风险转移,就成为无风险利率产品,如同一国的短期国债。经风险转移(增信)的金融资产(FIS),就没有了任何信用风险,金融机构的资产质量得以大幅提升,金融机构的信用等级也可达到较高,甚至最高信用等级。但问题是,如果风险转移至金融机构,比如金融担保(FG/CRMW)机构,承载转移过来信用风险的法律主体,称为增信主体或增信机构。增信机构,如前所述,在正常资本效益条件下无法满足 FIS 市场规模化发展的需求,而且一个增信主体也无法应对随机违约率的冲击,具有赌徒般的风险。CDS 的产生与发展,已经证明了主体增信逐步退出了增信历史舞台。如果风险转移至其他各种金融机构以标准合同形式设立的主体增信产品中,比如 CDS/CRMW,仍未解决增信者的无限责任或抵押品多少的问题,实际上是自身增信问题,这又形成一个增信怪圈。其实,权益增信功能早在 300 年前已经在有限责任公司中得以实现,只不过是无意识地在公司融资中自然产生,并被人类所遗忘,掩埋在漫长的历史长河中。但是,只要是金子,总是会发光的。权益增信这块人类智慧瑰宝,总会被发现、被发掘,尽管其被掩埋的历史太久了。

把具有信用风险的同质金融资产(FIS)集合成一个"资产池",并转移至 SPV 名下。"资产池"里一定集合量的金融资产(FIS),其信用风险通过违约率进行风险定价,可以将金融资产(FIS)中的信用风险从金融资产(FIS)中分离出来并进行风险定价,独立为风险资产。这个风险资产在 ABS 中称为次级权益或者夹层证券和底层证券,也可称为风险利率产品或衍生产品,也即权益增信产品。信用风险转移后的金融资产(FIS),在 ABS 中称为优先级证券或无风险利率产品。这样,在 SPV 名下的金融资产(池),在以违约率为基础的风险定价条件下,完成了华丽转身,分离为资本市场可以交易定价的无风险利率产品(优先级证券)和风险定价的权益增信产品(夹层证券或底层证券)。权益增信产品通过市场定价交易,释放了权益增信产品,及其 SPV 名下的金融资产(池)的所有风险,也就是金融机构所持有的金融风险,最终使金融资产达到了风控目的或资管目标。

四、SPV 的作用

SPV 作为法律主体,即外部管理拟制人,可以持有金融资产(FIS),即为 SPV 权益投资人(权益人)的利益,并以自己名义持有金融资产(FIS)。SPV 的作用主要包括:

(1)破产(风险)隔离。转移至 SPV 名下的金融资产(FIS)与原始权益人(金融机构)的其他资产相隔离,即使原始权益人破产,也不会影响转移至 SPV 名下的金融资产(FIS)。

(2)SPV 权益与"资产池"中的金融资产相结合。经评估确定的"资产池"资产价格与 SPV 权益相结合,使得 SPV 权益得以均等化、标准化。

(3)分层分级权益结构。SPV 权益也可经风险定价进行分层分级,形成不同层次的权益结构。SPV 这个分层分级权益结构,对于权益增信来说是最重要的作用。通过权益分层分级,使夹层证券/底层证券为优先级证券增信,吸收优先级证券的信用风险,也就对优先级证券或资产池的金融资产实现了风控目的或资管目的。

(4)权益证券化。权益证券化即是优先级权益演变成优先级证券可以上市交易,成为具有流动性的证券,特别是夹层权益/底层权益证券化具有流动性证券的特点,使得权益增信向权益增信产品转化,实现了对权益增信产品的市场化定价,从而形成了权益增信产品在增信原则上的有效性和安全性高度统一。

必须强调,相对于 SPV,转移金融资产至 SPV 的原始权益人,应该是众多的原始权益人,而非单一原始权益人,否则单一标的资产 ABS 无法通过违约率进行风险定价,进而无法实现分层权益,也就无法形成增信权益。因为单一标的资产 ABS,其风险定价只能依据于原始权益人的信用等级,如果不依据原始权益人的信用等级,也不足以进行风险定价,或者风险资产仍然属于原始权益人,所谓增信则演变成关联担保,这就是为什么会发生金融资产不能出表的原因。实际上,单一标的资产 ABS 无法转移金融资产的内在风险,至多为风险递延的风控方式或资管模式,实现了 SPV 的再融资功能。

例如,某一较高信用等级的集团机构或者金融机构持有大量长期的金融资产,希望通过 SPV 可以进行资产证券化(ABS)。尽管 ABS 可以获得再融资,但这个金融资产产品化(ABS)只是得以分散、递延信用风险,却无法使风险得到有效转移。因为其无法通过以违约率为基础的风险定价,无法对 SPV 权益进行分层分级,权益之间无法产生增信功能或风险转移,因此也无法产生权益增信产品。可见,中国的单一标的资产 ABS 只是解决了融资与再融资问题,无论是金融机构,还是非金融机构,都是在不断地制造庞大的金融资产,却没有实现风险转移这一风控的根本目的。结果是,造成目前中国金融行业所特有的三个百万亿元人民币级现象:百万亿元人民币有风险的金融资产、百万亿元人民币影子银行和百万亿元人民币超发。

如果真正认识了 SPV,就可以使创造金融(风险)资产的零售(金融)机构,包括商业银行、保险公司、信托租赁,通过二级市场出售金融资产给从事批发业务的金融机构或者发行产品的金融机构。这样,零售(金融)机构通过出售金融资产而实现了风险转移的风控目标,从事批发业务或发行产品的的金融机构,则将购买的金融资产移至 SPV 名下组成"资产池",通过风险定价发行不同权益的各类证券,包括优先级证券、夹层证券和底层证券,释放并转移了 SPV 名下"资产池"中金融资产的风险,也就是释放并转移了通过二级市场购买的金融资产的风险。据此,SPV 是金融机构最为有效的风控方式与资管模式,是风险释放与风险转移的最终利器,无愧于金融法律法规所赋予的"特殊目的"。

因此,重新认识 SPV,正确运用 SPV,就可以重构中国金融体系和全球金融格局。中国金融界及其监管机构不认可 SPV 为法律主体(只是非法人产品),目的就是不希望金融机构承担信托责任。在以往金融机构属于国有资产的条件下尚可谅解,但目前民营、外资都逐渐控股金融机构,并将成为 ABS 管理人。因此,中国金融监管机构如果再不认可 SPV 为法律主体,不再对 ABS 管理人束之以信托责任,那么,ABS 投资者的合法权益就根本无法保护。同理,如果不明白何为资产管理或风险控制的根本形式为风险转移或增信,当然也就更不会明白除了主体增信(产品)外,还有 SPV 权益增信(产品)。当然,也应该看到,要正确了解风险控制或资产管理目的,一方面,要对 SPV 重新认识,SPV 应是作为金融机构的风控与资管利器,而不是为了融资或再融资;另一方面,组成集合式的"资产池",需要协调各个金融机构的金融资产,也存在一定难度和利益冲突,需要国家金融法规的完善与配合。可以这样说,SPV 的设立目的就是为了对金融机构的金融资产进行风险控制,但其却在无意间被金融机构/其他企业集团用作融资工具,这是不争的事实,需要时间纠正。

第三节　ABS

具有风险的金融资产,主要是未来具有稳定收益的金融资产(FIS),包括商业贷款、按揭贷款、应收账款、租赁收益、信用卡收费等具有债权债务性质的资产,可以开展 ABS 业务。英美发达国家物业所产生的稳定现金流资产,却不以 SPV 形式持有,而是由商事信托(BT)形式持有,并发行 BT 权益凭证(证券),我们称之为房产投资信托(Reits)。

一、购买金融资产,形成"资产池"

从事批发业务和发行产品的金融机构,通过二级市场购买各类同质金融资产(FIS),然后分门别类地将所购同质金融资产进行集合,打包形成"资产池"。因此,要转移金融资产的信用风险,必须先进行集合,把具有风险的、一定数量的金融资产,集合形成可以测度风险概率(违约率)的"资产池"。

二、设置 SPV

根据金融法律法规,从事批发业务和发行产品的金融机构购买各类同质金融资产,不是为持有而购买,而是通过发行产品转移资产风险而购买,即为了实现风控目的或资管目的而购买。因此,购买金融资产的金融机构根据法律法规的规定,运用 SPV 这一风控利器,通过 SPV 权益结构所产生的增信权益及其产品化,达到风控目的或资管目的,即风险转移(增信)。可见,最为有效的风控方法或资管模式就是风险转移(增信),风险转移所用的最佳利器或媒介工具就是 SPV。因此,金融机构应将其所购金融资产在打包组成"资产池"后转移至 SPV 名下,由 SPV 持有"资产池"。

三、风险定价

在 SPV 名下的集合资产("资产池"),以违约率为基础进行风险定价。根据概率理论,集合数量越大,概率越稳定,概率应趋于越小。FIS 可以分为不同的信用等级,信用等级越高,违约率越低;反之亦然。因此,不同信用等级的 FIS,集合数量要求应该是不同的。信用等级高的 FIS,集合数量要求应该较小;信用等级低的 FIS,集合数量要求应该较大;无信用等级的 FIS,应该集合数量最大化。集合资产基于违约概率(违约率),才易于风险定价。因为违约率是基于集合(群)的大数据概率,风险定价才有了前提条件。

四、分级权益或分层证券

SPV 名下的风险"资产池",通过以违约率为基础的风险定价,可以把其自身的内部权益进行分层分级。在 SPV 权益结构中,有一定权益相对于一定违约率的资产,或者在一定权益中包含一定违约率的资产;还有不同违约率的金融资产(FIS)分属于不同层级的 SPV 权益。这样,SPV 就可形成层级不同的权益结构,包括优先级权益和次级(分档)权益,次级(分档)权益可以吸收、转移优先级权益的风险,次级(分档)权益就是对优先级权益的增信,属于权益增信。同时,ABS 不同层级的各个权益都给予了流动性,这样就可形成不同的金融产品/证券产品。优先级权益就是优先级证券、次级(分档)权益可以分为夹层证券和底层证券。夹层证券和底层证券就是对优先级证券的增信,因此就是权益增信产品。

五、权益增信(产品)与风险转移

在不同层级证券条件下,优先级证券其实就是无风险利率产品,并不承担任何风险。原有"资产池"中的所有风险也得到了有效释放、化解、转移,即把不同金融机构所持有的 FIS 风险从主体性的无限责任转化为权益产品的有限责任。夹层证券/底层证券是对优先级证券增信,以保证优先级证券没有兑付风险。夹层证券属于风险利率产品,相当于无风险利率产品加风险利率,类似 CLN;底层证券则是风险资产产品化,应该属于"上不封顶下不保底"的权益类产品,类似上市股票。因此,夹层证券与底层证券都是权益增信产品,产品风险都由市场交易与交易价格进行释放、化解、转移。

六、"资产池"假象

"资产池"假象有以下两种。

1.单一标的资产

所谓"单一标的资产",就是指转移到 SPV 名下的"资产池",只是单一资产,或者原始权益人属于单一主体。首先,单一资产,即使 SPV 持有从单一原始权益人处受让了金融资产,却难以隔离原始权益人所拥有的金融资产的信用风险,尽管可以分散与递延信用风险,却无法转移风险。其次,单一资产,由于无法形成集合的"资产池",无法以违约率进行风险定价,只能以原始权益人及其相对债务人的信用等级进行定价。ABS 的信用风险与原始权益人及其相对债务人所持有 FIS 的信用风险是一致的。因此,相同的信用风险并没有产生实质上的风险转移,只是分散与递延了原始权益人所持有的金融资产的信用风险。从这个意义上讲,原始权益人只是利用 ABS 进行了一次融资或再融资行为。在"单一标的资产"ABS 中所谓的"产品分级",并不产生内部增信,实质上只是关联担保,即原始权益人以一部分资产为另一部分资产进行担保。因此,金融资产的风险责任仍然应该按照穿透原则进行监管,产品定价仍基于原始权益人及其相对债务人的信用等级,并且不可作表外处理。

2. 单一主体

原始权益人为单一主体,SPV 从单一原始权益人处所转移过来并持有的"资产池",与单一资产不同,也许可能是集合资产。集合资产的"资产池"尽管可以违约率进行风险定价,并进行"产品分级"。但问题在于,如果不是"过手证券",资产管理机构通过买入金融资产形成"资产池",作为 ABS 发行人和管理人,却又成为 ABS 的单一原始权益人,ABS 发行价格与 ABS 发行人和管理人的利益直接相关。那么,所谓"产品分级",就是单一原始权益人以一部分资产(次级权益)为另一部分资产(优先级权益)进行增信,不同等级的权益比例关系将涉及单一原始权益人的利益,则有"关联担保"之嫌。然而,中国式 ABS 的发行人和管理人(券商),却不是自行买入金融资产打包形成"资产池",而是以 SPV 名义购买金融资产并形成"资产池"。原始权益人与券商(ABS 发行人和管理人)相分离,"资产池"所形成的产品分级及其比例关系,不再涉及 ABS 发行人和管理人的利益,却涉及众多原始权益人的利益。这样,"关联担保"之嫌就可不攻自破。

第四节 "美国二房"解析

一、简介

"美国二房"即美国联邦国民抵押贷款协会(Federal Nationnal Morgage Association，FNMA，简称"房利美"）与美国联邦住宅贷款抵押公司（Federal Home Loan Morgage Corporation，FHLMC，简称"房地美"）。"美国二房"都是由美国联邦政府发起设立的，股东可以为任何投资者的上市公司。"美国二房"的主要功能是为了进一步促进美国住宅抵押贷款二级市场的发展，即购买零售银行的住宅抵押贷款和贷款担保（增信）。"美国二房"于 2008 年年初拥有 6 万亿美元的抵押贷款资产，占据美国抵押市场总值的一半。"美国二房"每月可以获得美联储196 亿美元的窗口贴息贷款，以便购买美国住宅抵押贷款二级市场上购买住宅抵押贷款。同时，"美国二房"又通过发行"二房"债与 ABS/MBS，使"美国二房"形成良性循环的"资金池"。然而在 2007—2008 年美国金融危机冲击下，"美国二房"的公司股价在 1 年内缩水 6～8 倍。但美国政府仍对这种政府支持企业（GSE）施以援手，给予3 000亿美元额度为大约 40 万个无力还贷的购房者提供政府担保，重振资本市场对"美国二房"的投资信心。

二、解析

1. 法律构架

"美国二房"的法律构架，应该是改造型的特殊目的载体（SPV），可称为特殊目的公司（Special Purpose Coperation，SPC），特殊目的载体与特殊目的公司，在美国都是法律实体（Legal Entity）。因为"美国二房"需要上市，美国法律对公司权益的规定较为完善，而对 SPV 等其他法律实体的权益及其上市的规定略为鲜见。于是，"美国二房"不用 SPV 改用 SPC 上市，也是无可厚非的。无论 SPV，还是 SPC，它们与一般上市公司的法律构架是不同的。SPC 相当于一个资产管理公司上市，又把"资产池"一起装进这个上市公司。从本质讲，"美国二房"应该是资产管理公司；否则，数十万亿美元金融资产所对应的金融机构的资本金应该在万亿美元以上，但"美国二房"资本金却远不及这个金额。作为上市公司，"美国二房"的股价也只是美联储窗口贴现利率、"美国二房"债利率，与其在二级市场上购买住宅抵押贷款利率之差。

2. 主要功能

"美国二房"在二级市场上购买住宅抵押贷款或为其担保（增信）。"美国二房"特殊目的主要表现为：转移风险，即转移房贷按揭这类 FIS 长期的信用风险。作为特殊目的机构，"美国二房"具有以下主要功能：

（1）"美国二房"主要从事金融资产批发业务。通过在二级市场上购买房贷按揭等金融资产（FIS），以"美国二房"自身的 SPC 结构或发行 ABS 或 MBS，释放、转移房贷按揭等这类 FIS 长期的信用风险,保障制造这类 FIS 的零售金融机构健康发展。

(2)"美国二房"是两家大型资产管理机构。"美国二房"以购买住宅抵押贷款资产为主,也开展制造金融资产的零售业务,包括发行"美国二房"债券、提供房贷按揭等,以及从事金融担保、CDS 等增信业务,"美国二房"也逐渐演变成"金融百货店"。

(3)"美国二房"不受金融公司资本金的限制。"美国二房"持有美国一半以上的房贷或按揭资产(长期风险资产)达十万亿美元,还未计 ABS 出表部分。如果作为一般金融机构,"美国二房"不可能持有如此巨额的金融资产;否则"美国二房"的资本金应该非常巨大。

"美国二房"主要是在二级市场上购买住宅抵押贷款,但自己也"制造"或"零售"一些金融资产,比如开展住宅抵押贷款业务,也为住宅抵押贷款提供一些担保(增信)业务,包括金融担保(FG)和信用违约互换(CDS)。因此,"美国二房"的"资产池"应该有两个部分:其一就是住宅抵押贷款(FIS 资产);其二就是住宅抵押贷款担保(增信资产)。"资产池"的资金来源主要包括美联储的窗口贴现贷款、发行"美国二房"债券、ABS 或 MBS,担保(增信)费用和 CDS 交易收入。

3. 对金融市场的作用

"美国二房"拥有这么庞大的"资产池"或"资金池",人们大多会认为"美国二房"风险极大,甚至认为"美国二房"不应存在。其实,"美国二房"却对美国金融市场起到了美联储、财政部无法望其项背的作用,并与美联储、财政部一起构筑起"三足鼎立"的美国金融体系。这是因为以下原因:

(1)大多数业界人士或学者认为,金融资产要分散持有,形成效益优化的资产组合(Portfolio),特别是投资各种资产,不仅仅是 FIS,或一个 FIS。这种观点相对于一般金融机构而言,是绝对正确的。但是,资产管理机构却要根据金融资产的风险特征进行风险控制或资产管理。如前所述,金融资产(FIS)的最为有效的风控方式与资管模式,是风险转移(增信),而不是风险分散。增信历史证明,主体增信(FG)已经逐步退出增信历史舞台,主体增信产品(CDS/CRMW)正担负着增信重任,但是,CDS/CRMW 的无限责任让其难以摆脱自我增信的恶性循环。有限公司的权益增信功能尽管被人遗忘,但 ABS 的夹层证券或底层证券代表了权益增信产品的"王者归来",即将主导着崭新的增信历史,并把握着增信历史的发展方向。正因为如此,美国各个金融机构发行 ABS/MBS 的总量和总金额是趋于不断下降过程中的,而"美国二房"所持有的住宅抵押贷款总量却有增无减。

（2）金融资产（FIS）的风险特征在于随机违约率。学者和专家都认为，对待随机违约率，只有在违约数据越大的条件下，违约率才会越趋于稳定，才会越趋于低下。"美国二房"通过规模化持有房贷按揭这类（FIS）金融资产，对其信用风险进行概率化管理并进行风险定价，通过自身 SPC 权益（上市股票），吸收了美联储窗口贴现贷款、发行"美国二房"债券等 SPC 公司一般债务的风险，并实现了对SPC 公司一般债务的增信。这样，风险定价后转化为 SPC 权益（有限责任化），就成为权益增信产品，实现 SPV 权益的产品化（上市股票）。SPC 公司资产就是经权益增信产品增信后的（FIS），应该属于无风险利率产品。因此"美国二房"债券属于高信用等级的债券，与美国国债收益率不差上下。从而，"美国二房"完成了对住宅抵押贷款这类金融资产内在风险的转移或增信，最终实现了对住宅抵押贷款这类金融资产的风控制目的或资管目标。

（3）"美国二房"促进了住宅抵押贷款二级市场的发展与繁荣。对美国金融体系更为深刻影响的是，将从事制造住宅抵押贷款这类金融资产的金融机构演变成零售银行（Retail Bank）。这样，对于零售银行的监管，等于是市场监管，即制造金融资产不是为了持有，而是为了出售获利，即"为卖而造"，这是对零售银行最为有效的监管手段。信贷资产有无问题，通过二级市场交易，就可实现市场化监管。这种市场化监管方式大大提高了金融机构的资产质量，可以避免形成庞大的影子银行，进而可以抑制货币超发。

（4）"美国二房"对住宅抵押贷款的担保，即"美国二房"也持有大量增信资产。不要忘记，"美国二房"本身就是 SPV 的翻版，属于 SPC。因此，"美国二房"增信资产应该已经得以权益化、产品化，增信资产应该转化在上市股票价格中。

（5）"美国二房"属于政府管制与支持的机构（GSC）。实现上述特殊目的，便可维护美国金融市场稳定。因此，即使在 2008 年美国金融危机对"美国二房"造成很大冲击，"美国二房"股价大幅下挫失水之时，美国政府仍然不弃不离，拿着纳税人的钱，以 3 000 亿美元巨大救助额度去拯救这个"美国大兵"——"美国二房"。

"美国二房"确实受到 2008 年美国金融危机的冲击，究其原因并非外界所述，主要原因如下：

首先，深受 CDS"交易对手风险"影响。即使"美国二房"在 CDS 交易中没有任何失误,风险对冲甚至盈利。但是,CDS"交易对手风险"却可以让"美国二房""躺着中枪"。因为只要与其买卖CDS的交易对手破产倒闭,"美国二房"仍需要承担与这个交易对手进行交易总额相当的风险敞口。所以,CDS"交易对手风险"直接撕开了"美国二房"的巨额风险敞口,"美国二房"遭受了难以抵挡的"资本创口"。

其次,"金融百货店",船大难调头。"美国二房"不仅从事住宅抵押贷款二级市场的购买(批发)业务,而且仗着自己SPC结构,从事住宅抵押贷款(零售)业务和担保增信(零售)业务,制造金融资产(FIS)和风险(增信)资产,"美国二房"因此也成为所谓"金融百货店"。这种零售业务先把道德风险搁在一边,在金融危机到来时,先会消耗大量的现金,然后导致"美国二房"的"资产池"严重缺水。

再次,"美国二房"追求利润,造成经营产品风险过高,优势变劣势。作为SPC的"美国二房",拥有住宅抵押贷款具有比较安全的基础,不应为了利润从事"次贷"业务及其担保(增信)业务,该业务使得"美国二房"这个SPC名下的"资产池"的安全性或违约率受到极大的挑战或者失衡与破坏。

最后,"美国二房"所持有的因担保(增信)业务所制造的风险资产,不仅没有为美国二房"提升股价,却带来不少风险折扣。"美国二房"如果将这些风险资产单独运用SPV进行风险定价,发行权益增信产品,不仅有利于提升"美国二房"资产质量和上市价格,而且产品风险与"美国二房"资产质量和上市价格并不相关。因此,"美国二房"不仅丧失了一次增信产品创新机会,而且在金融危机来临时其风险资产也因此遭受重创。

三、经验教训

1. 认清"美国二房"的真正价值

SPC作为SPV的翻版,"美国二房"是美国金融制度创新、金融风险控制的杰作,并与美联储、美国财政部一起构成美国金融体系的三个支撑点,但直到目前为止,世界各国金融界仍未真正对其理解并加以运用。"美国二房"不仅吸收、转移了个人按揭贷款(长期FIS)的内在风险,构建了可以转移风险的金融机构批零业务机制,最大数量的按揭资产最终集合于"美国二房"SPC名下的"资产池",从而控制并降低了金融资产(FIS)的内在风险。而且"美国二房"债券、"美国二房"股票为美元国际化作出了重大贡献。就现在来说，美国次贷危机结束以后，其他机构发行的MBS逐步减少，而"美国二房"在美国救市后正逐步走向稳定增长。然而，因为深受2008年美国金融危机的负面影响，"美国二房"反而遭受多方指责，难以展示其伟大而智慧的一面。

2. 零批不混业，竞争要有行

美国次贷的形成，除了宏观背景上的原因外，即美国"9·11"事件以后因国土安全原因造成移民数量在六七年内减少了30万人，没有了为次贷房产接盘提供资产转移所需相应数量的移民，另一个不为人知的原因就是，MBS的基础资产"按揭资产"是由"美国二房"持有60%以上的，同样可以发行MBS的其他众多投行机构却必须竞争瓜分所剩下的40%。这样的结果是，众多投行机构就必须去创造MBS的基础资产"按揭资产"，因而在次级贷款/次贷资产的高利润吸引下，众多投行机构的疯狂竞争推动了次贷危机。其一，在原来按揭资产基础上，因以新的评估价值产生所谓"新按揭""转按揭"名义的次级贷款。其二，原来没有购房能力的人，被指导通过"零首付"购房可以作为提款机挣钱，于是次贷资产大量制造产生。其实，美国次贷危机与中国"灰犀牛"异曲同工，都是由于零售金融机构在投行机构疯狂竞争下所产生的，或者投行机构通过所谓表外业务加入零售业务制造大量有风险的金融资产所造成的。因此，值得吸取的经验教训，首先是批零业务不可混业，资产批发业务可以进行竞争，这有利于零售业务和资产风险的市场化监管，也就可以说明为什么美国不设银保监机构的原因。其次是ABS发行机构应该分门别类进行规制，不得无序竞争发行ABS，即风险资产产品化不可过度竞争，否则风险失控会在ABS产品市场释放"毒药"，造成系统性的金融风险，这也是美国设置证监会（SEC）的原因。因此，在美国次贷危机后，除了"美国二房"，其他投行机构/产品发行机构所发行的MBS大幅减少。

3. 增信资产产品化

"美国二房"应该将（担保）增信资产进行产品化，形成不同于ABS/MBS的权益增信产品。"美国二房"既可以把长期按揭资产集中于自己名下，通过权益增信产品（自身股票）来把转移风险。本来应该也可以把风险资产/增信资产转移化为权益增信产品（自身股票），有利于自身股价的提升。但是，由于"美国二房"属于SPC，一个公司在拥有FIS的同时拥有RA（风险资产），这两种不同性质的金融资产混同于"美国二房",显然无益于"美国二房"资产质量及其自身股价的提升。因此,"美国二房"应该将 RA 进行产品化,发行 RBS。这不仅有利于"美国二房"提升自身资产质量,抬升自身上市股价,而且又可获得资产管理收入,转移出自身资产价格混乱的 RA。也许,"美国二房"所留下的这个遗憾,给了正在建设金融强国的新时代中国一个启示。

第六章

增 信 理 念

第一节 增 信 需 求

一、增信对象

增信对象是指具有信用风险的 FIS 及其发行人/融资者,即标的资产。尽管所有 FIS 及其发行人/融资者都有可能成为增信对象,但不是所有 FIS 及其发行人/融资者都需要增信。增信与否,是基于 FIS 各种分类的分析与判断,涉及对 FIS 信用风险的清晰认识。因此,增信对象是研究增信的起点,也是研究增信的重点。

增信对象,从形式上看,是 FIS 及其发行人/融资者。其中,既可以对 FIS 进行增信,由 FIS 的发行人/融资者要求增信机构进行增信,主要存在于增信业务或主体合同增信中;又可以对 FIS 的发行人/融资者(标的资产)进行增信,由 FIS 持有人/投资者要求增信机构进行增信,主要存在于 CDS、CRMW 等现行增信产品之中。从本质上讲,增信对象其实是 FIS 及其发行人/融资者(标的资产)的信用风险。FIS 的承载者是其发行人/融资者,信用风险的承载者却是 FIS,因此增信对象在本质上是指向信用风险。从载体上看,承载信用风险的是 FIS,增信对象又可以直接指向 FIS。这样,FIS 是否需要增信,什么样的 FIS 才成为增信对象,取决于FIS 不同的信用等级、不同的期限和不同的财务透明度。

1. 不同名称

增信对象即 FIS 及其发行人/融资者的信用风险,可以表达为信用风险或信用违约,可称为担保对象,也可以表达为 FIS 及其发行人/融资者或者标的资产。这些不同名称其实都反映了信用风险所赖以存在的不同形式、不同载体及其不同基础。信用风险又可以通过信用事件、信用等级、信用利差及其违约率来反映。增信对象基本上可以分为三个方面或三个层次来表达。

(1)信用风险。这是增信对象的核心内容。从根本上讲,增信产品交易流通的就是这个核心内容。在所有涉及 FIS、信用产品及其衍生产品或者增信产品等方面,均以此核心内容进行探讨、论述。

(2)FIS。这是信用风险的唯一产品载体,其他金融产品均无法承载信用风险,正因为其唯一性,信用风险和 FIS 可以相互替代。在涉及信用风险时,可以FIS 名义进行探讨;在涉及 FIS 时,可以信用风险进行认证。因此,FIS 与信用风险均被称为增信对象。

（3）FIS 的发行人/融资者。作为 FIS 的发行人/融资者，不仅是 FIS 的载体，更是信用风险的唯一载体，一切信用风险均来源于发行人/融资者的主体性质。在涉及增信对象，或者 CDS/CRM 的标的资产时，都以信用风险的主体载体，即 FIS 的发行人/融资者，作为增信对象。

2. 核心名称

信用风险，作为增信对象及其核心内容，可以存在于 FIS，也可以存在于 FIS 发行人/融资者，只是从不同角度、不同载体去看待信用风险。

（1）信用事件。信用事件是信用风险的具体体现和序列，信用违约只是信用事件的垫底。信用风险通过信用事件，不仅反映了不同的、具体形态的信用风险，而且从中也可进行信用风险排序，将信用违约作为底层的序列，可以有效地防止、降低信用违约所带来的不可逆转的损失。

（2）信用等级。信用等级是信用风险的经验表达或形式表述，信用等级（亦可称为"信等"）与信用风险呈反比关系。信用等级越高，信用风险越低；信用等级越低，信用风险越高。信用等级又划分为投资级与投机级。

（3）信用利差/风险利差。信用利差与信用风险呈正比关系。信用利差越小，信用风险越低；信用利差越大，信用风险越高。

（4）违约率。违约率是信用风险的科学表达或本质表述，是以概率形式反映信用风险。违约率与信用风险呈正比关系。违约率越低，信用风险越低；违约率越高，信用风险越高。

（5）风险资产。信用风险经定价后形成风险资产。因此，风险资产是信用风险的价格表达，是增信载体转移、承载和经营的实际对象。

3. FIS 分类

（1）**按信用等级分类，**FIS 可分为投资级的信用等级，包括高信用等级（3A～2A＋）、较高信用等级（2A～A＋）、低信用等级（A－～3B）；投机级的信用等级，包括较低信用等级（3B～B）。但是，按中国式信用等级，投资级的信用等级包括较高信用等级（3A～2A＋）和较低信用等级（2A～2A－）；投机级的信用等级，无评级。

（2）**按存续期限分类，**FIS 可分为长期（5 年以上）、中长期（3～5 年）、中短期（1～3 年）、短期（1 年以下）。

（3）**按财务透明度分类，**FIS 可分为财务透明与财务不透明。财务透明的，可将信用风险转化为多种多层次的信用事件，违约风险仅为垫底的信用事件；财务不透明的,信用风险转化为违约风险。因此,FIS 的信用风险在分类中转化为信用等级。根据信用等级在各个期限、财务透明度等分类中的表现不同,来最终确定增信对象。

4. 非增信对象

它是指无须增信的 FIS。其信用风险既不需要由社会或市场来承担的,也不需要增信者来承担,而只是由 FIS 投资者/持有人自行承担。这种 FIS 主要包括下述类型:

1) 低信用等级 FIS

这是指 3B 信等以下的投机级 FIS,或者没有信用等级的 FIS。低信用等级的 FIS 特征是金额小、期限短、利率高、违约率高,因此其信用风险是可以预期的。这种 FIS 不但从高利率上反映其风险度,而且更注重资产处置收益率(或资产抵押率),不会简单地得到并给予信用融资。正因为如此,难以信用融资的,当然也不太可能为其增信。因为:

(1) 这种 FIS 的利率较高。投资这种资产,在合格投资者心理预期上,就是所谓"高风险高收益"的 FIS,必然已有心理准备,或者有对冲组合资产进行优化配置。如果发生违约,也在合格投资者的预期范围内。

(2) 这种 FIS 的发行金额相对较小。由于其占全部 FIS 的比例较低,即使违约也不会对资本市场带来较大冲击,引发系统性风险。

(3) 这种 FIS 的期限较短。对融资者的融资行为和偿债能力可作出较为正确的判断。低信用等级 FIS 存在增信需求,比如希望降低融资成本,或者易于发行,但却不应成为增信所选择的增信对象。如果对其增信,比如中国中小企业的融资担保,应该是有许多融资担保政策配套实施。

2) 短期限、高信用等级 FIS

高信用等级 FIS,特别是 3A 信用等级 FIS,对于大多数机构投资者来说,是最安全、风险最小的。而且,高信用等级 FIS 评估有效期为 1 年,超过 1 年无效。根据这些特性,1 年期的、高信用等级 FIS,完全可以不用增信;否则,就有增加融资成本或减少投资收益之嫌,除非为下述选择增信的需要:对于不具财务透明度的、尚无信用等级或信用利差的融资对象,个人按揭、小微企业租赁融资及其上市公司/金融机构以个人还款特征的其他金融业务(如信用卡、融资租赁、应收账等),不直接运用 FG。其原因包括:

(1) 对于尚无信用等级或信用利差的小微企业、个人信用卡业务,只能按市场利率进行商品租赁、融资租赁。对于在国家住房政策支持下的个人按揭,则采用政策利率。

（2）个人、小微企业所产生的金融资产，因尚无信用等级或信用利差，故无法进行增信定价。

（3）由于这类金融资产的数额相对较小，直接运用 FG 会导致增信成本过高。

5. 法定增信对象

法定增信对象是指法律强制增信的 FIS，如银行存款保险。法定增信对象的信用风险，从宏观上讲，需要由经济社会或资本市场来承担；从微观上讲，需要由增信者来承担，无论是增信机构，还是增信产品，都不是由 FIS 投资者/持有人自行承担。法定增信对象意味着是由 FIS 发行人/融资者为 FIS 持有人/投资者购买增信以规避 FIS 产品风险，即 FIS 发行人/融资者把 FIS 的产品风险经定价后卖给增信机构及/或其所代表的增信产品，不仅节约 FIS 发行成本且易于发行，而且也为 FIS 持有人/投资者规避了 FIS 产品风险。因此，法定增信对象，由于是融资方的法定义务，应该属于融资增信类型。法定增信对象主要包括下述 FIS 类型：

1）长期、高信用等级 FIS

高信用等级的大型企业，因为需要降低成本，其所发行的 FIS 期限一般都比较长，而且金额巨大。发行这种 FIS 的企业都是高信用等级的大型企业。但是，这种企业的信用等级也是 1 年内有效，并不适用于未来若干年。另外，这种企业又往往处于行业发展的顶峰期，未来若干年可能会走下坡路，如果产品结构调整不到位，很可能信用等级会被下调，因此长期信用风险具有不确定性。但是，这种企业却容易欺骗投资者的理性思维，风险比较隐蔽，会产生偶发性、突发性、断崖式爆发信用风险的特点。增信正是为了防范这种风险而产生的。所以，长期、高信用等级 FIS，才是增信的真正对象。

作为比较与借鉴，可以参考银行存款保险制度。存款保险制度的三个前提是，存款作为一种特殊的 FIS；银行风险要比一般企业小一些；更重要的是，存款保险制度使存款真正成为"上封顶而下保底"的固定收益产品。因此，存款保险制度实际上就是对存款这种特殊 FIS 进行法定增信的制度。商业银行作为高信用等级的大型金融机构，为什么银行存款还需要保险（增信）呢？这与上述高信用等级的 FIS 风险特征完全一致，特别是长期信用风险不确定，可能导致商业银行破产，累及商业银行存款这一基本金融功能，并引发系统性风险。作为金融机构的商业银行，其信用等级应该比其他机构/企业高一些，既然银行因长期信用风险或信用等级不确定而被世界各国政府强制采取存款保险制度，那么，信用等级高的一般商业资本机构或者大型企业发行的长期限 FIS，进行法定增信也是非常必要的。

2）特殊增信对象

基础设施(包括全球国家工业化过程中的工业体系)项目需要进行融资,而融资主体往往是特殊法人,即国家/政府,在中国还包括央企国资、地方政府及其平台公司。这些特殊法人通过发行地方政府债、市场债、项目债、企业债等债务融资工具,以及贷款融资、信托融资、租赁融资等融资方式进行融资。由于这些 FIS 财务透明度不够,项目投资建设周期较长,而且往往没有投资收益,需要依赖当地政府财政收入增长来承担项目融资。这样,基础设施项目融资,无法在正常资本市场上获得融资,或者融资利率很高。并且,基础设施项目融资额度巨大,而项目收益长期且不确定,风险比较显著。

正因为如此,全球金融界或资本市场直到目前为止还没有什么金融产品/增信产品可以支持基础设施项目融资的,尽管美国金融担保(FG)曾经支持过基础设施项目融资。又由于金融担保(FG)自身存在的缺陷,不可能支持融资额度巨大的全球基础设施项目融资。所以,寻找一种能够满足全球基础设施项目融资的市场规模化发展需求的金融产品或增信产品,必将造福于全人类。

但是,由基础设施项目融资所形成的 FIS,又为国家政府需求。国家/政府作为特殊拟制人,无法进行权益融资。但是,国家/政府也有其特点:

（1）国家/政府与公司法人不同,一般不会破产倒闭,特别像中国这样的中央政府体制。

（2）国家/政府拥有公司法人不同的收益,特别是税收。

（3）随着基础设施项目建设完毕,国家/政府包括地方政府的税收应该会得到提升,但却不是可以马上可以实现的,需要相当时间。

（4）基于前述几项特征,国家/政府也有了另一特征,即债务周转相对方便。

因基础设施项目融资所形成的地方政府债或市政债(FIS),考虑到上述因素,一般都应设计成长期债券(10~30 年)。考虑到国家政府税收增长对 FIS 收益支付的特点,FIS 可以采取包含收益的债券,即到期一次性归还本息的债券。正因为长期债券风险较大,必须采取法定增信。由于基础设施项目融资金额巨大,主体增信(FG/CRMW)无法支持,主体增信产品(CDS/CRMW)也因基础设施项目融资财务透明度不够或财务数据不足而无法支持。因此,法定增信如何对付基础设施项目融资的各类风险,是增信研究的一个极为重要的课题。

6. 选择增信对象

选择增信对象,是指非法定增信对象,而由 FIS 投资者/持有人根据自身风险偏好,对有些 FIS 及其发行人/融资者进行选择增信。选择增信对象,就是遵循"选择性承担"的增信原则,FIS 投资者/持有人把有些信用风险从增信对象或 FIS 及其发行人/融资者那里分离转移出来,由增信机构或增信产品承担,并由 FIS 投资者/持有人承担风险转移成本。选择增信对象,由于是投资方的权利选择,应该是属于投资增信类型。选择增信对象,包括如下几个方面:

1) 中短期的(1~3 年)、高信用等级的 FIS

对于中短期的(1~3 年)、高信用等级的 FIS 增信,包括两种情况。

第一种情况:1 年期内短期的、高信用等级的 FIS,具备下述两个状况的,可以选择增信:①FIS 信用等级出现断崖式下坠,直至突然出现信用违约或破产倒闭,"跟踪信评"根本无法正常跟进。②出现行业转型危机,大面积破产倒闭,"跟踪信评"根本无法正常跟进。但是,为这种 FIS 信用风险进行增信,不应属于主动承担原则,应由 FIS 持有人承担这个增信风险或增信成本,即投资增信。也正因为如此,CDS/CRMW 这类投资增信产品存在才有了套利期限和套利空间。因为持有长期 CDS/CRMW 的卖方,经过一个较长时间后可在短期进行反向操作(买入),不仅可以进行风险对冲,而且可以实现套利目标(长短期利差)。而在短期进行卖出 CDS/CRMW 操作的卖方,则认为 1 年内的这种短期的高信用等级的 FIS 及其发行人/融资者,风险应该较低,可以获得风险利差(增信收益)。

第二种情况:1~3 年中短期的、高信用等级的 FIS,可以采取选择性承担的增信原则,同样属于投资增信,由 FIS 持有人/投资者承担信用风险。CDS/CRMW 卖方,即 CDS/CRMW 增信者承担增信风险。也正因为如此,长期的 CDS/CRMW 这类投资增信产品的存在,也就有了基本的套利期限和套利空间。

2) 中短期的(1~3 年)、较高信用等级的 FIS

对于中短期的(1~3 年)、较高信用等级的 FIS 增信,同样也包括两种情况。

第一种情况:3 年期限以下的、较高信用等级的 FIS,可以采取投资增信,也可采用融资增信;可由 FIS 持有人承担增信成本,也可由 FIS 发行人/融资者承担增信成本。

第二种情况:1 年期限以下的、较高信用等级的 FIS,可以采取投资增信,由 FIS 持有人承担增信成本,这正是 CDS/CRMW 这类投资增信产品的增信对象。

二、增信必要性

探讨增信对象,先要讨论增信的必要性,即哪些 FIS 需要增信,哪些 FIS 不需要增信,这样才能深刻了解增信对象,因此我们有必要对以往有些增信观念进行批驳。首先,"一分风险一分价"的现象只是说明风险定价问题,并不应涉及增信问题。但是,有些人却一味以"一分风险一分价"的观点否认增信必要性,这是非理智的,也只能说明"刚性兑付"的后遗症。其次,按常识而言,较低信用等级的FIS需要增信,而较高信用等级的FIS无须增信。这种常识所基于的理由是较高信用等级的FIS风险低,不存在发行问题,违约率也较低,因此如果增信,则会产生增信费用而加大了FIS的融资成本;反之,低信用等级的FIS风险高,存在发行问题,违约率也较高,这种需要增信的常识或者增信直观认识所形成的增信(担保)制度是非常有害的。这是因为:

(1)企业生命周期理论。FIS及其发行人/融资者的信用是变化的,不是一成不变的。基于企业生命周期理论,有的企业处于具体行业快速上升的发展阶段,或者行业结构调整完成的受益者,信用或者信用等级会上升或上调;有的企业处于具体行业的衰退期,或者行业结构调整完成的淘汰者,信用或者信用等级会下降或下调。依据企业生命周期理论,企业都具有生命周期,先由朝阳(创业)期,再向高峰(成熟)期发展,最终走向衰落(破产)期。当然,这个生命周期又包括正常与非正常两种生命周期。

(2)信评理论。信用等级仅为1年有效。这种所谓"信用等级",是指专业信用评级(信评)机构给予FIS在1年内的信评结果,并不自动表示未来若干年都具有这个信用等级,尽管有信评机构的跟踪信评,但这种信评跟不上FIS及其发行人/融资人的信用变化。即使信用等级高的FIS,其信用风险也具有偶发性、突发性、断崖式爆发的特点。这个特点可能导致FIS投资者血本无归,如同当年宏伟高大的"泰坦尼克"号游轮无法预测冰山来临而葬身海底一样,犹如目前我国债市发生的大规模钢贸企业违约事件一样,都是高信用等级FIS这种特征的典型表现。因此,对非专业人士或机构来说,这种高信用等级具有相对蒙蔽性。

因此,依据上述企业生命周期理论和信评理论,即使现在信用等级高的企业,只是表明这个企业在1年内违约风险极低,至于3年或5年后的信用风险究竟如何,是否能继续保持3A信用等级,这是不能确定的。在美国2008年金融危机中倒闭的雷曼兄弟、世通能源等高信用等级企业,说明了企业信用等级在长期来讲是不确定的。从眼前来看,今天全球高信用等级的石油化工企业,在新能源,特别是石墨烯、新材料电池行业的不断成长后,谁也不能保证中国"三桶油"企业在未来若干年后还能继续保持高信用等级。从长远角度看,随着互联网金融的发展,有人预测传统商业银行20年后也有可能从金融界消失,但许多传统商业银行在目前却是3A信用等级。

三、增信认识基础

FIS 与股票、存款三分天下，是世界各国金融界的三大基本业态，也是投资者基本投资对象或投资产品。因此，我们对增信的认识，不但要从 FIS、股票、存款的风险收益特征及其相互关系中去认识，更应该从增信与 FIS 的关系中去理解。

（1）股票的风险收益特征是"上不封顶下不保底"，收益大、损失也大，股票价格波动较大，收益也不具确定性，投资风险相对较高。因此，股票的风险收益特征决定了股票不需要增信。

（2）存款作为一种 FIS，对于大众投资者来讲，其风险收益特征应该被认为是"上封顶而下保底"。在存款保险制度全球基本普及的今天，存款保险（增信）不仅是确定无疑的，而且也是法定的，值得提醒的是，它是限额存款保险制度。在限额存款保险制度下，对普罗大众而言，个人有限存款才具有"上封顶而下保底"特征。除此之外，企业存款、大额存款并不具有"上封顶而下保底"的特征。因此，拥有企业存款、大额存款的各种法律上的人，必然希望寻求其他类似替代产品来达到"上封顶而下保底"的目的。

（3）作为 FIS 整体而言，风险收益特征应该是"收益小而损失小"。一方面，FIS 收益小或收益固定，价格波幅也较小；另一方面，FIS 被认为信用风险或违约率被限制在较小范围内，或在预期（见）范围内投资者对信用风险或违约率有确定的认识，有承受违约损失的心理准备。相对股票投资来讲，FIS 的投资特征为"上封顶而下不保底"。从投资收益来看，FIS 是有最高限制的，收益固定且不可突破；从投资损失来看，FIS 不仅不保值增值，而且可能血本无归。因此，当 FIS 背离投资者心理预期发生信用违约时，投资可谓损失严重，甚至本息尽丧。此时，FIS 的投资风险就远远高过股票，可谓"收益小而损失大"，这是任何投资者都不愿看到的。

从投资选择来看，限额存款保险制度，对厌恶风险的投资者并不适用，而无限额增信的 FIS 却是他们最为中意的。因此，如果站在这个角度，无论是对高信等的 FIS，还是对低信等的 FIS 进行增信，对 FIS 投资者来说，都是必要的。大范围的 FIS 违约风险，会对 FIS 市场带来剧烈冲击和振荡，导致 FIS 市场急剧萎缩，甚至演变成金融危机。可见，增信对于 FIS 来讲，可使 FIS 回归其风险收益特征的本来面目，即"收益小而损失小"或"收益小而无损失"，这才是增信的根本目的。当然，有的投资者偏好高风险、高收益债券：一方面，这部分投资者已经有了违约风险预期；另一方面，这部分投资者可能已经做了资产优化配置，或者对冲业务。

否则,如果 FIS 出现信用违约,对于投资者来讲肯定是一个噩梦。如果是资产管理机构为了一己之私,为了多挣管理费而一味追求高风险、高收益产品,却无视 FIS 违约风险,则是资产管理机构道德风险,应该按"出民入刑"原则进行处罚。

历次重大危机,包括 21 世纪初的美国安然公司倒闭案、2008 年美国金融危机中轰然倒下的雷曼兄弟公司、中国近两年"钢贸企业债"等信用违约事件,都是原来信用等级非常高,甚至"不可一世"的债券发行人。但是,现在对于大多数投资者来说,却变成了"苦债"。正因为高信用等级 FIS 具有金额巨大的特点,如果发生信用违约,才会对资本市场带来巨大冲击和剧烈震荡。21 世纪初开始风行的 CDS,也就是因为其成为所谓高信用等级的安然公司违约债的"保护天使",才受到投资者热捧。世界各国设立的银行存款保险制度,则是最好的法定增信教材。因此,只有在比较了 FIS、股票、存款等投资产品的特征,真正认识到风险与利率关系后,所谓"一分风险一分利"的 FIS 定价理论,才有现实意义。对可预期的违约风险,可从 FIS 定价中得到认知。关键是对不可预期的违约风险,无法从 FIS 定价中得到认知。因此,必须对无法从定价中认知的、不可预期违约风险的 FIS 予以增信,甚至法定增信,如同个人存款保险制度。可以想象,因破产可能性促使全球银行,即使较高信用等级的银行,也必须遵循法定存款保险制度,何况一般企业的债券/FIS。

第二节　增 信"门 槛"

所谓增信"门槛",就是成为增信的必要充分条件/要件,也即增信作为商事担保区别于民事担保的必要充分条件/要件。增信"门槛"的两大构成要件包括:增信效果与增信定价。

一、增信效果

以信用(保护)买卖和风险(资产)交易为特征的商事担保(投资担保),属于增信的高级阶段。在买卖作为转移信用风险的商事担保法律形式条件下,必须把及时偿付及其制度安排这一核心责任作为不可或缺的交易条件,即附条件买卖;否则,离开了及时偿付及其制度安排这一核心责任,商事担保就无法生存。如同商事信托(投资信托)一样,在买卖(投资)结构中保留了信托责任这个不可或缺的投资条件;否则,离开了信托责任,商事信托也就不复存在。

在民事担保概念中,一般担保是与现代增信概念毫无相关的"伪增信"。连带责任担保,尽管担保机构具有增信义务或偿付责任,但忽略了时间因素。在现代增信概念中,及时偿付及其制度安排是一个极为重要的标志性条款,及时偿付及其制度安排,实际上构成了现代增信概念中最重要的构成因素之一。当然,在商事担保条件下,及时偿付及其制度安排,也属于增信者的一个选项。但是,及时偿付及其制度安排,对于民事担保/传统保险来说是难以接受的,这个选项就一定不会获得优先安排,除非认识到增信的本质内涵和市场需求。

及时偿付及其制度安排,使增信概念得以认可,并获得增信效果。但是,及时偿付如果仅仅停留在协议条款上,仍然不能真正达到增信效果。担保(增信)机构的资本金安排,或者增信产品的风险定价及其风险覆盖率,将对及时偿付的制度安排条款产生最后托底的作用。为了应对及时偿付所进行的制度安排和投资组合,担保(增信)机构的资本金,或者增信产品的资金使用,都要严格按照增信资产进行配置。从某种意义上讲,这是信评机构对担保(增信)机构的信评要求,也是增信产品保持最高信用等级的必然选择。

及时偿付及其制度安排,作为增信产品的交易制度安排,或者拟制人权益的结构化制度安排,是对参与增信产品交易资本机构的必然要求;否则,增信将是一句空话,增信者无法履行增信义务,增信投资者也无法享受增信权利。

增信效果包含着两个重要因素,即偿付安排与及时偿付,两者是增信效果不可或缺的组成部分。

偿付安排是增信效果的前置条件和制度保障,是指增信合约、增信产品、权益结构设置中有关及时偿付及其风险承担的制度安排。偿付安排属于交易者必须履行的义务,比如 CDS 中的实物交割与现金交割的规定,底层证券最先承担风险,夹层证券为其后承担风险等制度安排。因此,无论是增信业务的合约安排,还是增信产品的制度安排或制度要求,对信用违约的及时偿付都得有所安排。

及时偿付是偿付安排制度的结果,象征着担保业务转向增信业务,也是增信制度发展的必然要求。及时偿付要求在发生规定的信用事件或信用违约时无条件支付赔偿金。当然,及时偿付不是立即支付而是根据合约规定时间支付或者根据权益处置规定承担风险。

及时偿付与否,是金融担保作为增信制度与民事担保/传统保险制度的根本区别。尽管众多传统(大型多产品)保险公司涌入金融担保业务,为 FIS 市场的迅速发展提供了至关重要的条件。但是,传统保险公司进入的这个金融担保业务市场与传统保险市场有着不同的规则和义务,仍有许多不确定的风险,特别是金融担保与传统保险单和付款惯例不一样所带来的风险。传统保险公司的债保业务因及时偿付而步履蹒跚、时进时退,难以与新生的专类债保公司竞争,直至 CDS 及其 CDS 市场的出现才有所适应。根据民事担保或保险行业惯例,在民事担保/保险合同争议期间,传统保险公司通常是采取推迟付款的方式和惯例。这一惯例对 FIS 投资者来说可能是很高的代价,因为推迟付款涉及一个选择因素,它可能会严重影响向 FIS 投资者支付现金的能力。FIS 的重要投资者,如养老基金,要求本息的及时支付,是与退休金计划的现金流入和流出相匹配的。

对于金融担保,FIS 投资者关心的问题包括两个方面:一是金融担保机构的支付能力;二是及时偿付。及时偿付显示了债券担保在金融担保中的特点,以债券保险名义开展金融担保业务的专类保险公司就是针对这种暗含的期望发展起来的。对市政债券和 ABS"资产池"的金融担保,包含着对及时偿付的安排,新生专类债保公司建立了以及时偿付为标志的金融担保业务,这才使金融担保行业区别于民事担保/保险业务,并逐渐走向成熟。传统保险公司的索赔支付惯例,不仅不能满足这种及时偿付的要求,而且明显地互不相容。传统保险公司进入金融担保行业,虽然增加了供给,却带来了激烈竞争和价格下降,并且又产生了新的风险。这是因为:

(1) 巨额和及时的偿付能力,对于传统保险公司来说是一个新挑战。虽然很多金融担保都是在零损失或低损失标准下承保的,但通常仍然包含着重大的单一风险。索赔金额和时点可能很容易促使这些传统保险公司将违约资产回收,给予传统保险公司进行资产组合所需的较长平均期限,以便及时地将资产兑现。这种处理方法对金融担保不仅是不可能的,而且也是很困难的。金融担保的风险不同于传统保险之点就在于,一旦索赔出现,就是严重的,而且根据相关契约,及时偿付已经有所安排,即立即偿付。

(2) 对很多传统保险公司而言,是偶然参与金融担保这种资本市场,并不认为这是传统保险公司核心业务的一部分。这样,即使一个传统保险公司完全地开展金融担保业务,但作为传统保险公司一个业务部分通常会购买再保险,这也可能将金融担保的及时偿付复杂化。再保险尽管可以降低一个保险公司的风险,就像银团贷款中的参与银行一样可以分散风险,但厘清再保险的关系对 FIS 投资者却是一个难题。如果金融担保业务遵循传统保险惯例,等待再保险公司对索赔进行证实后再支付赔款(再保险公司是否准备及时支付赔款也是一个值得投资者仔细考察的问题),那么,一家再保险公司因为不能及时兑现金融担保的承诺,可能引起传统保险公司承担 100% 的风险暴露和流动性风险。

二、增信定价

以往担保只追究法律责任,不追求经济对价,因此增信定价仅仅以自身价值进行定价,无论是民事担保,还是担保物权。商事担保或者权益增信,则必须有增信定价。增信定价,尽管美国金融担保在法律形式上保留了担保痕迹,却以信用利差这种信用租售方式进行定价,与商事担保/投资担保中的信用买卖相似。因此,美国金融担保最早开辟了增信业务,进入了增信门槛。基于商事担保/投资担保中的买卖方向或交易结构不同,增信业务又分为信用(保护)买卖和风险(资产)交易。但是,信用(保护)买卖只是一种形式,实质仍然是风险(资产)交易,或者称为"标的资产"交易,比如CDS/CRMW。风险(资产)交易就是对经定价的风险进行交易是权益增信产品的根本基础或者增信资产制造来源。增信定价又包括信用定价和风险定价两个方面。

(1)信用定价就是以信用利差为基础的增信定价。信用利差即以金融担保(FG)的信用租售方式,或者信用风险缓释协议(CRMA)的信用(保护)买卖等增信方式,以增信双方的信用等级差(信等差)所形成的信用利差作为增信定价。增信对象一般为央企国资、(地方)政府及其平台公司,基础设施项目融资所形成的债券及其他债务融资工具。这些FIS具有一定信用等级,但与企业法人不同,不可能获得最高信用等级。因此,美国金融担保(FG)机构作为增信者,必须追求最高信用等级,以期获得因信等差所形成的最大信用利差作为增信收益(增信定价)。以信用利差作为增信定价,是一种形式定价,可以用于央企国资、(地方)政府、基础设施项目等特殊增信对象,也可用于具有一定信用等级,但从未发生过融资发债的公司法人,在无法运用风险中性的定价模型之前,可以信用利差作为增信定价。

(2)风险定价就是以风险利差或随机违约率为基础的增信定价。风险利差即以转移增信对象的风险方式进行增信,并对所转移的风险进行增信定价。以风险利差作为增信定价的,要么将形式上的信用租售转化为实质上的风险交易,比如金融担保或融资担保(FG),将增信对象(FIS)形成无风险利率产品,将风险定价的增信(风险)资产进行批零买卖,最终发行权益增信产品,分离转移增信资产,并对其进行定价。要么将金融资产(FIS)集合移至SPV名下,通过以随机违约率为基础进行风险定价,形成SPV不同层级的权益结构,使定价风险得以在不同权益之间转移,形成增信权益或权益增信产品。比如夹层证券与底层证券吸收、转移了优先级证券的信用风险,并将定价风险转移到夹层证券与底层证券,使其成为风险利率产品或风险性权益产品,优先级证券则因此成为无风险利率产品。

增信定价以信用或风险进行定价,并以此所形成的增信资产及其支撑者(增信机构、增信产品)作为增信者。具有信用等级的增信对象,可以信用利差形成增信资产,形成主体增信(FG/CRMA);也可以通过标准合约将增信资产进行交易形成主体增信产品(CDS/CRMW);也可将增信资产转移至 SPV 名下组成"资产池",形成权益增信产品。不具有信用等级的增信对象,通过资产集合移至 SPV 名下形成"资产池",以随机违约率为基础进行风险定价,再形成不同层级的权益结构,通过违约率对权益增信产品进行定价。

第三节 增 信 原 则

增信原则就是(信用)风险转移所应遵循的基本原则。金融资产批零买卖、行业调剂为递延风险,对金融资产的主体增信及其产品化仍为递延风险。尽管对于风险卖方来说是风险转移,但是风险却仍然留在金融系统中。无论是通过金融资产产品化,还是增信资产产品化,风险转移最终仍然是将金融资产或增信资产组成 SPV 名下的"资产池",以违约率为基础的风险定价,可以形成增信权益,在赋予其流动性的条件下,最终形成权益增信产品。通过权益增信产品市场交易与市场定价,可以终极地消化、转移 SPV 名下"资产池"中的金融资产或增信资产中的信用风险。因此,增信目的就是指有效地转移信用风险或消化信用风险,以防对资本市场的意外冲击/震荡。增信原则就是对待这个目的的态度,或者遵循的基本原则。简言之,增信原则就是为了达到增信目的所应遵循的增信原则。

首先,FIS 信用风险是否需要分离,增信有没有必要,这涉及主动性承担原则。其次,所分离的信用风险,是时空递延,还是彻底转移。比如在增信业务中,由增信主体(机构)承担风险,风险仍在增信(金融)机构手中;在增信产品中,则由增信产品投资者承担风险,风险消化在市场投资者及其交易价格中。最后,在增信管理及其产品设计上,不仅应有真正承担信用风险的增信产品,而且也应有因价值管理规避/对冲信用风险的衍生产品(部分属于增信产品),同时还需防止信用风险直接冲击资本市场。无论分离风险,还是递延风险,或者消化风险,这样的风险转移最终都须承担风险。承担风险的基本原则,就是指有意识地把信用(违约)风险从 FIS 及其发行人/投资者(增信对象/标的资产)中分离、转移出来,并进行承担和消化,这应该是国家/政府、社会/市场对信用风险这个市场交易成本的认可和承担的基本态度,也就是实现增信目的所应遵循的基本原则。

一、主动承担与选择承担相结合

1. 主动承担原则

在美国,地方政府债或 ABS 等 FIS,都有采取主动承担的增信原则。中国作为世界上最大的发展中国家,在基础设施项目融资中大多采取资管计划等各种名义计划的风险递延的资管模式,由于"刚性兑付"无法对资产风险终止确认,最终形成了三个百万亿元人民币级现象:"灰犀牛"、影子银行和人民币超发,却没有采取主动承担的增信原则。因此,对于建设项目繁多的"一带一路"和前景未明的人民币国际化,更需要遵循主动承担原则。但是,这不仅仅是中国,在全球范围内,目前能够按照主动承担原则进行增信的,只有银行存款保险制度。

基于对增信对象的认识,我们应该做到:

(1)无论对于长期的、高信用等级的 FIS,还是对于特殊增信对象,地方政府债或市政债,在中国还包括央企国资、地方政府平台公司的各种债券融资工具(FIS),防止这些 FIS 信用风险或信用违约对资本市场的直接冲击,应该采取主动承担原则,并将这些 FIS 列入法定增信对象范围。

(2)对于法定增信所形成的增信资产,必须将增信资产的内在风险彻底转移,通过批零买卖交易,最终通过发行权益增信产品将其风险转移到资本市场,即由市场交易与市场定价最终释放、消化、转移所有增信资产的内在风险。

(3)对于一些个人长期的债务,比如按揭资产,必须通过批零买卖交易,最终通过 ABS 发行权益增信产品,将其风险转移到资本市场。

2. 选择承担原则

信用风险这个市场交易成本,如果仅采取递延方式来承担的,属于规避信用风险的承担原则。对于上市公司银行贷款、上市公司债券及其他债务融资工具,因其透明度较高,可以按照选择承担原则,即采取风险递延的承担方式。主体增信产品大多都是遵循选择承担原则,如 CDS/CRMW 或者 CLN。

选择承担原则,尽管无法将风险彻底转移出整个金融机构系统,但如同主体增信那样,可以将风险转移到持牌经营、行业监管的金融机构,选择承担原则下的主体增信产品 CDS、CRMW 或者 CLN,则可将风险转移到可以经营风险的所有金融机构。因此,在选择承担原则下的主体增信产品,其实也仅仅是一种风险递延,并不可能彻底地释放风险、消化风险、转移风险。但是 CDS、CRMW 或者 CLN,在未发生违约风险前,作为一种风险对冲的衍生产品,则具有相当的价值和作用。

二、有效性与安全性相结合

1. 有效性原则

有效性原则由下述三个效益最大化组成。

1）杠杆效益最大化

无论是在宏观与微观上，还是在股权投资与产品投资上，杠杆效益最大化，都是增信投资追求增信效益最大化的必然诉求。特别值得指出的是，如果要满足规模化发展的 FIS 市场，增信机构(FG/CRMA)的资本金要么严重不足，要么效益低下。但是，通过增信资产批零买卖或发行增信产品，可以使投资增信产品的有限资本支撑起巨大的增信资产规模，产生至少几十倍甚至数百倍的资本杠杆率，这是共享经济特有的杠杆效益最大化的典范。

2）边际效益最大化

这是增信投资必然追求增信效益的客观反映。从微观上讲，增信涉及增信参与机构的资本信用。对于制造增信资产、从事零售业务的增信机构来说，边际效益最大化就是指不仅运用好增信机构资本金进行对外投资，而且在运用好资本信用进行增信的同时，通过增信资产批零买卖交易，加速增信机构的资本周转率，以期获得增信资产零售收益以外的超额增信效益。对于从事批发业务、发行增信产品、管理增信资产的增信机构来说，增信机构资本金及其投资收益不是重要的，产品发行收入和资产管理收入才是最重要的，可以达到边际效益最大化。因此，通过增信资产批零买卖交易，管理增信资产(池)、发行权益增信产品，可以达到边际效益最大化，在这个条件下，边际效益最大化与杠杆效益最大化达到高度的一致性。

3）规模效益最大化

规模效益最大化是指在现有社会资本总量确定的条件下，为了支撑 FIS 市场规模化发展，动用多少社会资本投入增信载体，包括增信主体、增信产品，整体资本效益才是最大化的，即以多少市场资本去支撑 FIS 市场规模化发展。从宏观上讲，规模效益最大化是指如何运用资本市场进行增信投资，在最节约、最少量动用社会资本的条件下收到同样的增信效益。比如，按照中国的融资担保(FGa)，融资担保机构的资本金及其 10 倍杠杆率，如果为需要支撑起百万亿元人民币的中国 FIS 市场，融资担保机构至少需要数十万亿元人民币的资本金。如果用风险转移的增信原理，通过风险资产批零买卖交易、风险资产(池)管理、权益增信产品发行与交易，增信机构的资本金不是很重要，资本市场会按照逐利原则进行市场优化配置,从而达到增信的规模效益最大化。如此增信的规模效益最大化,又一定与边际效益最大化、杠杆效益最大化高度一致。

在 FIS 市场规模化发展的今天,增信需要在资本效率最大化的条件下,达到支撑 FIS 规模发展的目标。如果不讲资本效率,只讲规模支撑,增信本身可能也将无法存在。比如,目前我国 FIS 市场规模已达数百万亿元人民币,如果按照资本金 10 倍杠杆率计算,增信机构的资本金至少需要十万亿元人民币,先不说增信机构(增信业务)的巨大风险问题,仅就这十万亿元人民币的投入就涉及资本效率问题。2016 年 9 月底中国银行间交易市场发文,让将近 1 400 家市场投资者参与 CRMW/CDS 投资,就是资本效率与规模支撑原则的体现,让所谓建立千亿/万亿元人民币级国家融资担保基金,或者完善再担保体系的"砖家"建议成为历史笑柄。何况,CRMW/CDS 也只是一个初级增信产品,即主体增信产品。

2. 安全性原则

所谓增信安全性,是指增信基础及其价值构成的安全性。但增信安全性的前提,是要符合资本效益最大化或增信效益最大化,否则增信就失去了经济意义,增信本身也失去存在的必要性。不讲求资本效益最大化的增信,只是追求法律责任的民事担保,而非追求资本利益、专注风险管理与风险转移的商事担保(增信)。

1)产品的安全性

从单一金融资产(FIS)角度看,经过增信,无论是信用租售(FG/CRMA),还是信用(保护)买卖(CDS/CRMW),其信用风险转移了,金融资产(FIS)就没有了信用风险,相当于无风险利率产品。从集合化金融"资产(FIS)池"角度看,通过违约率为基础的风险定价,形成 SPV 的不同权益结构,优先级权益(证券)经次级(分档)权益(夹层证券与底层证券)增信,释放、消化、转移了优先级权益(证券)的内在风险,也成为相当于无风险利率产品。无风险利率产品,如同短期国债,非常安全可靠。

2)载体的安全性

分离转移出来的信用风险,由什么载体承载是安全的,价格会不会"爆仓",并且能够对付信用风险的特性,即随机违约率。风险载体应有如下几种状况。

(1)风险转移到物权。由物权及其价值作为增信基础或增信载体,尽管物权增信作为一种身价增信,一般来讲是最为安全的。但是,物权及其价值也是会变化波动的,可能会低于增信所需价值,那么安全性会受到挑战,这样的物权及其价值在增信时就得远远高于所要增信的价值,甚至一半以上。如对物权一半以上的价值进行增信,就难以满足 FIS 市场规模化发展需求。也就是说,当 FIS 市场规模化发展时,要么这个社会提供不了价值如此巨大的物权,要么这个社会所提供的资本(物权)是不讲效益的。

(2) 风险转移到增信主体(机构)(FG/CRMA)。由增信机构及其净资本 10 倍的价值作为增信基础或增信载体,机构增信也是一种身价增信,与物权增信一样,也无法满足 FIS 市场规模化发展所需的增信需求,否则资本效益低下。同时,机构增信以其净资本的 10 倍杠杆率,是无法对付随机违约率,无法承受违约损失的。先不用说 10% 的违约率会将增信机构净资本亏光,1% 的违约率会使增信机构净资本亏损 10% 。那也意味着,不仅增信机构的信用等级会下降,而且已经增信的 FIS 的信用等级也会下降,投资者所买入的增信 FIS 因信用等级下降而导致价格损失。这样,无论增信机构作为增信者,FIS 及其发行人作为被增信者,增信 FIS 的投资者都是没有安全的。

(3) 风险转移到主体增信产品或者单一增信产品(CDS/CRMW)。这种情况下作为一种产品增信或定价增信,可以大大提高社会资本运用效率,在一定程度上也对冲了 FIS 信用风险。但是,单一增信产品是一种"聪明人"的游戏,实际上也是无法承受随机违约率,尽管可以搞出一大堆所谓科学定价的数据模型。何况,基于产品投资者(CDS 或 CRMW 信用卖方)是信用投资,需要承担无限责任。那么,产品投资者自身增信诸如交易抵押物问题,就会产生一个难解的增信怪圈。

(4) 风险转移到权益增信产品(夹层证券/底层证券)。这不仅可以提高社会资本运用效率,而且经集合金融资产所形成的"资产池",可以违约率为基础进行风险定价,最终形成 SPV 不同权益结构,并给予增信权益流通性,形成权益增信产品。通过市场交易及其交易定价,使"资产池"中的金融资产的所有风险得以释放、消化、转移,交由市场价格来调节,并由市场投资者进行承担。这样,权益增信产品就达到了增信有效性与增信安全性的完美统一。

第四节　增　信　基　础

一、增信物(者)

增信基础是指增信的物质基础,或者支撑增信的基础物,也称增信物(者)。在不同的历史阶段,对增信的认识不同,增信物也不同。

仅就各种增信功能而言,可以在担保人(主体)、物权担保及其公司股权中窥见一斑。民事担保的增信物是担保主体,即罗马法上的担保人。担保人涉及担保人资格,必要资格是担保主体所拥有的资产价值,充分资格是担保主体的履约信用。同理,担保主体并非因其为主体便可为担保主体,而是基于主体的必要资格,即担保主体所拥有的资产价值。因此,拥有价值的物品或物权,或者诸如信用证/银行票据等权利凭证,可以成为抵押物,或大陆法系上的熟悉名词"担保物权"。担保物本身没有履约信用这个担保主体所需的充分资格,于是规定了一系列法律手续替代充分资格,比如抵押质押,留置典当等。

就经济意义而言的增信功能,最早应该是拟制人的权益结构,即17世纪初创立的有限责任公司。公司股权对公司债务具有增信功能,公司股权又进一步演化为上市股票、优先股、次级债与可转债等金融产品。上市权益实现了权益增信功能的产品化,实际上完成了增信权益向权益增信产品的华丽变身。也许是因为站在融资者角度已经充分而广泛应用而熟视无睹了,或者由于有限公司的权益结构不是专门用于风险控制或风险转移的,抑或不是站在金融机构角度进行风控方式和资管模式的设计,上市股票、优先股、次级债与可转债等这类增信权益,或者权益增信产品,几百年来一直被人遗忘,或者被人不自觉地加以运用。当然,也许存在另一种可能,因为涉及垄断集团利益,故意将公司股权这一权益增信功能弃之不用,并引导增信研究误入歧途。

增信概念的出现,却是伴随着20世纪70年代美国金融担保(FG)的产生。金融担保或者信用增级(增信),秉承"信用出租"或"信用出售"理念,信用等级较低的FIS及其发行人向较高信用等级的主体及其资产"借用"或"购买"信用,从而使信用等级较低的FIS及其发行人获得较高信用等级主体及其资产同样的信用等级,或者获得同样的FIS发行利率,这才使增信概念横空出世。金融担保实际上还是主体增信,只是主体增信由自然人转化为持牌经营的金融担保机构或增信机构。可见,金融担保所谓的增信物/增信者,就是较高信用等级的主体,即可以持牌经营的金融担保机构。

二、增信物(者)转换升级

随着人们对增信概念的深入探讨和广泛实践,人们开始在主体增信与权益增信两个方面进行改革,独立的物权担保或按揭贷款,给予了主体增信与权益增信产品化的途径。首先,为了适应FIS市场规模化发展,又必须遵循资本效益最大化的运用原则,真正完成从民事担保向商事担保的转变,以信用买卖或风险交易替代行为担保模式,以标准合约替换非标合约,CDS/CLN作为主体增信产品,突破增信机构资本金的限制,抛弃持牌经营的局限性,使增信全面对接资本市场。其次,为防范金融机构持有的金融资产(FIS)及其信用风险,就必须采用最为有效的风控方式或资管模式。以往风控方式或资管模式主要是风险递延与风险对冲,但这两种模式并不能彻底解决信用风险问题。唯一可以解决信用风险问题的风控方式或资管模式,就是风险转移(增信)。再次,在增信定价方面,开展了新的一轮的转换升级。也就是说,开始了由身价增信向定价增信的转换,随之而来的将是主体增信向产品增信的转换。于20世纪末产生,并于21世纪初盛行的信用违约互换(CDS)及其信用联结债券(CLN),作为增信产品,全面替代了金融担保(FG)这种主体增信,成为金融机构有效的风控方式或资管模式。CDS或CLN抛弃了以主体信用为基础的主体增信(即较高信用等级金融机构所支撑的主体增信),采取以产品(市场)信用为基础的产品增信,即以所谓"衍生产品"名义所支撑的产品增信。作为增信物,产品增信则完全不同于主体增信。主体增信是以增信物自身及其价值进行增信的,产品增信则是以"信用等级差"经"信用租售"所形成的信用利差或风险利率,最终形成可交易的,由市场定价的所谓"衍生产品"来进行增信的。也就是说,增信物由较高信用等级的主体,即可以持牌经营的金融担保机构,转化为信用利差或风险利率为基础的增信产品,只是增信物与被增信者(产品)之间的信用等级差或信用利差,仅为增信物租售给被增信者(产品)的"信用等级差",而不再是增信主体或增信物自身的全部价值。

但是,CDS这种信用保护买卖的交易结构却带来"交易对手风险",由此引爆了2008年美国金融危机,并形成"大而不倒"的金融行业恶性循环。从CDS实质交易结构看,其实是定价风险交易或风险资产交易,并不是形式上的信用保护买卖。风险资产交易就被增信者把定价风险或风险资产转移至或构成增信产品,并由增信产品承载。可以预见,增信物又将发生一次转换,风险资产交易将替代可信用保护买卖,增信物将由增信机构向增信产品转化。也就是说,增信物将从被增信者(产品)那里转移出来,形成定价风险或风险资产,并以违约率为基础进行风险定价,通过SPV不同权益结构,形成权益结构之间的增信关系,最终形成崭新的权益增信产品。这对被增信者,或者增信对象,又或者标的资产,包括优先级证券、SPV名下风险"资产池"来讲,金融机构所制造的金融资产被进行了全面、有效而真正安全的增信。

第七章

增信框架

第一节　增信形式

一、财产转移方式

财产转移或者合同权益(权利义务)的转移,其法律形式可谓多式多样。

(1)买卖。买卖(交易、投资)是最基本的转移方式。这种财产转移方式体现在市场化的商事经济活动中,特别是资本市场所交易流通的金融产品之中。

(2)合并。这也是一种财产转移方式,其中,既可消极合并谓之收购,也可积极合并谓之换股。

(3)赠与、继承、破产、留置与抵(质)押置。除赠与是财产性转移的方式外,其他都是消极性转移方式。

(4)委托、信托、基金、资产管理、监护、保管和无因管理。这些形式仅为形式转移,并无实质转移。其中,委托、信托、基金、资产管理是积极的形式转移;而监护、保管、无因管理则是消极的形式转移。

(5)担保或增信。这些形式似乎并无形式转移,却有实质转移。担保或增信都是不可或缺的法律形式。

(6)拟制人设置。财产转移方式中最容易被人遗忘的,就是拟制人的权益结构设置这种形式也可转移风险资产,如 SPV 不同层级的权益/证券之间,存在风险资产(定价风险)转移的客观事实。站在不同的法律立场上看,相对于同一个财产(权益),因其权利义务的相对性及其不同角度,往往可以有不同概念,资产属性也越来越复杂,因此财产(权益)转移的法律概念也就丰富多彩。有的站在财产(权益)所有人一方,有的站在财产(权益)受让人一方,有的更仅仅站在财产(权益)转移的行为角度。因此,一种财产(权益)转移的法律形式,往往可以有两个甚至多个法律概念表达。

在民事法律中,有些财产(权益)的转移,特别是涉及主体人身权利或主体信用转移,均非以买卖方式进行转移,而是通过某种法律规定的特定行为来实现转移的,比如"财产转移且由他人管理"的信托行为。在(单一)民事信托中,财产(权益)的转移是通过信托行为完成的。信托是从行为角度来定义财产(权益)转移的,这种行为涉及信用,即以信用行为实现财产(权益)的转移。正因为信托行为具有人身性质(信用),信托(财产)转让或让渡则具有很强的限制性。在(集合)商事信托里,财产(权益)的转移,则是通过对 BT 的信托权益、SPV 的权益凭证和投资基金的权益份额等买卖(投资)方式实现的,即信托投资。正因为把信托权益作为交易对象进行买卖,对信托投资参与者的限制就变得无足轻重。值得特别关注的是,在投资各类信托权益的同时,也保留了信托核心理念"信托责任",即以附条件买卖方式同样实现了民事信托概念中所包含的信托责任。这个信托责任正是商事信托(信托投资)中的信托权益买卖合约所附加的条件。在商事法律中,买卖或者附条件买卖,同样可以解构许多民事行为的法律概念,包括民事担保的法律概念。

在民事担保中,信用风险的转移是通过担保行为完成的。担保是从行为角度定义信用风险转移的。因这种(担保)行为涉及人身性质或主体信用,便可用担保概念实现信用风险转移。同样,在商事担保里,信用风险的转移既可以通过信用风险的买卖方式实现,也可以通过信用风险与其他金融产品的合并方式实现。当然,在买卖/合并信用风险的同时,也保留了担保的核心概念,即担保定价与及时偿付,即以附条件的买卖/合并方式同样实现了民事担保概念中所包含的担保责任。比如为追求增信效果所要求的及时偿付及其制度安排,都是为了实现担保责任,这种附条件信用风险的买卖方式就是商事担保或增信。如从信用卖方角度看,增信就是信用买卖;如果从风险卖方角度讲,增信就是风险交易;有交易,就有合并,也可以把信用风险合并到其他合适的金融产品中去,更可以通过拟制人的权益结构设置来实现定价风险(风险资产)的转移。

二、增信形式类型

增信必有转移风险,如果风险不转移,就不存在增信。风险转移是增信赖以存在和发展的基础。是风险转移,就得选择增信形式。所谓增信形式,就是以什么法律概念来进行增信。有什么样的法律概念,就有什么样的增信形式。从古至今,增信形式在不断演变,从民事担保或物权担保,到开始具有增信意义的金融担保,再到 20 世纪末以"信用违约互换"名义进行的信用(保护)买卖,便是当代最流行的增信方式。21 世纪初期,中国也出现了以"信用风险缓释工具"(CRM)名义进行的信用(保护)买卖。然而真正市场信用支持的,基于不同权益结构之间可以转移风险(资产)所产生的权益增信产品,夹层证券和底层证券,却仅仅被冠以"内部增信"。

也就是说,如从信用卖方角度看,增信就是信用买卖;如果从风险卖方角度讲,增信就是风险交易;有交易,就有合并,即可以把风险(资产)合并到其他合适的金融产品中去,更可以通过 SPV 权益结构的设置来转移定价风险(风险资产)。由此可见,信用风险转移的法律形式包括担保、买卖、合并,以及风险转移或增信的终极形式,即拟制人 SPV 的权益结构设置。各种法律概念的变化,致使增信形式发生改变,这意味着增信的内在需求在不断发展,或者说是增信需要自我调节并以改变法律概念来适应增信对象,这就是增信市场的变化和发展。

1. 金融担保(FG)

金融担保就是各种名目的担保机构,包括从事 FG 业务的保险机构,把自身较高信用等级租售给较低信用等级的 FIS 及其发行人/融资者,对增信对象/标的资产进行增信,或者把 FIS 及其发行人/融资者的信风险转移给从事 FG 业务的各种担保机构。也就是说,FIS 及其发行人/融资者通过 FG,把 FIS 风险转移给从事 FG 业务的各种担保机构,FIS 投资者/持有人不再承担 FIS 风险;从事 FG 业务的各种担保机构通过 FG,把自己信用租售给增信对象/标的资产,或者受让风险,把信用风险从增信对象/标的资产中转移出来,由担保机构承担并经营。但是,无论 FGa,还是 FGc,增信对象均应为金融资产(FIS)的信用风险。金融担保属于第三者独立担保,与被担保对象没有关联关系。金融担保的增信对象都有一定的信用等级,担保机构通过租售"信用",利用信用等级之差所形成的信用利差作为增信定价,收取增信费用。

行业监管和持牌经营的 FG 机构是以非标合约方式开展 FG 业务的,并把金融资产(FIS)的信用风险转移到 FG 机构。但是,FG 合约却是非标准的,因为标准合约将扩大参与金融担保业务的市场主体,这不是 FG 合约的功能。因此,非标合约意味着其所承载的权利义务不可转让,或者具有很强的限制性。因为担保行为具有人身权利性质,法律禁止或限制转让。尽管在中国 FGc 合约可以以再担保形式进行转让,但其合法性有待商榷。所以,非标合约只能作为信用风险转移的增信媒介,不可成为增信载体。增信载体必然是法律主体,即从事 FG 的各种担保机构。金融担保区别于民事担保,主要表现为:其一,FG 是以出售、出租"信用",利用信用等级差所形成的利差进行收费,以区别于以往民事担保并不关注担保收费。其二,FG 建立了及时偿付、追求增信效果这一商事担保的核心责任,以区别于以往民事担保"事后增信"、不追求增信效果的法律责任。

2. 信用(保护)买卖

信用买卖或者信用(保护)买卖,即信用保护卖方把对标的资产的信用保护卖给信用保护买方,并按约收取信用保护费用。当标的资产发生约定的信用事件时,由信用保护卖方对信用保护买方进行补偿损失或承担违约风险。由此可见,信用保护卖方就是增信者或者类似增信机构;信用保护买方往往是需要风险对冲或风险转移的 FIS 投资者/持有人;资产标的就是约定的 FIS 及其发行人/融资者;信用事件则包括合并重组、信用等级下降,并以违约作垫底;信用保护费用就是信用保护出售收益,亦即增信收费。由此可见,信用保护买卖这种增信方式,同样可以达到增信功能和增信目的。

信用(保护)买卖就是以信用(保护)买卖为名,却以风险(资产)交易为实的合同增信产品(CDS/CRMW)。其实,信用(保护)买卖没有真正把信用作为买卖对象,只是符合某些利益需求的形式交易结构罢了。因信用(保护)买卖,民事担保就转化为商事担保,由担保行为转化为信用(保护)买卖,担保的法律责任转化为及时偿付的核心责任,从而真正实现定价风险(风险资产)的转移。

CDS/CRMW,通过标准合同,对主体增信进行产品化,并转化为主体增信产品。标准合同打破了行业监管和持牌经营,使 CDS/CRMW 可以为资本市场上任何投资者所买卖,在理论上应该没有任何限制,如同其他金融产品一样。在中国,CRMW 则规定由债券市场的近 1 400 家机构投资者作为买卖机构。由于 CDS/CRMW 买卖参与机构不再受限于金融担保的行业监管,并非为持牌经营的金融担保机构,而是资本市场上任何投资机构。因此,与金融担保合约不同,信用(保护)买卖合约可以通过标准化而为资本市场上任何投资机构所用,符合信用买卖的原意,即没有限制的市场化买卖。

正因为如此,参与信用(保护)买卖的投资机构,不仅可以买入信用保护,也可以卖出信用保护,在符合套期保值实现风险对冲、增信功能的同时,是正常的逐利行为。这种信用(保护)买卖,意味着任何投资机构都不会是信用买卖权利义务(信用风险)的载体,只是实现市场定价、分散产品风险的媒介。与此同时,及时偿付的增信责任将体现在信用(保护)买卖合约中,作为买卖合约的核心交易条款或者法律责任/交易义务。因此,标准增信合约可以成为信用(保护)买卖的增信载体,而不仅仅是增信媒介。

作为主体增信产品,CDS 是以信用(保护)买卖为名,却以风险资产交易为实。由于信用(保护)买卖这种交易结构的"黑洞现象"所形成的交易对手风险,会产生"蝴蝶效应"和"多米诺骨牌效应",可能导致金融机构系统性风险。因此,目前全球各国对资本市场自发产生的 CDS 进行规制,并以清算中心(所)交易标准合约作为替换对象,以规避交易对手风险。最终,主体增信产品转化为规制增信产品或清算型增信产品。为此,中国在规制增信产品基础上所创设的 CRMW,为了符合中国大陆法系的法律概念,在标准合约权证化的同时,也形成了中国式的规制增信产品。

3. 风险(资产)交易

风险(资产)交易就是将 FIS 风险经定价后所形成的风险资产,由买卖双方进行交易,即拥有风险资产的出让方出售、让渡风险资产,由受让方买入风险资产的交易。风险资产卖方不仅可以包括 FIS 投资者/持有人,也包括 FIS 发行人/融资者。FIS 投资者/持有人或者 FIS 发行人/融资者,为规避 FIS 风险均可成为风险资产卖方,风险资产卖方是为了自身利益而卖出风险资产的。

对于 FIS 投资者/持有人来说,是为了避免 FIS 信用违约风险;对于 FIS 发行人/融资者来说,是为了节约发行成本或易于发行。值得关注的是,不是仅仅卖出 FIS 信用风险,由增信机构持有而不可转让或再交易,而是将信用风险转移出 FIS 并对经定价后所形成的风险资产在不同的市场交易者之间不断地进行出售、让渡等交易。

风险资产买方即风险资产受让者。从广义上讲,风险资产受让者包括增信机构、代理 SPV 的风险资产批发机构、SPV 权益增信产品发行机构及其权益增信产品投资者;从直接增信角度看,风险资产买方是增信机构,或者 SPV 权益增信产品发行机构的代理人;从间接增信角度看,风险资产买方包括代理 SPV 的风险资产批发机构、SPV 权益增信产品发行机构及其权益增信产品投资者。其实,终极的风险资产买方应该是权益增信产品,权益增信产品是风险资产的真正归宿和实际载体。

风险资产作为交易对象,如前所述,风险与信用是"双身一体"。在理论上,既然信用(保护)可以买卖,风险(资产)当然可以交易,而且风险(资产)更符合增信定价。信用(保护)买卖与风险(资产)交易是不同的,前者为信用(保护),后者为风险(资产)。信用(保护)卖方即风险(资产)交易的买方,信用(保护)买方即风险(资产)交易的卖方,买卖双方的交易角色正好相反。

风险(资产)交易在对价支付上,似乎与信用(保护)买卖或一般交易有所不同。如果风险(资产)作为交易对象,风险(资产)卖方在转移风险的同时向风险(资产)买方支付风险对价。但在形式上,风险(资产)买方将支付一个某一货币中最小金额作为交易对价。正因为如此,不能称之为风险买卖,而称其为风险(资产)交易。其实,这不是一个什么难题。风险转移的同时,也将以违约率所形成的风险对价一并转移,如同保险资产交易或再保险。至于风险(资产)买方,只要进行交易,哪怕最低价格,1 元或 1 分人民币或美元,只要风险(资产)买卖的双方达成如此对价即可,也如同并购交易中的承债式并购,可以 1 元的价格收购数亿元资本金的公司及其可能拥有数亿元公司资产一样。

4. 风险（资产）合并

如前所述，从理论上讲，信用风险或者风险资产既然可以通过买卖交易方式实现转移，当然也可以通过合并方式进行转移。因此，通过合并方式，可以将风险资产转移至金融产品（可以交易流通的动产），即信用风险转移、合并的对象为金融产品。金融产品目前仅为债性金融产品（FIS），那么，信用风险转移、合并的对象就是债性金融产品。

比如，因拥有另一机构的债权，某一商业银行/金融机构于是针对这个债权发行一种债券（本身当然也是一种 FIS），不仅具有发行人信用等级决定的风险利率，也有基于这种债权及其发行人/融资者信用等级的风险利率。因此，商业银行发行这种债券，实际上合并/承载了另一机构的定价风险/风险资产。如果这一机构发生信用风险，比如不归还债券发行人/商业银行的贷款或其他 FIS，那么，这种债券也就发生了违约风险/信用事件，这个债券发行人/商业银行就不用对其发行的债券承担偿付责任，而由这个债券的投资者/持有人承担。这种债券就是合并了或联结了另一机构（增信对象）的信用风险，或者定价风险/风险资产，合并对象就是这种债券，称为信用联结债券（CLN）。因此 CLN 就是一种债性增信产品，当然也是一种所谓信用衍生产品。

信用合并合约或者风险资产合约，与信用（保护）买卖合约、风险（资产）交易合约不同，应该为非标合约，即风险资产只能合并进入 CLN，而不能合并进入其他金融产品，并且一旦合并进入 CLN，就不可退出。但是，金融产品作为合并对象，却可以是标准合约，但自身不可成为增信产品。尽管风险（资产）合并合约不是标准合约，但是，这个非标合并合约与其他金融产品相结合所形成或共同衍生出的崭新增信产品，却是标准合约，可以自由买卖交易，自由流通。

因此，一个风险资产的非标合并合约与另一个债性金融产品的标准合约，进行组合所形成的增信产品也是标准增信合约，即债性增信产品（CLN）。风险资产通过合并方式进入金融产品，目的就是促使金融产品自身价值可以成倍提高风险资产的风险覆盖率，甚至达到 100% 的资产覆盖率。因此，作为金融衍生产品，或者债性增信产品，CLN 就是将具有自身价值的金融产品与转移过来的风险资产相合并，降低甚至覆盖标的资产信用违约所带来的违约损失。

5. 权益结构设置

通过设置拟制人的权益结构，可以在不同权益结构之间进行风险转移，从而产生具有增信关系的权益增信（产品）。权益增信（功能）及其产品化，早在 300

多年前的有限公司与上市公司的权益结构中的公司股权与上市股票就得以体现了,但作为风险控制与资产管理的权益增信(产品),却是在 SPV 权益结构中的夹层证券和底层证券里首次得以实现。

在运用 SPV 时,我们可以将 SPV 权益分为优先级证券和次级分档证券,次级分档证券又分为夹层证券和底层证券。当 SPV 的基础资产(池)所产生的现金流不足以按约定收益偿付优先级证券时,夹层证券和底层证券不得偿付;当 SPV 的基础资产(池)所产生的现金流不足以按约定收益偿付夹层证券时,底层证券不得偿付;在优先偿付优先级证券的本息后剩余的现金流,才可偿付或不足偿付夹层证券的本息,底层证券却不存在本息之求,只是将优先偿付优先级证券、夹层证券的本息后剩余的现金流,全部归于底层证券并进行权益分配,类似上市股票那种"上不封顶下不保底"的权益性金融产品或有价证券。另外,优先级证券则属于 FIS 中的无风险利率产品,夹层证券处于与优先级证券与底层证券之间,因具有固定收益而属于 FIS,与优先级证券不同的是,夹层证券是一种风险利率产品。

SPV 作为一种拟制人,如同公司法人,可以进行权益结构设置。SPV 既可以把金融资产(FIS)打包组成资产池并移至 SPV 名下,以违约率进行风险定价,为 SPV 设置不同权益结构,形成 ABS 产品(优先级证券),以及权益增信产品(夹层证券和底层证券);同样,SPV 也可以把风险资产或增信资产打包组成"资产池"并移至 SPV 名下,以违约率进行风险定价,为 SPV 设置不同权益结构,形成不同于 ABS 的创新增信产品。

第二节　增 信 载 体

承载从增信对象转移出来的信用风险的各种载体,称为增信载体,亦称增信工具。增信载体所承载的信用风险,其实是可以收取增信费用的,或者是经定价的风险,即风险资产。实际上,增信载体就是承载从增信对象转移出来的风险资产。因此,风险资产通过增信(金融担保)合约转移至法律主体,称为增信主体或金融担保机构;风险资产通过标准增信合约转移并承载的,称为主体增信产品;风险资产通过增信合并合约转移至债性金融产品(FIS)的,称为债性增信产品或金融衍生产品;风险资产通过拟制人的权益结构设置转移至具有增信功能的有价证券的,称为权益增信产品。

一、增信主体/FG 机构

20 世纪 70 年代初美国产生 FG 业务后,由各种担保机构,包括各种名目的担保公司,专类(单产品)保险公司和综合(多产品)保险公司专门从事 FG 业务。这些受 FG 行业监管与持牌经营的金融机构,通过非标合约及其保险合约,吸收、承载并经营信用风险,这就是所谓的 FG 业务。在中国,自 2010 年融资担保法规出台以来,原来的担保公司转化为从事融资担保业务的融资担保公司,以受制于行业监管和持牌经营的金融机构来承载信用风险的,称为融资担保机构。

在增信的初级阶段,增信表现为增信主体所从事的 FG 业务。增信主体通过 FG 合约(非标合约)将 FIS 的信用风险转移至从事 FG 业务的各类担保机构/保险机构,并以其资本金及其 10 倍杠杆率开展 FG 这类增信业务。在增信的发展阶段,增信主体主要表现为信用风险通过 CRMA(非标合约)将 FIS 的信用风险转移至从事 CRM 业务的金融机构,并以其资本金及其 10 倍杠杆率开展 CRMA 这类增信业务。在中国,所有中国银行间债券市场的参与者均可为 CRMA 的卖方,即增信主体,摆脱了融资担保的行业监管与持牌经营的限制。这些增信主体在吸收、承载风险的同时收取增信费用,实际上就是接受承载风险资产。增信主体以信用风险缓释合约(CRMA)开展增信业务,但 CRMA 自我限制转让。正因为如此,CRMA 的风险资产载体是从事 CRMA 业务的增信主体,而非增信产品。

增信主体包括从事 FG 业务的各类担保机构和从事 CRMA 业务的增信机构。中国融资担保机构尽管尚无理论基础,却获金融监管机构保护,但增信的实际效果极差。美国金融担保历史证明,增信主体不仅处于赌徒地位,风险巨大,而且并不能满足 FIS 市场规模化发展的需求,除非不讲资本效率。因此,增信主体正日渐式微,取而代之的是各种类型的增信产品。

二、主体增信产品

在增信的初级阶段,担保公司/保险公司的资本金及其 10 倍杠杆率所形成的增信额度难以适应 FIS 市场规模化发展的需求,而且增信风险居高不下。于是,信用风险不再仅仅通过非标增信合约转移给增信主体,而开始通过标准增信合约进行流通,或者标准增信合约不再自我限制流通,因此产生了所谓的主体增信产品或衍生产品,开始盛行以信用违约互换(CDS)为主的主体增信产品,中国信用风险缓释凭证(CRMW)则是 CDS 改革版。从此,增信走入了发展阶段。

在增信的发展阶段,其特征包括:

（1）增信在形式上还是信用（保护）买卖，如同 FG 的信用租售，实质上是风险（资产）交易，以标的资产为对象的，经定价的风险进行交易。

（2）增信不再仅以增信主体（机构）的信用为增信基础，而是以增信产品或产品信用为增信基础。

（3）产品增信摆脱了增信主体（机构）长期信用的不稳定性，增信产品具有最高信用等级，哪怕是美国等国家的 3A 长期国债，经 CDS 增信的 FIS 或债券，成为无风险利率产品，如同短期国债（收益率）。

此外，信用风险也可以通过合并方式转移至债性金融产品（FIS），形成债性增信产品，即信用联结债券（CLN）。无论是标准增信合约所形成的合约型增信产品，还是因为规制增信合约所形成的规制型增信产品，抑或因合并风险资产合同所形成的债性增信产品，凡以信用风险买卖标准合约或者合并合约所产生的，可流通的金融产品/有价证券作为增信载体的产品，称为主体增信产品。

1. 合约型增信产品

合约型增信产品就是指风险资产（标的资产）通过标准增信合约在市场上流通交易或在交易对手之间流通交易的增信产品。因此，标准增信合约从增信媒介转化为增信载体，即承载增信权利义务或风险资产的标准增信合约，成为了增信载体或增信产品，因其合约性而被称为合约型增信产品。以 CDS 为代表的合约型增信产品，自 20 世纪开始盛行。

由于合约型增信产品采用形成式上的信用（保护）买卖，形成了"交易对手风险"，成为 2008 年美国金融危机的催化剂。于是，为了规避"交易对手风险"，对合约型增信产品 CDS 的改革便拉开了序幕。

2. 清算型增信产品

合约增信产品是市场自发形成的，因信用保护交易结构所产生的"黑洞现象"，导致"交易对手风险"可以催生"蝴蝶效应"和"多米诺骨牌效应"，形成了金融机构系统性风险，成为 2008 年美国金融危机的催化剂。为了规避这种"交易对手风险"，国际金融界规制型增信产品于 2009 年开始产生，即 CDS 交易对手之间合约的 CDS 合约必须去替换一下清算中心（所）的标准合约，实际上就是把交易对手所支撑的信用交易网络改由清算中心（所）来支撑。这是基于清算中心（所）没有破产倒闭风险，即使有也会由政府出面拯救这一假设基础上。因此，CDS 被规制后所产生的清算型增信产品，代替了合约增信产品，也就成为风险资产的增信载体。中国在引进 CDS 的同时，在清算型增信产品的基础上规制为 CRMW。

尽管清算型增信产品克服了合约型增信产品的"交易对手风险"，但是，无论是合约型增信产品，还是清算型增信产品，市场交易参与者仍以其主体性或主体信用参与买卖交易，这个主体性或主体信用就会延伸出其他两个方面的问题。其一，无限责任问题。由于增信产品（CDS/CRMW）投资者（信用保护卖方，增信者）通过卖出信用保护，或者卖出 CDS 合约或 CDS 产品，在获得风险的同时，获得风险对价（增信收益），意味着增信者承担 CDS 合约或 CDS 产品所约定标的资产的风险（事件），如果发生风险（事件），增信者须承担履约责任，进行及时偿付或偿付交割。这时，增信者将以其所有资产进行偿付，如果不足以偿付，可能导致其破产倒闭，这就是所谓主体性所引发的无限责任。其二，自我增信的恶性循环问题。基于无限责任，便会要求增信者提供一定的"抵押品"，对增信者进行自我增信，这就是由主体性所引发的自我增信的恶性循环问题。由此可见，前述合约型增信产品和清算型增信产品，以及下述债性增信产品，都可能因受制于"主体性"而引发其他重大问题，因此将其合称为主体增信产品。

3. 债性增信产品

定价风险/风险资产因合并协议转移到债性金融产品（FIS），以债性金融产品作为承载风险资产的载体，称为增信衍生产品或债性增信产品。债性增信产品即为信用联结债券（CLN）。CLN 自身也是债券（FIS），有着自身的信用风险、风险定价或者风险利率。同时，CLN 又吸收合并了其他 FIS 转移过来的定价风险/风险利率，双重风险和双重定价通过合并方式形成了 CLN。因此，对于 CLN 投资者来说，CLN 具有双重风险和双重定价，并且双重风险都是基于双重主体性，无论哪个主体破产倒闭，都会产生违约损失。因此，投资与否，可以比较 CLN 标的资产的其他 FIS 收益率。对于 CLN 发行人——商业银行来说，在不增加任何风险的条件下，CLN 只是另一 FIS（贷款）的转让并获取交易利差的金融产品，是一种比证券化产品（ABS）或保理业务（Factoring）更好、更有利的金融产品，可以有效地提高商业银行的资产质量。其不足之处在于在流通性上不如证券化产品（ABS）。

三、权益增信产品

增信的高级阶段是风险转移，设置 SPV 这种特殊的外部管理拟制人的权益结构进行权益增信，由较低层级权益分离、吸收、转移并承载较高层级权益的信用风险，形成较低层级权益为较高层级权益进行权益增信。因此，较低层级权益称为增信权益。由于 SPV 权益一开始被赋予流通性，因而不同的层级权益称为不同的证券。增信高级阶段的基本特征有以下几点：

（1）作为产品增信，权益增信产品具有最高信用等级，如同 CDS，增信后的

FIS 或债券,属于无风险利率产品,如同短期国债(收益率)。

(2)权益增信产品可以抵御随机违约率带来的风险损失,特别是"肥尾现象"所带来的对增信定价的猛烈冲击,这是主体增信产品 CDS/CRM 所无法企及的,因为主体增信产品还未真正摆脱"主体性"或"无限责任"的限制。

(3)权益增信产品则是有限责任的、权益性的金融产品或流通证券。如果说,ABS 的夹层证券仍属于风险利率产品,属于 FIS,尽管非常少的底层证券属于纯粹的"上不封顶下不保底"的权益产品,那么,作为权益增信产品,如果基础资产为风险资产,不是金融资产(FIS),也就可以创立完全的权益产品,如同上市股票那样。这样的权益增信产品就会将增信高级阶段推向完美阶段,即实现增信效益性与增信安全性的高度统一。

在 ABS 中,SPV 权益依照层级次序分为优先级证券、夹层证券和底层证券。优先级证券的信用风险转移到夹层证券和底层证券,因而优先级证券成为无风险利率产品。夹层证券的信用风险转移到底层证券,夹层证券为风险利率产品,但仍为 FIS,只是相当于无风险利率产品(优先级证券)加上风险利率,与 CLN 相似(CLN 中的 FIS 及其所承载的利率都是风险利率)。底层证券则如同上市股票纯属"上不封顶下不保底"的权益产品。

第三节　增 信 媒 介

一、合约媒介

承载财产(合同)权益或者权利义务的合约,通过买卖,可以把合约所承载的财产(合同)权益转移至公司法人名下,为公司法人所拥有;通过投资,可以把合约所承载的财产(合同)权益转化成公司法人的合法权益,并可以转移至公司法人名下,为公司法人所拥有;通过 ABS 合约标准化,还可以把合约所承载的财产(合同)权益转移至 ABS 所设置的 SPV 名下;通过债务合约标准化,可以把合约所承载的财产(合同)权益转移至债券名下。可见,承载财产(合同)权益的或者权利义务的买卖合约,因转移给公司法人,为公司法人所拥有而完成使命的,这种非标买卖合约就是媒介。承载财产(合同)权益的或者权利义务的投资合约,因转移给公司法人,为公司法人所拥有,同时却转换成公司法人股权的,这种标准股权投资合约就是载体。标准股权投资合约可以继续流通。进一步来说,这种标准股权投资合约如果为公示性募股说明书,就是金融产品/有价证券,即上市股票。承载财产(合同)权益的或者权利义务的 ABS 合约或者债券说明书,其本身就是一种公示性合约。无论是 ABS 优先级证券还是债券,都是金融产品。可见,如果无须大陆法系的登记概念,标准股权投资合约、ABS 合约、债券说明书本身就是载体。

二、增信合约

增信合约承载着风险利差、定价风险或风险资产,可以转移至增信主体、增信产品,形成主体增信和产品增信。如仅转移至增信主体,增信合约完成转移使命而不再流转的,其为增信媒介,接收风险资产的,为增信主体;如继续流转的,增信合约则由增信媒介转化为增信载体或增信产品,接收风险资产的,为增信产品。最为突出的是,增信合约作为增信媒介,标准化与否,涉及后续增信载体的丰富性,包括增信主体和增信产品。非标增信合约意味着增信载体可为增信主体或者某一增信衍生产品;标准增信合约则意味着增信载体产品化或者品种丰富的增信产品。

1. 非标合约与增信主体

增信合约作为信用风险转移的媒介,为增信机构开展增信业务所用。在增信的初级阶段,转移信用风险的金融担保(FG)合约,属于非标增信合约。因为承载信用风险的金融担保(FG)机构是确定的,是行业监管和持牌经营的,不可能是其他法律主体所承载的。因此,金融担保(FG)合约作为非标增信合约,其所承载的信用风险只能一次性地转移至金融担保(FG)机构,不可再次转让。另外,非标增信合约也可以与具有流通性的金融产品(FIS)结合,形成债性增信产品(CLN)。由此引申,标准增信合约当然也可以与其他金融产品结合,进行创新增信产品。因此,非标增信合约的一次性转移信用风险的特征,说明非标合约只是增信媒介,而非增信载体。

由于金融担保(FG)机构均受限于资本金及其 10 倍杠杆率,金融担保(FG)行业内通过再担保转移信用风险,其实几乎没有实质性意义。因为无论是金融担保机构还是再担保机构,担保对象都是信用风险,没有任何差异化;同时,金融担保(FG)机构与再担保机构,两者都受限于资本金及其 10 倍杠杆率。如果金融担保(FG)机构不受超额担保限制,是不会通过再担保合约转让金融担保(FG)资产(风险资产/增信资产)的;反之,再担保机构如果需要按资本金及其 10 倍杠杆率开展再担保业务,在同样风险条件下,再担保业务将会减少担保收益,得不偿失。

另外,再担保机构如果不受限于资本金及其 10 倍杠杆率,那么金融担保机构也就没有必要受限于资本金及其 10 倍杠杆率,再担保业务也不会产生。

当承载着风险资产非标增信合约通过合并方式进入金融资产(FIS)后演变成了 CLN,这个非标增信合约只能唯一性地进入金融资产(FIS),而不可再从金融资产(FIS)中重新分离或转移出来;否则,CLN 将不复存在。正因为不可再分离或再转移,使得增信合约变成非标增信合约。

2. 标准合约与增信产品

增信合约标准化既可以自身实现产品化(CDS),也可以通过合约标准化进行规制产品化(CRMW)。标准增信合约因交易流通,不仅是承载信用风险进行传输的增信媒介,而且承载信用风险并在增信主体(原来增信载体)之间进行穿梭交易流通,即增信合约通过标准化后并进行交易流通,从而使标准增信合约由增信媒介演化成了增信载体。在增信发展阶段,增信合约是标准化的,标准增信合约所承载的信用风险,通过市场化交易,既可以自由地转移进增信主体,又可以自由地转移出增信主体,并承载、转移信用风险的特性,使标准增信合约向增信产品转化。增信产品随着风险定价起舞,增信产品投资者则处之泰然,承担因增信产品价格波动所产生的亏损或盈利。标准增信合约作为增信产品,CDS 是其代表作。也正是因为合约的主体性,CDS 才属于主体增信产品,甚至因主体性而仅为风险资产,失去了产品属性,虽然 CDS 具有一定流通性。

可见,增信媒介可以是非标增信合约,通过非标增信合约形成增信资产,此为主体增信;通过非标增信合约与金融资产(FIS)合并形成 CLN,形成增信衍生产品。增信媒介为标准增信合约的,可形成主体增信产品,可为产品增信。但由于主体增信产品未与主体性完全隔离而需承担无限责任,增信媒介也可为 SPV 及其权益结构,形成权益增信产品进行产品增信。

三、权益结构

以往对增信媒介的研究,绝大多数集中于增信合约上。增信合约作为增信媒介,无论是主体增信如金融担保(FG)合约、信用风险缓释合约(CRMA)、信用联结债券(CLN),还是主体增信产品(CDS),都只是标准化与否的区别。然而,最早真正解决人类融资风险问题的增信媒介,不是增信合约,而是拟制人(公司法人)及其权益结构。

就目前而言,真正能够解决金融资产风控(增信)问题的增信媒介就是 SPV 及其权益结构。SPV 赋予金融机构的特殊目的载体,不同于增信合约这一增信媒介,它可以把金融资产打包形成"资产池"并转移至 SPV 名下。根据"资产池"中的集合式金融资产,通过以违约率为基础进行风险定价,然后将 SPV 设置为不同层级的权益结构(结构化证券),使得夹层证券、底层证券对优先级证券进行增信。夹层证券与底层证券就是权益增信产品,也属于产品增信和定价增信,却区别于主体增信产品。它完全摆脱了主体性的干扰,使得增信的有效性与安全性得到完美的统一。

第四节 增信价值构成

一、概述

增信价值构成是指增信基础的价值构成,或者构成增信基础的价值。增信基础,可以是增信物,可以是增信主体,可以是增信权益,也可以是增信产品。增信产品,可以是名义上的信用(保护)买卖、实际上的风险(资产)交易的主体增信产品,也可以是 SPV 增信权益上市交易所形成的权益增信产品。不同的增信物具有不同的价值构成。增信主体或者增信权益都是以自身价值进行增信的,增信物的价值构成就是自身价值。增信产品本无价值,只是来自增信关系及其风险(资产)转移所赋予的价值。从其来源上讲,或者来自名义上的信用利差或风险利率,通过信用租售的交易获得;或者实际上来自经定价的风险或风险资产,通过风险资产交易而形成;或者是作为 SPV 的增信权益,通过发行定价或交易定价而获得。

二、身价增信

身价增信是指以增信物本身价值所进行的增信。身价增信包括主体增信和权益增信。一般来说,身价增信的构成价值要大于被增信者(产品)。被增信者(产品)一般是指 FIS 及其发行人/融资者,或者增信对象/标的资产,在权益增信中则是指优先级证券。身价增信的发生或存在,一方面是基于无法进行信用定价或风险定价;另一方面是基于不同的增信媒介。因为主体增信是以非标合约为增信媒介的,权益增信是以 SPV 权益结构为增信媒介的。这种增信媒介的不同,使得主体增信处于不公平、不正当状态,应当向权益增信转化,如同增信资产应当向增信产品转化。

主体增信是指以主体价值与履约信用为基础的增信。主体价值为其必要条件,履约信用为其充分条件。即使主体拥有价值,也可以放弃履约信用。因此,主体增信必须是必要条件与充分条件的结合,两者缺一不可。从下述主体增信发展阶段中可以看出,履约信用在增信各个发展阶段是不同的。在金融担保(FG)以前,履约信用不是内在要求,未成为主体增信的充分条件。因此,主体增信的诉讼事件是不可或缺的,因为这种主体增信只在乎法律责任。主体增信功能经历了从低级到高级的三个阶段:

第一阶段是民事担保(CG)。这个阶段的担保主体或担保人具有主体增信功能,但并不追求增信对价与增信效果,只追究法律责任。担保主体或担保人可以是任何法律主体,包括自然人、公司法人、国家政府等法律上的人。

第二阶段是金融担保(FG)。这个阶段的主体增信关注增信对价与增信效果,并不关心法律责任。因此,增信对价与增信效果是以金融担保(FG)作为增信的主要特征。但是,增信主体是持牌经营的金融担保机构,不是任何法律主体都可以从事金融担保(FG)的。因此,金融担保(FG)是民事担保(CG)转化为商事担保(BG)过程中的过渡阶段的担保形态。

第三阶段是商事担保(BG),是民事担保(CG)的高级形态。商事担保(BG)是指从民事担保法律概念转向信用买卖法律概念,美国金融担保概念包含了部分信用买卖法律概念,只是仍然仅由金融担保机构参与信用买卖,并未扩大到资本市场上的任何交易者。值得关注的是,中国融资担保却并不涉及信用买卖法律概念,并且一直停留在融资担保这一过时的法律概念中,甚至近期新组建的中国银保监会为此还专门发文。但是,在中国银行间交易市场上的信用风险缓释合约(CRMA)中却成功地运用了信用(保护)买卖法律概念,并扩大到资本市场上的任何交易者,这就证实了中国也跨入了商事担保(BG)这一主体增信的第三阶段。

权益增信存在于拟制人的权益结构之中,并因权益结构而产生。在拟制人权益结构中,因收益风险不同,形成不同的权益。收益低、风险低的权益为优先级权益,收益高、风险高的权益为次级(分档)权益。在 SPT、BT 中,由于流动性原因,其权益仍然分为优先级权益和次级(分档)权益。次级(分档)权益为优先级权益进行权益增信,属于增信权益。

三、定价增信

定价增信是指增信价值构成来自标的资产或增信对象所转移出来的风险资

产所形成的价值,而不是来自增信物本身价值。定价增信主要是产品增信,包括主体增信产品和权益增信产品。

主体增信产品都是通过形式上的信用(保护)买卖,实际上的风险(资产)交易或标的资产交易,并以风险利差,或者大部分以风险中性定价模型进行增信定价,通过标准增信合约的转让流通而形成的增信产品,属于单一增信产品。主体增信产品不是以增信关系中的增信者(增信主体/担保物权)自身价值进行增信定价的,而是对标的资产或增信对象及其信用风险进行增信定价的。特别强调一下,在形成主体增信产品这个增信载体/增信基础之前,不存在可用于增信定价的、增信关系中的增信者及其价值。主体增信产品作为定价增信,是基于以下几点:①在标的资产无融资历史条件下,以标的资产基于信用等级所形式的风险利率及其风险利差作为增信定价。②以风险中性定价模型进行增信定价。③只对单一标的资产进行增信定价。CLN 是风险资产与债权资产的结合,也是主体增信产品。发行主体本来要发行的债券与标的资产之间并无关系,也不是增信者。当且仅当标的资产的风险经定价后形成风险利差并合并于发行主体所发行的债券,使其形成信用联结债券(CLN)时,CLN 才成为标的资产的增信者。当标的资产的风险经定价并转移至发行主体所发行的债券,才可称为定价增信。

权益增信产品与前述主体增信产品不同,是以设置 SPV 的不同权益结构作为增信载体,并以增信权益吸收、转移其他 SPV 权益的定价风险而进行的权益增信,并将增信权益进行产品化,比如将次级(分档)权益因流通交易而成为夹层证券、底层证券等权益的增信产品。这里的定价增信,是指 SPV 名下"资产池"通过以违约率为基础的风险定价,形成不同的权益结构。夹层证券、底层证券是对优先级证券的增信定价,底层证券是对优先级证券和夹层证券的增信定价。因此,夹层证券、底层证券都属于定价增信。有意思的是,底层证券既属于定价增信,其实也可属于身价增信。

权益增信产品与主体增信产品最主要的不同之处在于,权益增信产品不是对某一金融资产(FIS)及其发行人/融资者或者某一增信对象/标的资产进行增信,而是对在集合资产组成"资产池"基础上设置的权益进行增信。即它不仅是对优先级权益进行增信,而且是对整个"资产池"进行增信,抑或为金融机构的全部金融资产进行增信。权益增信产品主要是指 SPV 的权益增信产品。在 ABS 中,夹层证券、底层证券就是 SPV 的权益增信产品。夹层证券、底层证券的价值实际上是从优先级证券中转移出来的经定价的风险或风险资产。因此,我们可以把优先级证券视为无风险利率产品,把夹层证券、底层证券视为风险利率产品与增信产品。同理,SPV 既然可以用于对金融资产(FIS)进行权益增信,并在权益增信同时将其产品化形成权益增信产品,那么,SPV 当然也可用于对增信(风险)资产进行权益增信,并在权益增信同时将其产品化形成权益增信产品,这就是创新增信产品。

第八章

信用风险

第一节 信　　用

一、交易与信用

劳动创造价值,价值又需通过交易来反映。没有交易,就无法体现价值。因此,价值又分为使用价值(下称为"价值")和交易价值(下称为"价格")。通过交易,价值产生价格;价格是价值的反映,也是价值交易的结果。但是,价格并不等于价值,价格会因交易围绕价值波动,有时价格大于价值,有时小于价值,总的趋势是价值与价格相适应。价格是价值运动的结果,而推动价值运动的,却是交易中同时产生的信用。

在交易之前,物品只是具有使用价值,不仅不存在价格,也不存在信用。也就是说,即使物品具有使用价值,如果没有价格,也就不具有信用。因交易而发生价值运动,在价值向价格运动过程中,交易又使价值运动产生了信用,创造了信用。当信用产生后,又对价值运动起到推动作用。不同信用具有不同价格,或支撑着不同价格,不同价格又反映着不同信用;信用促使价值运动,促使价格围绕价值上下波动。可见,信用推动着、支持着价格,甚至创造着价格。在极端情况下,当物品演变成一般交易物即货币时,物品的使用价值不再被关注,物品因其货币性质而获得的极大信用,由此具有了交易价值。因此,信用就是价格,并直接可以被用来交易。

综上所述,物品本没有信用,只是在物品交易时,伴随交易而生的信用促使价值运动,从而形成价格;当物品成为一般交易物(货币)时,信用可以直接定价,价格可以反映信用,即信用就是价格。而且,信用与价格呈同向关系,信用越好,价格越高;信用越差,价格越低。

二、主体与信用

主体包括自然人和拟制人,不仅是物品的交易主体,又是物品的创造主体。物品不仅具有使用价值,是主体的劳动体现,而且也反映了主体的创造力。主体的创造力不仅反映在物品创造上,而且反映在信用创造上,即主体在交易时不仅进行交易定价,而且在交易定价时创造信用。不仅使得内在价值在交易中得以实现,而且在交易中所创造的信用推动着价值运动,这才会有交易定价,价格才能围绕着价值上下波动。因此,主体的创造力可以在交易中创造着信用,没有主体的创造力,就不会有信用。主体的创造力最终为主体获得了信用,即主体信用。而且,主体创造力越强,主体信用越好;主体创造力越弱,则主体信用越差。

另外,主体一旦拥有信用,主体信用就可以去实现并创造价值,即获得了实现并创造价值的可能性。主体信用越好,实现并创造价值的可能性越大;主体信用越坏,实现并创造价值的可能性越小。主体信用的好坏,又决定了实现并创造价值的价格空间。主体信用越好,实现并创造价值的价格越高;主体信用越差,实现并创造价值的价格越低。当然,主体信用还得在一定的交易时间、交易环境、交易市场条件下发生作用。进一步来说,主体信用又依赖于主体创造力,主体创造力又决定了主体信用的好坏。

三、主体信用与价值创造

通过交易,主体信用可以实现和创造价值。主体信用交易由来已久,从古罗马法的民事担保、民事信托到民事监护;从300年前英国有限公司(公司主体)的权益结构功能的产生,到20世纪70年代美国的金融担保(FG)产生,以及在ABS中的可以风险转移的SPV权益结构,再到创立于20世纪末盛行于21世纪初的信用保护买卖(CDS)。无论是(单一)主体信用,还是(主体)权益信用,抑或是(市场)产品信用,各种信用都为全球资本市场创造着无穷无尽的价值。

所有信用买卖都是与主体有关的。区别仅在于,如果仅仅依赖于某一主体(自然人或公司法人),既可以通过合同这个媒介形成主体以无限责任为支撑的主体信用买卖(增信主体),也可以通过合同形成以主体无限责任为基础的产品信用交易(主体增信产品)。如果通过拟制人(主体)分层分级的权益结构,自然可以形成与信用买卖具有同等意义的风险(资产)交易或转移,即由夹层证券、底层证券吸收优先级证券的信用风险,或者定价风险/风险资产,实际上就完成了不同权益之间的信用买卖。脱离了实际的某一主体信用,无论是以合约作为媒介所形成的合约产品信用买卖,还是以权益结构作为媒介所形成的权益产品信用买卖,因为买卖交易都会形成一般物的倾向特点,可使增信媒介走向增信载体,也可使合同媒介走向权益媒介,增信资产转向增信产品。可见,人类所创造的不同权益结构的拟制人,是真正实现主体信用买卖或风险资产交易的最高智慧,是价值无限的人类智慧结晶和智慧瑰宝。

四、信用概念与分类

所谓信用,是指价值实现与创造的可能性,相对于风险而言,是指价值实现与创造的确定性预期。物品(产品)本无信用,尽管有其价值;物品(产品)交易,产生交易定价,在实现价值的同时,也创造了信用。因此,产品交易会使产品趋向于一般物,从而使产品获得交易信用或市场信用,也就是产品信用,产品(市场、交易)信用又创造新价值。故而,产品信用也是价值实现或价值创造,也可以说产品信用即产品价值。交易产品脱离了自然属性,却具有市场属性,具有了一般物倾向和特点。结合前述主体信用,信用可分为主体信用和产品信用。

主体信用包括个人信用、公司信用与国家(政府)信用三大类。个人信用属于消费信用,消费金融与个体风险,与直接增信无关,但与间接增信有关,在 MBS 中有所体现。但涉及个人按揭资产的 MBS,其实不单单依赖于个人信用,还包括诸多因素,比如政府的民生政策、房产政策、抵押权益、货币发行与适当通货膨胀(CPI)政策,因此本书不再赘述。公司信用与国家(政府)信用才是本书关注的重点。

1. 公司信用

公司信用也同样是基于公司价值的实现与创造。公司价值的实现,就是公司资本金投资经营的正常目标;公司价值的创造,就是实现公司产品利润。实现与创造公司价值的实际途径在于公司创造力,包括产品所处行业,是朝阳行业还是夕阳行业,以及在这个行业中的市场占有率和细分市场的占有率。在公司产品可以达到预计利润条件下,我们应该在公司权益(资本金)基础上进行融资,加大公司融资杠杆率,提高权益资本收益率;在公司产品无法达到预计利润条件下,为了保护公司权益(资本金),就应该去产能,减少公司融资,缩小/压缩公司融资杠杆率。

由于公司资本逐利原则,加大杠杆可为公司权益带来超额利润,如果现有公司产品无法达到预计利润,就必然需要调整公司产业和公司产品,使公司产业处于朝阳产业,公司产品占据一定市场占有率。这个调整必然基于公司作为主体的创造力。主体创造力越强,融资手段越多越方便。一般来说,上市公司资本雄厚,还聚集了大量高端高薪人力资源。因此,相对而言,上市公司创造力较强。另外,人们为上市公司创造了足够的融资工具和融资途径,包括普通股增发、优先股募集、发行次级债和可转债,临时也可通过银行贷款进行融资,形成公司一般债务。由于公司信用不同,公司债务融资工具或融资途径不同,公司债务融资数量也不同。资本金小的,融资数量少,反之则多;负债率低的,融资数量多,反之则少;公司行业与产品市场地位好的,可以放大负债率,融资数量则多,反之则少;过往信用不好的,融资数量少,反之则多。

一般来说,公司一般债务主要是银行贷款(间接融资)和发行债券及其他债务融资工具(直接融资),辅之以信托融资和租赁融资。对于公司债务融资,金融机构会从以下三个方面对公司信用进行审核:公司性质(国资与私营、央企与地方国资)、资本金与负债率、公司行业与产品市场地位以及过往信用等方面。但是,非上市公司融资却并不容易,尽管公司融资也可以从公司股权和市场投资两个角度去进行。从公司股权角度看,非上市公司原来的股东担心公司权益被稀释;从市场投资角度看,非上市公司财务不透明,运作不规范,公司股权投资存在较大风险,除非公司产品具有巨大市场前景,可以吸收风险投资/天使投资的眼球,因此,在一般条件下,公司债务融资比较方便易行。非上市公司债务融资,相对来说融资金额规模小、期限短,不是金融机构关注重点。在中国,非上市公司包括央企、地方国资企业,以及地方政府融资平台公司,甚至地方政府会直接出面融资。这是中国金融机构所面临的最重大的金融资产,也是最大的金融风险。

2. 国家(政府)信用

国家(政府)信用作为一种特殊主体信用,在货币学与国际金融学中多有论述。国家(政府)信用,对内来说,涉及国债与地方政府债。国家信用与政府信用应该适用于不同领域。但在中国,国债与地方政府债不仅涉及各级政府信用,而且涉及国家信用,这是因为中国是统一中央政府,不存在不同政府机构信用与地方政府信用问题。不仅如此,中国还存在全球最庞大的国有资产体系,分为中央国有资产企业与地方国有资产企业。这些国有资产企业(法人),名义上属于各个不同政府机构和各级地方政府,当然也由各级国有资产管理委员会代为管理,因此也属于国家信用。这些国有资产企业在中国承担着巨大的经济发展责任,也形成了巨额负债,占取了中国金融资产总额的 2/3 以上。

中国 40 年来的经济发展获得了巨大成功,主要得益于"外汇长城"下的基础设施巨额投资拉动。外汇长城就是以廉价劳动力和原材料为基础的出口加工业所换取的巨额(数万亿)外汇,并通过外汇管制抵御国际外汇市场的冲击所形成的外汇屏障。基础设施巨额投资所形成的是,数百万亿元人民币的金融资产,以及近百万亿元人民币级的房地产开发市场。这不仅大大改善了中国基础设施,极大地提高了人民生活水平,而且通过投资拉动市场需求,造就了中国持续 30 多年的 GDP 高增长率,中国于 2017 年俨然成为全球第二大经济体。

中国基础设施巨额投资,主要由国有企业(包括中央国资企业和地方国资企业)、地方政府及其融资平台公司共同完成的,取得了骄人业绩。尽管如此,却由于对这些巨额风险资产缺乏有效风控方式,或者金融机构的资管模式选择不当,留下了三个百万亿元人民币级的、相互关联的不良顽症：百万亿元人民币国资债务，百万亿元人民币影子银行，百万亿元人民币超发。

五、金融资产及其制造机构

金融资产制造机构主要包括：商业银行、保险公司、信托机构、金融租赁机构等。

金融资产制造主要是指：商业银行的贷款；保险公司的保险（风险）业务；信托公司的信托融资业务；租赁公司的融资（金融）租赁业务；担保（增信）公司的增信（风险）业务。

金融资产经营主要是指：持有到期或者适当出售（包括适当时间、适当资产）。业务模式主要有批发与零售，规模经营。

金融资产管理主要包括：金融资产批发业务如保理，同业等；金融资产风险控制（资产管理）方式；风险分散业务如发行债券、其他债务融资工具；风险递延业务如保理业务、通道业务、资管（理财）产品/信托产品、单一 ABS；再保险业务和再担保业务等。

金融机构因从事上述融资业务，形成金融资产，多数为 FIS 性质的金融资产。如何对金融资产（FIS）进行管理（资管）？如何进行风险控制（风控）？风控方式或资管模式为何？什么是最为有效的风控方式或资管模式？增信与风控方式或资管模式是什么关系？这些问题是本书重点探讨的内容。

第二节　风险与信用等级

一、风险

风险与信用是"双面一体"的。一体是指信用与风险互为对立面而统一于一体，即字面上的信用风险，实际上是指主体及其产品之信用风险；双面即信用与风险互为对立面而形成的两个方面。信用以风险为对立面，信用代表了信用风险，或者主体及其产品信用风险的正面表达；风险也以信用为对立面，风险代表了信用风险，或者主体及其产品信用风险的负面表达。其一，一定（等级）的信用也反映了一定（等级）的风险，信用风险则在信用等级中得到完整表达。其二，信用利率也可表达为风险利率；只要风险利率减去无风险利率，这个风险利差也叫信用利差。其三,当表述信用买卖时,一定存在风险转移或者风险(资产)交易。

因此,所谓风险,与信用相对而言,是指价值实现与创造的不确定性预期。与信用一样,风险可以分为主体风险与产品风险。主体风险表示着资本金及其资产规模、负债率、营业额、利润率、所在行业、细分市场、市场占有率,最终归为信用等级。产品风险又分为合同产品风险与权益产品风险。权益产品风险包括制度(规则)风险、交易(定价)风险和观念(偏执)风险等。合同产品风险是除权益产品风险外的所有风险,以及兑付风险。

二、主体风险

如前所述,主体风险既是融资者的风险,又是金融资产(FIS)的风险。金融资产(FIS)包括银行贷款、信托融资、租赁融资、发行债券及其他债务融资工具。对融资者来说,金融资产的风险在于承担无限责任,如果公司运行困难,可能倒闭破产;对金融机构来说,金融资产的风险在于融资者的主体风险。为了实现对金融资产进行有效的风险控制或资产管理,国际上目前主要有三个风控方式或资管模式:风险递延、风险对冲(风险规避)与风险转移。

三、产品风险

除了商品期货与指数产品,金融产品主要为权益产品(Equity Product,EP)与固定收益产品(FIS)。权益产品包括公司股票(普通股)、优先股、可转债、基金份额、ABS 底层证券等,权益产品是市场信用支持的金融产品,无须关于信用等级的信用评估。FIS 包括银行贷款、债券、次级债及其债务融资工具、信托产品、资管产品和单一 ABS 等,债性产品乃是主体信用支持的金融产品,金融机构仍然受制于这些 FIS 的发行人或融资者的信用风险。FIS 的发行人或融资者的信用风险承担无限责任,也叫兑付风险,这个主体风险需要关于信用等级的信用评估。据此,对于主体风险没有转移的、仅为风险递延的 FIS,如信托产品、资管产品和单一 ABS等,对于金融机构的监管仍需按照穿透监管原则进行,如风险拨备与出表限制。

四、信用风险及其符号

信用等级(Credit Rating)也有称质量等级(Quality Rating)。有人认为,信用等级是指基于评估对象的信用、品质、偿债能力和资本等指标级别,即信用评级机构用既定的符号来标识主体或债券未来偿还债务能力及偿债意愿可能性的级别

结果。信用等级分类体系,有的采用5级,大多采用8等18级。有的信用等级用
A、B、C、D、E 或特、一、二、三、四级表示,有的用 AAA、AA、A、BBB、BB、
B、CCC、CC、C 表示,也有的用 prime1、prime2、prime3、Not prime 表示。图表
8.1 是国际三大著名信评机构的符号。

图表8.1   标准普尔、穆迪、惠誉国际的信用等级符号

标准普尔		穆迪		惠誉国际	
长期债	短期债	长期债	短期债	长期债	短期债
AAA	A－1＋	Aaa	P－1	AAA	F1＋
AA＋	A－1＋	Aa1	P－1	AA＋	F1＋
AA	A－1＋	Aa2	P－1	AA	F1＋
AA－	A－1＋	Aa3	P－1	AA－	F1＋
A＋	A－1	A1	P－1	A＋	F1＋
A	A－1	A2	P－1	A	F1
A－	A－2	A3	P－2	A－	F1
BBB＋	A－2	Baa1	P－2	BBB＋	F2
BBB	A－2/A－3	Baa2	P－2/P－3	BBB	F2
BBB－	A－3	Baa3	P－3	BBB－	F2/F3
BB＋	B	Ba1		BB＋	F3
BB	B	Ba2		BB	B
BB－	B	Ba3		BB－	B
B＋	B	B1		B＋	B
B	B	B2		B	C
B－	B	B3		B－	C
CCC＋	C	Caa1		CCC＋	C
CCC	C	Caa2		CCC	C

一般来说,长期债务时间长,影响面广,信用波动大,采用级别较宽,通常分为

9级;而短期债务时间短,信用波动小,级别较窄,一般分为4级。在国际上还有一种惯例,即一国企业发行外币债券的信用等级要以所在国家主权信用等级为上限,不得超过。

中国信评机构的信评体系与国际著名三大信评机构的信评体系不同,信用等级至少要低4个等级,这个说法不仅可从中国国债的A+评级上,而且可从本章第四节的中国有关利差数据中得到证实。为此,国际三大信评机构之一穆迪信评机构认可中国式的市场隐含评级法(Implied Market Evaluate, IME),即以中国实际存在的信用利差/风险利差作为信用评估(Credit Evaluate, CE,下称"信评")的方法。由信用利差来反映FIS内在信用风险,并反映信用等级的信评方法应该是一种市场化的信评方法。

各个信评机构的信评体系所对应的信用等级都有各自创建的信评基础,各个信评体系相互之间有着相互对应的信用等级关系,有所同也有所不同。因此,首先,要使增信机构与增信对象都应适用同一信评体系;其次,再在同一个信评体系中选择参考两个或多个信评机构的信评结果,否则,不同信评机构的信评体系中的信用等级会有所不同,信用等级的标准会因此产生混乱而失去信评效果。

五、不同评级

增信载体的信用等级,不但要从增信机构与增信产品两个方面去了解,更要把重点放在增信机构的信用等级上。而增信产品在整个增信期间,却无需信评机构给予其信用等级。因此,增信产品在理论上应该具有最高的信用等级。

增信机构的信用等级,在开展增信业务前,已经由信评机构评估确定,并且在1年期限内不会有很大变化,除非产生突发信用事件或信用等级被下调。增信机构的信用等级最初来自其资本金。俗话说:"机构信用是用资金堆出来的。"一般来说,资本金越大,信用等级越高,但资本金到一定额度后,信用等级就达到最高。从理论上讲,增信机构信用等级越高,如果增信对象的信用等级不变,那么,信用利差就越大,增信收益也就越大。因此,创设最高信用等级(3A)的增信机构,应该是开展增信业务的初衷,也是努力追求的目标。设计并维护增信机构的最高信用等级,应该是增信管理的基本需求。

但是,资本金的大小并不自动形成信用等级的高低,资本金只是信评机构评估的主要因素之一。美国20世纪70年代信评机构对资本金为3.75亿美元以上的冠以各种名目的债保公司,均给予3A信用等级,美国四大(原来五大)债保机构都是3A信用等级。新加坡主体基金下属担保机构Asia Co.却只有A+信等。

中国各个信评机构大概以资本金 40 亿元人民币以上的资本机构为 3A(中国信评机构的信用等级),比如新型增信机构最小资本金为 40 亿元人民币,CRM 创设机构最低资本金亦为 40 亿元人民币。但是,中国这些新型增信机构如以国际著名三大信评机构的标准进行评级,估计只能是 A 或 A - 这个信用等级。

增信机构在开展增信业务时,对于 FIS 及其发行人/融资者来说,过去一直存在且已形成信用历史数据的,其信用等级可首先由信评机构评估确定;其次再根据信评机构初步评估确定的信用等级,市场投资者会根据现有市场利率给予一个信用利差范围,在发行时再确定 FIS 发行利率;最后根据无风险利率确定 FIS 信用利差。对于过去未曾有过的产业中的 FIS 及其发行人,可以参照相关行业的财务数据来确定其信用等级,然后再确定信用利差。当然,增信机构也可以风险中性的数学模型进行定价。一般来说,可以成为增信对象的,都是信用等级在投资级 3B 以上信用等级(相当于中国信评机构的 2A - 以上)的 FIS 及其发行人/融资者。但是,有些增信机构只对 3A 信用等级的 FIS 及其发行人/融资者进行增信。因此,FIS 及其发行人/融资者的信用等级在投资级 3B 以下信用等级的,一般来说是无法获得增信的。

第三节　信用等级与信用利差

一、信用利差

信用利差(Credit Spread)也称质量利差(Quality Spread),是指除了信用等级不同,其他所有方面都相同的两种 FIS 收益率之间的差额,代表了仅仅用于补偿信用风险而增加的收益率。有人认为,信用利差是用以向投资者补偿基础资产违约风险的、高于无风险利率的利差。信用利差计算公式是:信用利差 = 贷款或证券收益 - 相应的无风险利率的收益。

无风险利率是对机会成本及风险的补偿,其中对机会成本的补偿称为无风险利率。从专业角度讲,无风险利率是对无信用风险和市场风险资产的投资,是指到期日期等于投资期的国债利率。有人认为,无风险利率是指将资金投资于某一项没有任何风险的投资对象而能得到的利息率(这是一种理想的投资收益,一般受基准利率影响)。但也有人认为,无风险利率是其他一切利率和资产价格的基础。

在现代货币体系下,中央银行一般通过直接或者间接影响无风险利率来实现其宏观调控目标。金融危机之前,美联储的政策工具——联邦基金利率是同业隔夜拆借利率。美联储根据经济形势直接设定联邦基金目标利率,并通过公开市场操作确保实际利率在目标利率水平附近。而中国人民银行则通过直接设定银行存贷款基准利率,以及通过准备金率和公开市场操作影响市场资金面,从而影响无风险利率水平。

信用利差就是无风险利率与风险利率之差。假设国债及其发行人财政部的信用等级是最高的(3A),短期国债收益率应该为无风险利率1.1%/年。如果某企业债券的信用等级是2A+,发行(风险)利率为1.7%/年。那么,企业债券的信用利差为0.6%。影响信用利差的市场因素很多,不仅仅包括信用等级或违约率,还包括银行利率和货币政策等。目前全球处在低利率时代,一些低信用等级(3B)信用利差非常小,差不多与利率正常时期2A的信用利差相当接近。

在其他因素不变的条件下,相同的信用等级,信用利差应该是相同的。但是,在实践中,即使相同的信用等级也有所区别。在大多数情况下,即使信用等级相同,信用利差也有些许差别。相同的信用等级,在不同时期,信用利差可能是不同的。不同信用等级的增信机构因增信所产生的信等差是不同的,导致信用利差的不同。如果增信载体不是最高信用等级,便因增信载体与增信对象的信等差产生信用利差;如果增信载体是最高信用等级,那么根据增信对象的信用等级可推知信用利差。

同理,我们应该对"假性信用利差"予以关注。所谓"假性信用利差",就是指不以市场信用,而是以国家信用为基础的FIS市场,刚性兑付盛行,在FIS市场上仍然存在信用利差。形成这种信用利差,既不是基于市场信用,也不是基于违约率,而是根据货币政策、货币存量等因素形成的,是国家信用通过"挤出效应"所产生的剩余价值在各个行业、金融产品之间进行利率分配。"假性信用利差"不仅对于深刻认识违约率与信用利差的关系有着不可忽视的作用,而且对于认识增信产品的生存空间也极具意义。目前,中国在形式上已经实行了利率市场化改革,但是,利率支撑体系还需进一步改革,即信用改革已经迫在眉睫,中国监管机构已经没有多大选择,否则将会丧失良机,再一次发生轮回。正如中国经济改革实践者、倡导者刘鹤先生所言,中国目前面临的已经不是金融体制改革问题,而是对金融体制支撑能力的改革问题。信用改革与货币市场化之间有着密不可分的关系,信用改革将打开货币市场化的大门,可以真正深化利率市场化改革。

二、相互关系

信用利差与信用等级是反向关系。无论是对于增信机构,还是对于增信对象,信用等级越高,信用利差越低;信用等级越低,信用利差越高。比如,3A信用等级的信用利差平均值为0.2%,2A范围内信用等级的信用利差平均值为1%,1A范围内信用等级的信用利差平均值为2%~3.5%。信用利差与违约率却是正向关系。信用利差越大,违约率越高;信用利差越小,违约率越低。根据大数定理,信用利差与违约率在一定信用历史数据或增信量条件下,信用利差与违约率应趋于相同。如果FIS信用利差高于5%,应该存在与5%利率相适应的违约率;如果FIS信用利差低于2%,应该存在与2%利率相适应的违约率。可见,信用利差是基于违约率产生的,又通过信用等级来表达;违约率虽然是基础,却在企业评估上反映为信用等级,在利率市场上表现为信用利差。因此,著名学者Das于1998年提出,CDS价值不直接受信用利差影响,只受违约率所影响。违约率和信用利差相关,信用利差并不直接影响CDS价值。当然,毋庸置疑,信用利差对CDS价格却是产生重大影响的。

增信,望文生义,即高信用等级的增信载体为较低信用等级的增信对象进行增信,两者存在一个信等差。如果增信对象的信用等级不变,增信载体的信用等级越高,信等差越大;如果增信载体的信用等级不变,增信对象的信用等级越低,信等差越大。因此,追求信等差,既是增信载体的顶层设计,又是初级阶段设立增信机构的必然。例如,美国20世纪70年代初以开展金融担保(FG)名义设立的3A信用等级的债保公司,大部分都是为了追求这个信等差。信等差因出租、出售信用所形成的利差,成为增信定价。如此增信定价,又使金融担保(FG)成为从民事担保走向商事担保,走进增信大门的极为重要的一步。因此,掌握信评标准的信评机构对信用等级的评定就起到了根本性作用,这样也解释了美国国会为什么早在20世纪70年代就把信评标准作为国家标准而专门制定法规,从而从顶层设计的信评规则上控制资本市场上FIS的发行交易与发展演变。

正因为如此,作为增信事业开创者,金融担保的五大债保机构在美国三大信评机构特殊关照下取得了3A信用等级,并因此利用信等差获得最大的增信收益。如前所述,民事担保作为行为转移信用风险却无法定价,只能是按行业规则或潜规则定价,即行业定价。但是,金融担保(FG)所形成的信等差,简单地说,也是行业定价。但是,这个行业定价与民事担保的行业定价不同,却是基于信等差。当然,这个信等差并非真正来自违约率的历史数据,而是形式上的信等差,是美国三大信评机构所给予的信等差。基于担保行为、行业定价、形式上信等差的金融担保(FG),在风险可控的增信对象(地方政府债、市政债)配合下,直到20世纪末的30年里,不仅取得了巨大的增信收益,而且从未发生过真正的违约事件或偿付纪录。

但是,随着信用风险随机概率化的金融产品(FIS)的大量涌现,不仅从事金融担保(FG)的金融机构的资本金难以支撑这种规模化发展的 FIS 市场,而且这种市场化的 FIS 信用风险难以控制,美国五大专业债保机构中有的已经中枪躺倒,维护不了 3A 信用等级。这样,如果专业债保机构仍然仅以形式上的信等差去获取增信收益,看来已经没有任何机会了。于是,既符合市场化 FIS 这种随机概率化的信用风险,又不再追求形式上信等差的增信产品便应运而生。

三、增信收益(增信定价)

在风险可控的增信对象(如地方政府债、市政债)基础上,金融担保(FG)把形式信等差作为行业定价或者增信定价。随着市场化的 FIS 和随机概率化信用风险的出现,形式信等差就失去了作为增信收益(增信定价)的依据作用;否则,从事金融担保(FG)的金融机构犹如赌徒带着有限资本金,并在有限时间里与赌场博弈,结果不得而知。为了解决信用风险的随机概率化问题,CDS 定价开始了名义上的信用(保护)买卖,实际上的风险(资产)交易作为定价基础。

CDS 以所谓"信用互换"的名义实施"风险交易"。信用保护卖方(增信机构)出售其信用给信用保护买方而收取信用保护费用(增信收益),当标的资产(增信对象)发生信用违约时,由信用保护卖方补偿信用保护买方的损失。这个信用保护费用就是 CDS 定价,也就是所谓以违约率为基础的 CDS 定价。由于信用保护买方不仅与信用保护卖方不存在信用等级高低问题,而且与信用保护标的也不存在信等差问题。因此,形式上的信等差无法成为 CDS 定价基础。另外,作为单纯信用,信用保护卖方也是无法定价出售的。如果信用保护卖方的信用作为风险利率,依据无风险利率所形成信用利差,这种信用利差却是信用保护卖方的,与标的资产无关。即使有关,这种信用利差也许比信用保护标的的信用利差更大,可能产生负利差,那就无法产生增信收益,因此也无法成为 CDS 的定价。所以,以标的资产违约率为基础的信用利差作为 CDS 定价,是一个正确的选择。而所谓标的资产违约率,大部分又以风险中性定价模型作为定价基础。

所谓 CDS 中的"信用互换"概念,不仅仅在于避免行业监管、避免交易税收,而且在于概念的强制性规定,却与实际状况相差甚远。也就是说,CDS 根本不是信用(保护)卖方"出售""出租"信用。这不仅仅因为单纯信用是无法"出售""出租"的,而且信用(保护)卖方的信用利差也无法与标的资产的信用利差互换。实质是,信用(保护)卖方买入的正是标的资产的信用风险。标的资产持有人即信用(保护)买方,则是卖出这个风险资产。可见,CDS 中的实际买卖角色和形式买卖关系是颠倒的,并不是如其 CDS 合约表面所表达的买卖角色和买卖关系。同时,为了避免标的资产发生根本的信用风险,即信用违约,CDS 将这个信用风险改为信用事件序列。以信用违约作为垫底的信用事件,就使 RR 成为 CDS 定价的重要因素。这样,信用保护卖方通过交易就可以在信用利差范围内实现套利交易,信用保护买方通过交易就可以在信用利差范围内套期保值。

正是因为如此,CDS 的最大风险之一——"交易对手风险",就来自这种颠倒的买卖角色与买卖关系。现在 ISDA 的所谓 CDS 清算中心改革和中国的权证化改革,其实就是回归交易本源,即风险(资产)买卖。但是,前述 CDS 改革方案不愿意改变 CDS 的买卖角色和买卖关系,只不过不断地进行小修小补,把所谓交易对手风险转移给 CDS 清算中心,由 CDS 清算中心再面对每个交易对手。其实,以 CDS 清算中心面对每个交易对手的这种交易结构,实际上改变了信用(保护)买卖所形成的买卖角色和买卖关系,形成了风险(资产)交易的买卖角色和买卖关系,只是目前 CDS 改革不愿从根本上改变买卖角色和买卖关系,以维护既得利益集团的垄断利益。

第四节　中国 FIS 利率(差)大数据

一、2005—2014 年各信用等级 FIS 利率

以同期国债收益率为无风险利率,其他各信用等级、各期限 FIS 利率为风险利率,在商业银行贷款利率变化条件下,统计各个 FIS 的利率走向。

1. 同期不同品种,不同信用等级的 FIS 利率

(1) 2~3 年期限 FIS 利率如图表 8.2 所示。

(2) 4~5 年期限 FIS 利率如图表 8.3 所示。

(3) 7~10 年期限 FIS 利率如图表 8.4 所示

2. 同信用等级,不同期、不同品种 FIS 利率

(1) 3A 信用等级 FIS 利率如图表 8.5 所示。

(2) 2A + 信用等级 FIS 利率如图表 8.6 所示。

(3) 2A 信用等级 FIS 利率如图表 8.7 所示。

图表 8.2

2～3 年期限 FIS 利率率表（2005—2014 年）

FIS\年度	2005	2005	2006	2006	2007	2007	2008	2008	2009	2009	2010	2010	2011	2011	2012	2012	2013	2013	2014	2014
银行贷款	5.76		6.03	6.30	6.57	7.56	7.29	5.40	5.40		5.60	5.85	6.10	6.65	6.40	6.15	6.15		6.15	6.00
国债	1.84	3.24	2.19	2.50	2.41	4.04	1.54	3.97	1.64	2.49	2.32	2.48	2.91	3.88	2.48	3.14	3.02	4.38	3.30	4.21
政行债	2.04	3.38	2.46	3.05	2.93	4.60	2.18	4.82	1.80	2.75	2.68	2.85	3.43	4.61	3.38	3.87	3.67	5.03	4.24	5.55
商行债（3A）	2.14	2.59	2.83		3.58	3.67	5.26								4.75		4.20	4.65	5.99	
企业债（3A）															5.90	6.90	4.90	5.35	5.80	6.00
ABS（3A）	3.57		2.95	4.15																7.00
商行债（2A+）									3.65						4.10	4.40	4.30			
企业债（2A+）																	5.10			
ABS（2A+）																			5.95	8.40
企业债（2A）																	5.40	6.50	5.95	
定向工具（AAA）													5.06	6.27	5.08	5.74	4.88	6.81	5.21	7.14
定向工具（AA+）													6.02	6.46	5.60	6.20	5.51	7.53	5.91	7.60
定向工具（AA-）															6.00	7.80	6.06	8.38	7.47	8.50
定向工具（AA）															6.24	6.56	6.04	7.89	6.54	8.20
中期票据（AAA）							3.44	5.30	1.15	4.18	3.38	4.18	3.67	6.43	4.40	7.50	4.83	7.50	4.62	6.30
中期票据（AA+）									3.02	4.65	2.39	6.00	3.10	6.67	4.34	6.52	4.74	8.00	4.99	7.03
中期票据（AA-）													5.50	8.47	6.02	8.50	6.03	8.30	7.50	8.80
中期票据（AA）									3.38	5.05	1.95	4.94	4.72	7.20	5.12	6.79	5.04	7.50	5.77	7.99

图表 8.3

4～5 年期限 FIS 利率表（2005—2014 年）

FIS\年度	2005	2005	2006	2007	2008	2009	2010	2011	2012	2013	2014	2010	2011	2012	2013	2014	2014
银行贷款	5.85		6.12	6.48	6.75	7.56	5.76	5.96	6.22	6.45	6.90	6.65	6.40	6.40	6.00		
国债	2.22	3.68	2.44	2.68	2.60	1.98	2.02	3.10	2.54	3.56	3.08	2.83	3.28	3.13	3.43	4.37	
政府债	2.70	4.13	2.88	3.19	3.50	4.78	2.04	1.95	3.75	2.99	3.98	3.53	4.64	3.69	4.08	3.88	4.34	5.53
商行债 (3A)	2.56		2.98	3.45	3.78	4.75	5.39			5.20						5.10	
企业债 (3A)		3.76					5.70	5.00	6.10	4.60	6.62	5.00	6.90	5.46	5.00	5.63	5.10	6.55	6.51
ABS (3A)		3.77	4.00												5.43	5.00	5.46	6.55	7.075
商行债 (2A+)						3.17			4.30	4.55	4.50				5.00	5.43	5.70
企业债 (2A+)							5.65	7.37	5.86	6.60	5.37	8.50	5.96	6.35	8.50	5.96	7.31
资产证券化 (2A+)														7.50	7.50	9.20	
企业债 (2A)									5.19	5.19	5.88	7.31	5.48	8.50		
公司债(AAA)							5.00	5.60	4.60	6.62	5.00	5.10	6.51			
公司债(AA+)							6.90	6.90	5.86	6.60	5.37	8.50	6.35	7.31		
公司债(AA)									5.19	5.19	5.88	7.31	5.48	8.50		
定向工具 (AAA)							5.36	6.10	5.24	6.07	5.35	6.98	5.68	7.50		
定向工具 (AA+)									6.45	7.50	5.75	8.90	6.08	8.23		
定向工具 (AA-)									7.00	7.00	7.55	7.80				
定向工具 (AA)									6.75	7.00	6.70	7.55	6.09	6.97	6.00	
中期票据 (AAA)				3.94	5.50	2.20	3.26	4.95	5.97	4.36	5.27	6.09	6.54	5.11	6.00	8.37
中期票据 (AA+)						4.06	2.05	5.36	6.62	4.89	5.69	5.06	6.35	5.11	6.48
中期票据 (AA-)							6.75	7.99	5.59	8.00	6.70	8.00	5.41	6.99	
中期票据 (AA)	2.56			5.39		2.03	5.32	2.00	5.90	4.93	7.49	5.40	6.51	5.58	5.91	8.39

图表 8.4

7～10 年期限 FIS 利率表（2005—2014 年）

FIS年度	2005	2005	2006	2006	2007	2007	2008	2008	2009	2009	2010	2010	2011	2011	2012	2012	2013	2013	2014	2014
银行贷款	6.12		6.39	6.84	6.84	7.83	7.83	5.94	5.94		5.94	6.40	6.40	7.05	7.05	6.55	6.55		6.55	6.15
国债	4.40		2.80	2.92	3.40	4.49	2.90	4.41	2.76	3.68	2.76	3.70	3.57	3.99	3.14	3.55	3.29	4.08	3.70	4.44
政府债	3.01	3.42	2.83	3.18	3.82	5.07	3.29	4.89	3.50	4.04	3.21	4.00	3.74	5.06	3.84	4.40	4.07	5.03	4.45	5.80
商行债（3A）	2.70	2.81	2.80	3.44	3.60	5.07	4.28	4.80	3.47	3.73	2.84	3.74	3.49	5.22	3.84	4.70	4.38			
企业债（3A）	4.22	5.05	3.73	4.35	4.05	6.15	5.35	6.45	3.88	5.15	4.13	5.29	5.25	6.10	4.85	5.40	5.13	5.98	4.80	6.75
企业债（2A+）					5.38		5.05	5.98	4.78	7.50	5.05	6.28	6.47	8.38	5.38	7.69	5.88	7.10	7.30	7.70
资产证券化（2A+）																			7.10	
企业债（2A）					4.50		6.34	7.50	5.76	8.10	5.20	7.10	6.17	8.26	6.98	8.25	5.90	6.98	6.35	8.99
公司债（AAA）					4.05	6.15	4.26	6.57	3.88	5.10	4.14	5.27	5.25	6.38	4.56	6.55	5.08	7.95	4.80	7.51
公司债（AA+）					5.38	5.38	5.05	5.95	4.68	7.25	4.90	6.45	5.96	7.87	6.23	8.30	5.87	8.25	5.35	8.67
公司债（AA）					4.50	4.50	7.50	7.50	5.06	8.10	4.95	7.20	6.57	8.21	6.66	8.36	6.16	8.33	5.96	8.78
定向工具（AAA）																6.50		6.50		6.84
中期票据（AAA）										3.95	5.2	2.23	4.06	6.18	4.80	5.63	5.00	5.63	5.00	6.65
中期票据（AA+）													3.60	7.20	5.00	7.03	5.10	6.40	5.40	7.25
中期票据（AA）													2.56	6.27	6.65	6.50	6.50	8.10	6.29	8.75

图表 8.5

(3A) FIS 利率表（2005—2014 年）

FIS年度	2005	2005	2006	2006	2007	2007	2008	2008	2009	2009	2010	2010	2011	2011	2012	2012	2013	2013	2014	2014
2~3年期																				
银行贷款	5.76		6.03	6.30	6.57	7.56	7.29	5.40	5.40		5.60	5.85	6.10	6.65	6.40	6.15	6.15		6.15	6.00
国债	1.84	3.24	2.19	2.50	2.41	4.04	1.54	3.97	1.64	2.49	2.32	2.48	2.91	3.88	2.48	3.14	3.02	4.38	3.30	4.21
政行债	2.04	3.38	2.46	3.05	2.93	4.60	2.18	4.82	1.80	2.75	2.68	2.85	3.43	4.61	3.38	3.87	3.67	5.03	4.24	5.55
商行债(3A)	2.14	2.59	2.83		3.58	3.67	5.26								4.75		4.20	4.65		
企业债(3A)	2.59		2.95	4.15													5.35		5.99	6.00
ABS (3A)	3.57																4.90	5.35	5.80	7.00
定向工具(3A)											5.06	6.27	5.08	5.74			4.88	6.81	5.21	7.14
中期票据(3A)							3.44	5.30	0.00	4.18	3.38	4.18	3.67	6.43	4.40	7.50	4.83	7.50	4.62	6.30
4~5年期																				
银行贷款	5.85		6.12	6.48	6.75	7.74	7.56	5.76	5.76		5.96	6.22	6.45	6.90	6.65	6.40	6.40		6.00	
国债	2.22	3.68	2.44	2.68	2.60	4.25	1.98	4.50	2.02	3.10	2.54	3.56	3.08	3.88	3.28	3.28	3.13	4.43	3.43	4.37
政行债	2.70	4.13	2.88	3.19	3.50	4.78	2.04	4.96	1.95	3.75	2.99	3.98	3.53	4.64	3.69	4.08	3.88	5.23	4.34	5.53
商行债(3A)	2.56		2.98	3.45	3.78	4.75	5.39						4.20		4.25	4.39	4.30	5.20	4.34	
企业债(3A)	3.76										5.70		5.00	6.10	4.60	6.62	5.00		5.10	6.51
ABS (3A)			3.77	4.00											6.00	6.90	5.46	5.63	6.55	7.08
公司债(3A)													5.00	5.60	4.60	6.62	5.00	5.00	5.10	6.51
定向工具(3A)													5.36	6.10	6.07	5.35	5.35	6.98	5.68	7.50
中期票据(3A)							3.94	5.50	2.20	4.73	3.26	5.11	4.95	5.97	4.36	5.27	4.64	6.54	5.11	6.48
7~10年期																				
银行贷款	6.12		6.39	6.84	6.84	7.83	7.83	5.94	5.94		5.94	6.40	6.40	7.05	7.05	6.55	6.55		6.55	6.15
国债	4.40		2.80	2.92	3.40	4.49	2.90	4.41	2.76	3.68	2.76	3.70	3.57	3.99	3.14	3.55	3.29	4.08	3.70	4.44
政行债	3.01	3.42	2.83	3.18	3.82	5.07	3.29	4.89	3.50	4.04	3.21	4.00	3.74	5.06	3.84	4.40	4.07	5.03	4.45	5.80
商行债(3A)	2.70	2.81	2.80	3.44	3.60	5.07	4.28	4.80	3.47	3.73	2.84	3.74	3.49	5.22	3.84	4.70	4.38	4.38	4.80	6.75
企业债(3A)	4.22	5.05	3.73	4.35	4.05	6.15	5.35	6.45	3.88	5.15	4.13	5.29	5.25	6.10	4.85	5.40	5.13	5.98	4.80	7.51
公司债(3A)					4.05	6.15	4.26	6.57	3.88	5.10	4.14	5.27	5.25	6.38	4.56	6.55	5.08	7.95	5.60	6.84
定向工具(3A)																	6.50	6.50	5.60	6.84
中期票据(3A)									3.95	5.20	2.23	5.20	4.06	6.18	4.80	5.63	5.00	5.63	5.00	6.65

图表 8.6

(2A+) FIS 利率表（2005—2014 年）

FIS\年度	2005	2005	2006	2006	2007	2007	2008	2008	2009	2009	2010	2010	2011	2011	2012	2012	2013	2013	2014	2014
2~3年期																				
银行贷款	5.76		6.03	6.30	6.57	7.56	7.29	5.40	5.40		5.60	5.85	6.10	6.65	6.40	6.15	6.15		6.15	6.00
国债	1.84	3.24	2.19	2.50	2.41	4.04	1.54	3.97	1.64	2.49	2.32	2.48	2.91	3.88	2.48	3.14	3.02	4.38	3.30	4.21
商行债(2A+)									3.65						4.10	4.40	4.30			
企业债(2A+)																	5.10			
ABS (2A+)																			5.95	8.40
公司债(2A+)																				
定向工具(2A+)											6.02		6.46		5.60	6.20	5.51	7.53	5.91	7.60
中期票据(2A+)										4.65	2.39		3.10	6.67	4.34	6.52	4.74	8.00	4.99	7.03
4~5年期																				
银行贷款	5.85		6.12	6.48	6.75	7.74	7.56	5.76	5.76		5.96	6.22	6.45	6.90	6.65	6.40	6.40		6.00	
国债	2.22	3.68	2.44	2.68	2.60	4.25	1.98	4.50	2.02	3.10	2.54	3.56	3.08	3.88	2.83	3.28	3.13	4.43	3.43	4.37
商行债(2A+)									3.17						4.30	4.55	4.50	5.00	5.43	5.70
企业债(2A+)					5.38		5.05		4.78		5.05	6.28	6.47	8.38	5.38	7.69	5.88	7.10	7.30	7.70
资产证券化(2A+)													5.65	7.37	5.86	6.60	5.37	8.50	5.96	9.20
公司债(2A+)													6.90		6.60	7.50	5.75	8.90	6.35	7.31
定向工具(2A+)													6.45		5.69		5.75		6.08	8.23
中期票据(2A+)										5.40	2.05		5.36	6.62	4.89	5.69	5.06	8.00	5.41	6.99
7~10年期																				
银行贷款	6.12		6.39	6.84	6.84	7.83	7.83	5.94	5.94		5.94	6.40	6.40	7.05	7.05	6.55	6.55		6.55	6.15
国债	4.40		2.80	2.92	3.40	4.49	2.90	4.41	2.76	3.68	2.76	3.70	3.57	3.99	3.14	3.55	3.29	4.08	3.70	4.44
企业债(2A+)					5.38		5.98		4.78		5.05	6.28	6.47	8.38	5.38	7.69	5.88	7.10	7.30	7.70
资产证券化(2A+)																	7.10			
公司债(2A+)													5.96		6.23	8.30	5.87	8.25	5.35	8.67
定向工具(2A+)													7.20		6.30	7.35			7.30	7.30
中期票据(2A+)											1.75	4.78	3.60	7.20	5.00	7.03	5.10	6.40	5.40	7.25

图表 8.7

(2A) FIS 利率表（2005—2014 年）

FIS\年度	2005	2006	2007	2008	2009	2009	2010	2010	2011	2011	2012	2012	2013	2013	2014	2014
2~3年期																
银行贷款	5.76	6.03	6.30	6.57	7.56	5.40	5.60	5.85	6.10	6.65	6.40	6.15	6.15		6.15	6.00
国债	1.84	2.19	2.50	2.41	1.54	1.64	2.32	2.48	2.91	3.88	2.48	3.14	3.02	3.30	4.38	4.21
企业债 (2A)													5.40	6.50	5.95	
定向工具 (2A)											6.24	6.56	6.04	7.89	6.54	8.20
中期票据 (2A)					3.38	5.05	1.95	4.94	4.72	7.20	5.12	6.79	5.04	7.50	5.77	7.99
4~5年期																
银行贷款	5.85	6.12	6.48	6.75	7.56	5.76	5.96	6.22	6.45	6.90	6.65	6.40	6.40		6.00	6.15
国债	2.22	2.44	2.68	2.60	4.25	1.98	2.02	2.54	3.56	3.08	3.88	2.83	3.28	3.13	3.43	4.37
企业债 (2A)			4.50	6.34							5.19		5.88	7.31	5.48	8.50
公司债 (2A)			4.50	7.50							5.19	5.19	5.88	7.31	5.48	8.50
定向工具 (2A)											6.70	7.50	6.09	6.97	6.00	8.37
中期票据 (2A)					2.03	5.32	2.00	5.90	4.93	7.49	5.40	6.51	5.58	7.97	5.91	8.39
7~10年期																
银行贷款	6.12	6.39	6.84	6.84	7.83	5.94	5.94	6.40	7.05	7.05	7.05	6.55	6.55		6.55	6.15
国债	4.40	2.80	2.92	3.40	4.49	2.90	2.76	2.76	3.70	3.57	3.99	3.14	3.55	3.29	4.08	4.44
企业债 (2A)			4.50	6.34			5.20	7.10	6.17	8.26	6.98	8.25	5.90	6.98	6.35	8.99
公司债 (2A)			4.50	7.50	5.06	8.10	4.95	7.20	6.57	8.21	6.66	8.36	6.16	8.33	5.96	8.78
中期票据 (2A)									2.56	6.27	6.65	5.40	6.51	6.50	8.10	8.75

二、2005—2014 年各信用等级 FIS 利差

通过确定不同期限、不同信用等级、不同品种 FIS 的利差均值,可以确定同期国债收益率(无风险利率),与其他各信用等级 FIS 利率(风险利率)的风险利差,即信用利差。这个信用利差区间,需要根据历史上的风险利差走势,商业银行贷款利率、资金宽松/偏紧政策的影响,以及利率市场交换成本等因素来决定。

从不同角度统计出同期国债收益率,与其他各个信用等级、各个品种 FIS 利率的利差,以求得目前为止的不同期限、不同信用等级、不同品种 FIS 的利差均值,为确定信用利差提供基础数据。

1. 各信用等级 FIS 与国债同期信用利差

(1) 3A 信用等级 FIS 与国债信用利差见图表 8.8。

(2) 2A + 信用等级 FIS 与国债信用利差见图表 8.9。

(3) 2A 信用等级 FIS 与国债信用利差见图表 8.10。

2. 同期但不同信用等级 FIS 与国债信用利差

(1) 2~3 年期限 FIS 与国债信用利差见图表 8.11。

(2) 4~5 年期限 FIS 与国债信用利差见图表 8.12。

(3) 7~10 年期限 FIS 与国债信用利差见图表 8.13。

图表 8.8

(3A) 国债利差表(2005—2014 年)

FIS\年度	2005	2005	2006	2006	2007	2007	2008	2009	2009	2010	2010	2011	2011	2012	2012	2013	2013	2014	2014
2~3年期																			
银行贷款	5.76		6.03	6.30	6.57	7.56	7.29	5.40	5.40	5.60	5.85	6.10	6.65	6.40	6.15	6.15	6.15	6.15	6.00
政府债2~3年期利差范围	0.09	0.39	0.22	0.64	0.16	0.70	0.50	0.16	0.45	0.36	0.42	0.31	0.81	0.58	1.16	0.41	0.88	0.73	1.45
政府债2~3年期平均利差	0.21		0.48		0.44		0.75	0.29		0.38		0.55		0.81		0.66		1.05	
政府债2~3年期简单均值										0.55									
商行债2~3年期																			
商行债2~3年期利差范围	0.19	0.34			0.33	1.00								2.03		1.18	1.55		
商行债2~3年期平均利差	0.27		0.59		0.67											1.37			
商行债2~3年期简单均值									1.00										
企业债2~3年期																			
企业债2~3年期利差范围	1.36																	2.06	2.38
企业债2~3年期简单均值																		2.22	
ABS2~3年期																			
ABS2~3年期利差范围			0.90	1.74										2.76	3.01	1.64	2.09	2.39	3.30
ABS2~3年期平均利差			1.23											2.89		1.37		2.78	
ABS2~3年期简单均值										2.34									
公司债2~3年期																			
公司债2~3年期利差范围					0.07	1.70	0.35	0.02	1.24	0.18	1.03	0.94	1.88	0.49	2.20	0.58	2.89	0.56	2.45
公司债2~3年期平均利差					0.86		1.45	0.76		0.64		1.37		1.10		1.26		1.52	
定向工具2~3年期																			
定向工具2~3年期利差范围												0.58	1.77	0.91	1.60	0.64	1.75	0.97	2.15
定向工具2~3年期平均利差												1.36		1.19		1.16		1.83	
中期票据2~3年期																			
中期票据2~3年期利差范围							-0.79	-2.67	0.01	-0.59	-0.11	0.50	2.10	0.28	3.17	0.48	2.44	0.38	1.52
中期票据2~3年期平均利差							0.44	-1.05		-0.28		1.10		1.07		1.17		0.85	
4~5年期																			
银行贷款	5.85		6.12	6.48	6.75	7.74	7.56	5.76		5.96	6.22	6.45	6.90	6.65	6.40	6.40		6.00	
政府债4~5年期利差范围	0.15	0.95	0.31	0.58	0.29	0.90	0.01	0.07	0.65	0.20	0.66	0.45	0.89	0.68	1.00	0.31	0.86	0.76	1.41
政府债4~5年期平均利差	0.46		0.44		0.58		0.53	0.41		0.41		0.62		0.84		0.70		1.12	
商行债4~5年期																			
商行债4~5年期利差范围	0.50				0.42	1.00								1.09	1.46	0.86	1.02	1.12	
商行债4~5年期平均利差	0.69				0.72									1.23		0.73			
商行债4~5年期简单均值										0.55									
企业债4~5年期																			
企业债4~5年期利差范围	1.21											1.92	2.56	1.66	3.46		1.71	1.12	2.40
企业债4~5年期平均利差												2.16		2.35				1.82	
企业债4~5年期简单均值										0.91									

续表

FIS\年度	2005	2006	2007	2008	2009	简单均值	2010	2011	2012	2013	2014
企业债4~5年期简单均值						1.81					
ABS4~5年期											
ABS4~5年期利差范围		1.05~1.44						2.72	3.72	2.14~2.50	2.91~3.97
ABS4~5年期平均利差		1.29							3.22	2.32	3.16
ABS4~5年期简单均值						2.20					
公司债4~5年期											
公司债4~5年期利差范围								0.67~1.27	0.53~2.29	0.65~0.65	0.47~1.74
公司债4~5年期平均利差								0.97	1.38	0.65	1.04
定向工具4~5年期											
定向工具4~5年期利差范围								0.88~1.60	0.91~1.95	1.10~1.71	1.42~2.73
定向工具4~5年期平均利差								1.29	1.52	1.45	1.86
中期票据4~5年期											
中期票据4~5年期利差范围				-0.29~1.47	-1.62~0.68	0.88	-0.77	0.72~1.47	0.28~0.93	0.35~1.48	0.79~1.44
中期票据4~5年期平均利差				0.71	-0.19		0.30	1.04	0.62	0.71	1.11
7~10年期											
银行贷款	6.12	6.39	6.84	7.83	5.94	5.94	6.40	7.05	6.55	6.55	6.15
政府债7~10年期											
政府债7~10年期利差范围		0.03~0.32	0.04~0.63	0.48~0.70	0.68~0.72	0.61	0.04	0.06~1.13	0.61~1.10	0.29~0.96	0.68~1.32
政府债7~10年期平均利差		0.20	0.42	0.59	0.69		0.39	0.68	0.80	0.72	1.04
商行债7~10年期简单均值						0.62					
商行债7~10年期											
商行债7~10年期利差范围		0.00~0.52	0.03~0.58	0.54~0.77	0.15~0.65	0.75	-0.59	-0.04~0.92	0.57~1.15	0.96	
商行债7~10年期平均利差		0.22	0.27	0.62	0.39		0.22	0.63	0.79	0.96	
企业债7~10年期简单均值						0.45					
企业债7~10年期											
企业债7~10年期利差范围	0.61	0.93~1.55	0.22~1.74	1.28~2.38	0.83~2.34	2.02	1.07	1.76~2.53	1.49~1.99	1.74~1.92	1.84~2.31
企业债7~10年期平均利差		1.30	0.96	1.85	1.65		1.45	2.11	1.70	1.84	2.07
公司债7~10年期简单均值						1.61					
公司债7~10年期											
公司债7~10年期利差范围			0.07	0.35~2.29	0.02~1.24	1.03	0.18	0.94~1.88	0.49~2.20	0.58~2.89	0.56~2.45
公司债7~10年期平均利差			0.86	1.45	0.76		0.64	1.37	1.10	1.26	1.52
定向工具7~10年期											
定向工具7~10年期利差范围										1.19~1.19	1.36~2.21
定向工具7~10年期平均利差										1.19	1.79
中期票据7~10年期											
中期票据7~10年期利差范围					-0.35~1.24	0.80	-1.81	0.57	0.52~1.31	0.68~1.21	0.63~1.88
中期票据7~10年期平均利差					0.37		-0.09	1.18	0.90	0.92	1.19

图表 8.9

（2A＋）国债利差表（2005—2014 年）

FIS\年度	2005	2006	2007	2008	2009	2010	2011	2012	2013	2014
商行债2~3年期利差范围								1.26 / 1.30		
商行债2~3年期平均均差								1.28	1.20	
商行债2~3年期简单均值					1.16	1.21				
企业债2~3年期										
企业债2~3年期利差范围										
企业债2~3年期平均均差									2.00	
ABS2~3年期										
ABS2~3年期利差范围										2.54 / 4.46
ABS2~3年期平均利差										3.73
定向工具2~3年期										
定向工具2~3年期利差范围							1.52 / 2.13	1.45 / 2.17	1.15 / 2.47	1.67 / 2.67
定向工具2~3年期平均利差							1.83	1.74	1.61	2.25
中期票据2~3年期										
中期票据2~3年期利差范围					~1.05 / 0.76	~1.69 / 1.77	0.89 / 2.17	0.27 / 2.19	0.42 / 2.94	0.69 / 1.97
中期票据2~3年期平均利差					~0.25	~0.17	1.35	1.09	1.02	1.29
4~5年期										
银行贷款	5.85	6.12	6.48 / 6.75 / 7.74	7.56	5.76	5.96 / 6.22	6.45 / 6.90	6.65 / 6.40	6.40	6.00
商行债4~5年期										
商行债4~5年期利差范围								1.28 / 1.37	1.05 / 1.50	1.45 / 1.54
商行债4~5年期平均利差								1.33	1.25	1.49
商行债4~5年期简单均值					0.07	1.36				
企业债4~5年期										
企业债4~5年期利差范围							2.18 / 3.83	2.08 / 3.58	2.24 / 4.54	2.50 / 3.15
企业债4~5年期平均利差							2.84	2.99	3.12	2.73
企业债4~5年期简单均值						2.92				
资产证券化4~5年期										
资产证券化4~5年期利差范围										3.54 / 5.18
资产证券化4~5年期平均利差										4.59

续表

FIS年度	2005	2006	2007	2007	2008	2008	2009	2009	2010	2010	2011	2011	2012	2012	2013	2013	2014	2014
公司债4~5年期																		
公司债4~5年期利差范围											2.57	2.57	1.61	2.48	1.13	3.74	1.59	2.25
公司债4~5年期平均利差											2.57		2.10		2.09		1.92	
定向工具4~5年期																		
定向工具4~5年期利差范围													2.33	3.15	1.51	3.84	1.84	3.46
定向工具4~5年期平均利差													2.63		2.38		2.70	
中期票据4~5年期																		
中期票据4~5年期利差范围								~0.02	1.58	~2.25	1.48	1.11	2.12	0.82	1.54	0.87	2.94	1.17	2.14
中期票据4~5年期平均利差								0.57		0.09		1.53		1.24		1.40		1.60	
7~10年期																		
银行贷款	6.12	6.39	6.84	6.84	7.83	7.83	5.94	5.94	5.94	5.94	6.40	6.40	7.05	7.05	6.55	6.55	6.55	6.15
商行债7~10年期																		
商行债7~10年期利差范围																		
商行债7~10年期平均利差																		
企业债7~10年期																		
企业债7~10年期利差范围			0.98		1.12	1.54	1.64	3.10	1.66	3.14	1.99	4.64	2.02	4.28	2.59	3.58	2.88	3.70
企业债7~10年期平均利差					1.34		2.21		2.43		2.95		3.24		3.10		3.20	
企业债7~10年期简单均值									2.31									
资产证券化7~10年期																		
资产证券化7~10年期平均利差																	2.97	
公司债7~10年期																		
公司债7~10年期利差范围			1.11	1.11	1.43	1.89	0.66	3.07	0.94	2.37	1.73	3.54	1.98	3.97	1.63	3.19	1.11	3.61
公司债7~10年期平均利差			1.11		1.70		1.62		1.64		2.49		2.75		2.11		2.19	
定向工具7~10年期																		
定向工具7~10年期利差范围													2.23	3.25			2.54	
定向工具7~10年期平均利差													2.74				2.54	
中期票据7~10年期																		
中期票据7~10年期利差范围									~2.21	0.38	1.62	2.70	0.93	2.70	0.86	2.08	1.16	2.58
中期票据7~10年期平均利差									-0.92		2.04		1.75		1.51		1.85	

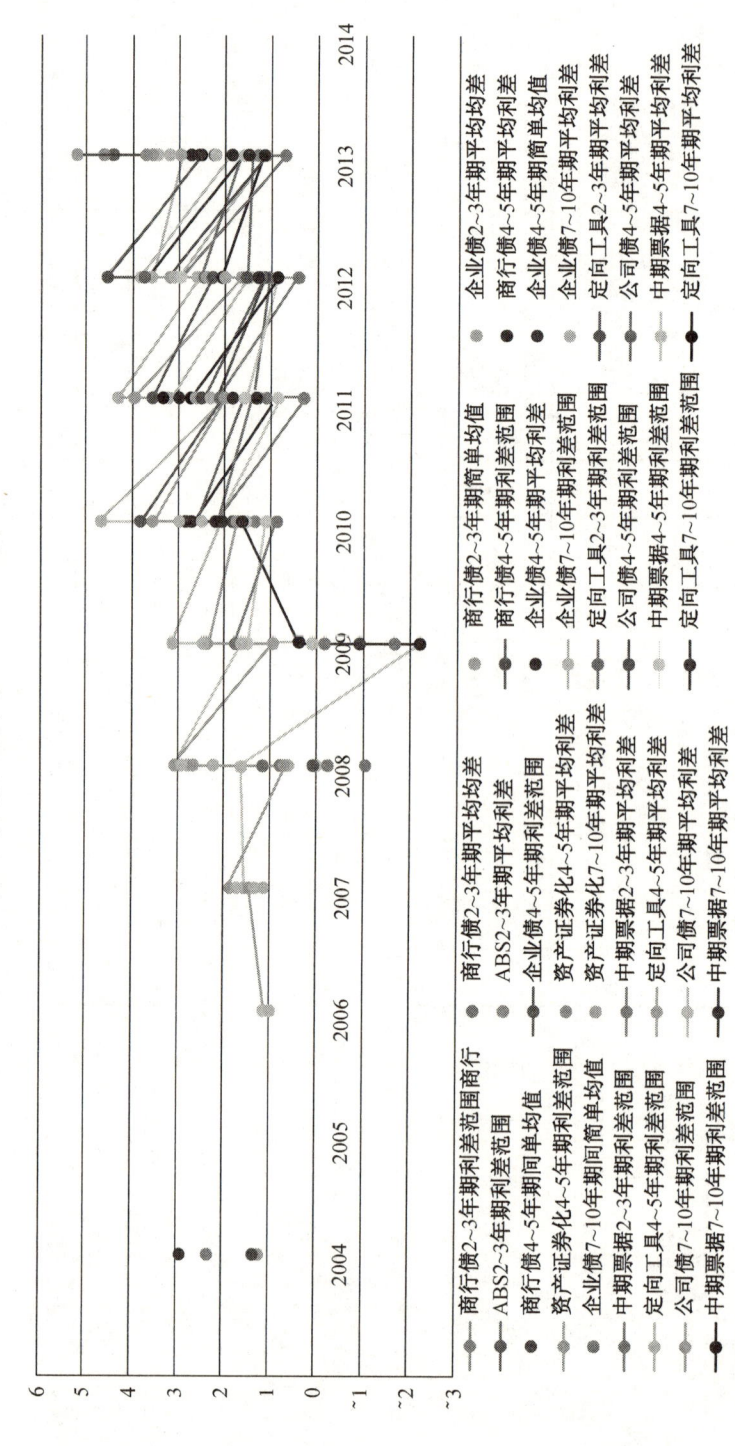

（2A＋）国债利差表（2005—2014年）

图表 8.10

（2A）国债利差表（2005—2014年）

FIS年度	2005	2006	2007	2008	2009	2010	2011	2012	2013	2014	2014
2~3年期											
银行贷款 2~3 年期	5.76	6.03	6.57	7.29	5.40	5.60	6.10	6.40	6.15	6.15	6.00
企业债 2~3 年期利差范围					0.65	0.67	2.70	2.46	2.44	2.17	2.93
企业债 2~3 年期利差范围					-0.58	-2.13	0.41	1.05	0.75	1.53	
企业债 2~3 年期利差平均利差					0.11	-0.28	1.74	1.62	1.33	2.17	
企业债 2~3 年期利差均值					2.40						
定向工具 2~3 年期											3.18
定向工具 2~3 年期利差范围								2.12	1.73	2.30	2.85
中期票据 2~3 年期利差范围								2.20	2.15	2.30	2.83
中期票据 2~3 年期利差平均利差									2.62	2.34	
中期票据 2~3 年期利差平均利差											
4~5年期											
银行贷款 4~5 年期	5.85	6.12	6.75	7.56	5.76	5.96	6.45	6.65	6.40	6.40	6.00
企业债 4~5 年期利差范围									2.68	1.50	4.13
企业债 4~5 年期利差平均利差									2.97	2.82	
企业债 4~5 年期利差均值					2.67			2.36	2.83		
公司债 4~5 年期			1.10								
公司债 4~5 年期利差范围							1.12	1.12	1.89	1.18	3.44
公司债 4~5 年期利差平均利差							1.12	1.12	2.25	2.28	2.07
定向工具 4~5 年期						3.96	4.69	4.74	3.56	2.33	4.55
定向工具 4~5 年期利差范围				3.09	2.48	1.81	1.64	3.63	2.51	3.35	
中期票据 4~5 年期利差范围				3.22	3.75	2.83	2.75	4.10	3.06		
中期票据 4~5 年期利差平均利差						3.25					
7~10年期											
银行贷款 7~10 年期	6.12	6.39	6.84	7.83	5.94	6.40	7.05	7.05	6.55	6.55	6.15
企业债 7~10 年期利差范围				3.40	2.58	2.58	2.58	2.58	2.65	1.76	3.60
企业债 7~10 年期利差平均利差				2.99				2.99	2.14	2.97	
企业债 7~10 年期利差均值											3.33
公司债 7~10 年期				2.56	1.07	-2.03	0.62	1.33	1.34	1.67	3.33
公司债 7~10 年期利差范围				2.18	-1.93	0.04	1.93	1.82	1.88	2.34	
公司债 7~10 年期利差平均利差				2.56	0.22						
定向工具 7~10 年期			1.23	2.56	4.24	2.90	2.07	2.58	1.92	1.72	3.72
定向工具 7~10 年期利差范围			1.23	2.56	1.37	2.05	2.91	3.21	2.34	2.53	
中期票据 7~10 年期					4.24	0.98	3.88	4.03	3.27	3.44	3.44
中期票据 7~10 年期利差范围					2.67	2.05	-1.77	2.58	2.15	1.99	3.69
中期票据 7~10 年期利差平均利差							0.63	2.58	2.48	2.78	

（2A）国债利差表（2005—2014年）

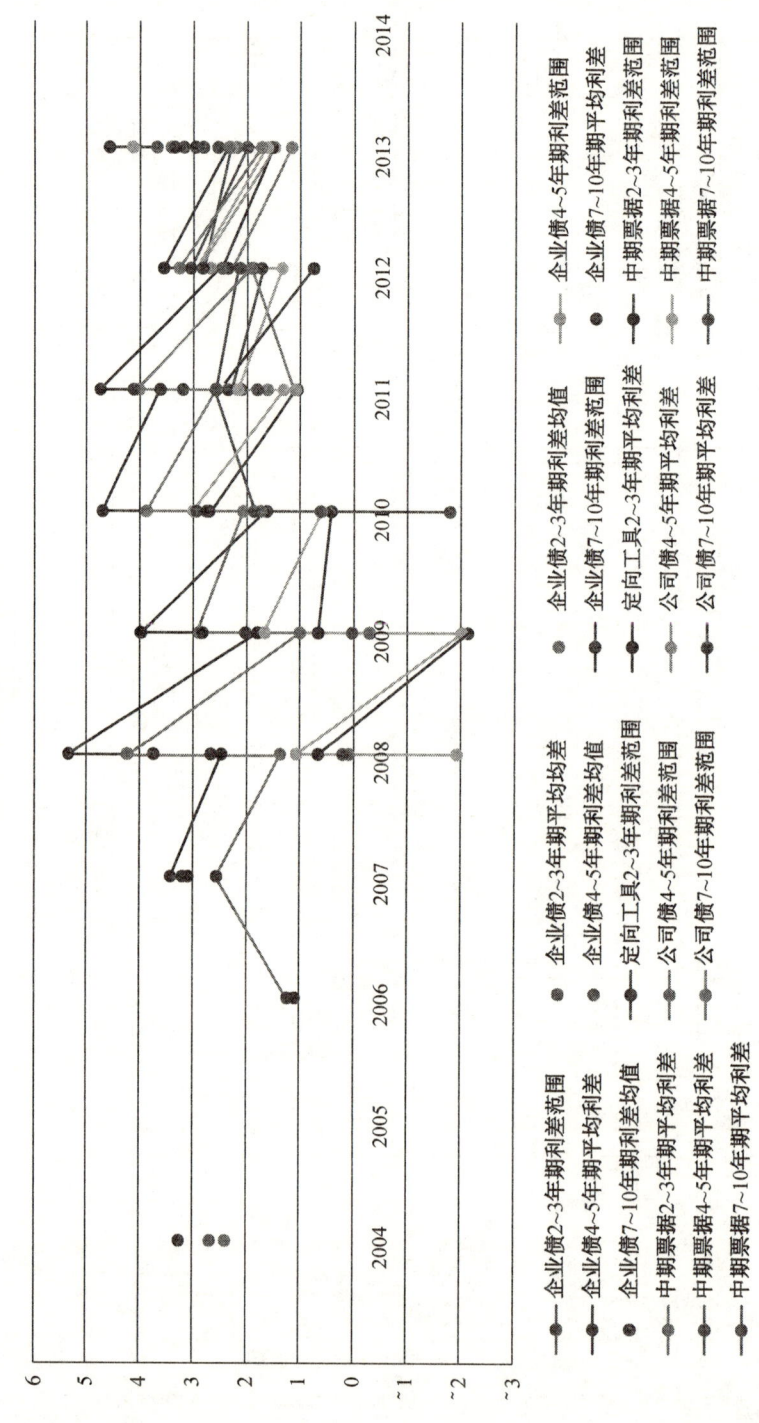

图表 8.11

2～3 年期国债利差表（2005—2014 年）

FISI年度	2005	2005	2006	2006	2007	2007	2008	2008	2009	2009	2010	2010	2011	2011	2012	2012	2013	2013	2014	2014
银行贷款	5.76		6.03		6.30	6.57	7.56	7.29	5.40	5.40	5.60	5.85	6.10	6.65	6.40	6.15	6.15	6.15	6.15	6.00
政府债																				
政府债利差范围	0.09	0.39	0.22	0.64	0.16	0.70	0.50	0.90	0.16	0.45	0.36	0.42	0.31	0.81	0.58	1.16	0.41	0.88	0.73	1.45
政府债平均利差	0.21		0.48		0.44		0.75		0.29		0.38		0.55		0.81		0.66		1.05	
政府债利差均值（3A）										0.55										
商行债（3A）																				
商行债（3A）利差范围	0.19	0.34			0.33	1.00											1.18	1.55		
商行债（3A）平均利差	0.27		0.59		0.67		1.36								2.03		1.37			
企业债（3A）																				
企业债（3A）利差范围																				
企业债（3A）平均利差									1.16											
企业债（3A）利差均值											1.21									
商行债（2A+）																				
商行债（2A+）利差范围															1.26	1.30				
商行债（2A+）平均利差															1.28		1.20			
企业债（2A+）利差均值									2.40											
企业债（2A+）																				
企业债（2A+）利差范围																	2.30	2.62		
企业债（2A+）平均利差																	2.46		2.34	
企业债（2A）利差均值											2.20									
企业债（2A）																				
企业债（2A）利差范围																	2.00			
企业债（2A）平均利差																				
企业债（2A）利差均值																				
ABS（3A）																				
ABS（3A）利差范围			0.90	1.74											2.76	3.01	1.64	2.09	2.06	2.38
ABS（3A）平均利差	1.36		1.23												2.89	2.78	1.37		2.22	
ABS（3A）利差均值																				

续表

FIS\年度	2005	2005	2006	2006	2007	2007	2008	2008	2009	2009	2010	2010	2011	2011	2012	2012	2013	2013	2014	2014
ABS (2A+) 利差范围																			2.54	4.46
ABS (2A+) 平均利差																			3.73	
定向工具(AAA)																				
定向工具(AAA)利差范围													0.58	1.77	0.91	1.60	0.64	1.75	0.97	2.15
定向工具(AAA)平均利差													1.36		1.19		1.16		1.83	
定向工具(AA+)																				
定向工具(AA+)利差范围													1.52	2.13	1.45	2.17	1.15	2.47	1.67	2.67
定向工具(AA+)平均利差													1.83		1.74		1.61		2.25	
定向工具(AA-)																				
定向工具(AA-)利差范围															1.97	3.45	1.82	3.50	2.97	4.26
定向工具(AA-)平均利差															2.51		2.54		3.44	
定向工具(AA)																				
定向工具(AA)利差范围															2.12	2.30	1.73	2.83	2.30	3.18
定向工具(AA)平均利差															2.20		2.15		2.85	
中期票据(AAA)																				
中期票据(AAA)利差范围							-0.79	1.30	-2.67	0.01	-0.59	0.00	0.50	2.10	0.28	3.17	0.48	2.44	0.38	1.52
中期票据(AAA)平均利差							0.44		-1.05		-0.26		1.10		1.07		1.17		0.85	
中期票据(AA+)																				
中期票据(AA+)利差范围									-1.05	0.76	-1.69	1.77	0.89	2.17	0.27	2.19	0.42	2.94	0.69	1.97
中期票据(AA+)平均利差									-0.25		-0.17		1.35		1.09		1.02		1.29	
中期票据(AA-)																				
中期票据(AA-)利差范围													1.27	4.14	1.95	4.17	1.80	3.24	2.87	4.26
中期票据(AA-)平均利差													2.34		2.74		2.31		3.58	
中期票据(AA)																				
中期票据(AA)利差范围									-0.58	0.65	-2.13	0.67	0.41	2.70	1.05	2.46	0.75	2.44	1.53	2.93
中期票据(AA)平均利差									0.11		-0.28		1.74		1.62		1.36		2.17	

续表

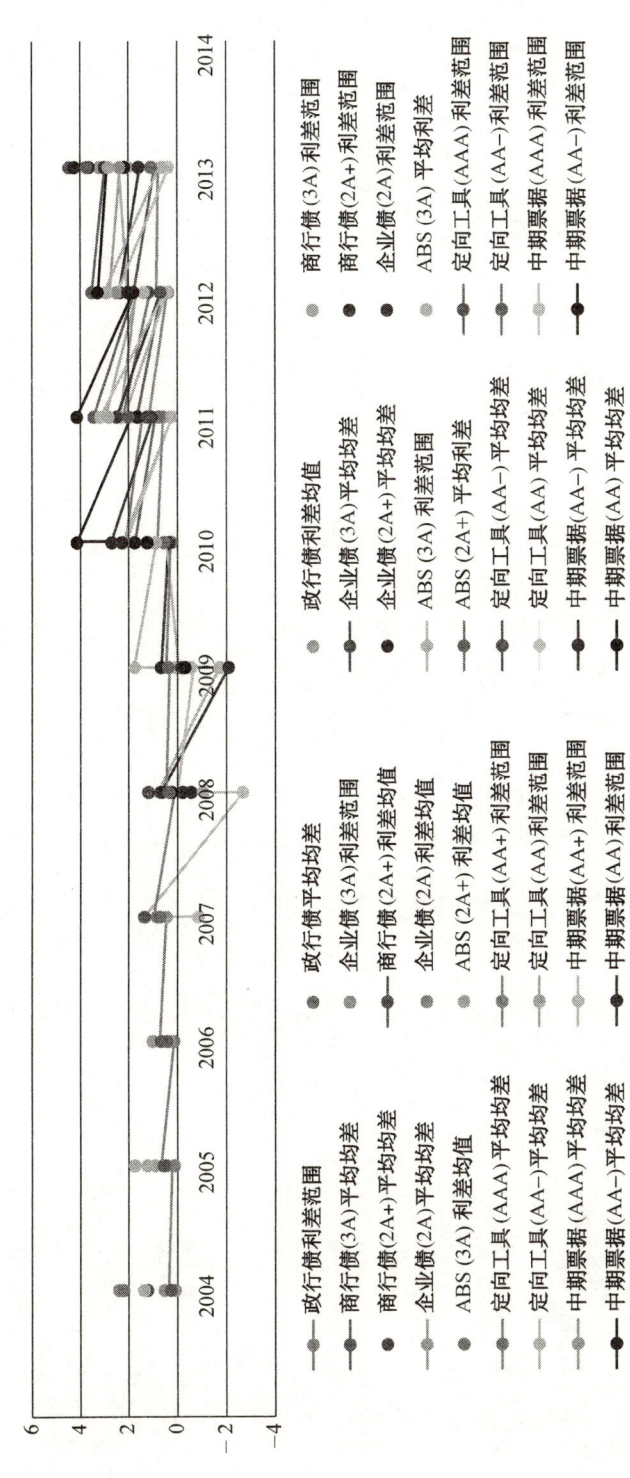

2～3 年期国债利差表（2005—2014 年）

— 政行债利差范围
— 商行债(3A)平均均差
— 商行债(2A+)平均均差
— 企业债(2A)平均均差
● ABS (3A) 利差均值
— 定向工具 (AAA) 平均均差
— 定向工具 (AA-) 平均均差
— 中期票据 (AAA) 平均均差
— 中期票据 (AA) 平均均差

● 政行债平均均差
— 企业债 (3A) 利差范围
— 商行债 (2A+) 利差均值
— 企业债 (2A) 利差均值
● ABS (2A+) 利差均值
— 定向工具 (AA+) 利差范围
— 定向工具 (AA) 利差范围
— 中期票据 (AA+) 利差范围
— 中期票据 (AA) 利差范围

● 政行债利差均值
— 企业债 (3A) 平均均差
— 企业债 (2A+) 平均均差
● ABS (3A) 平均利差
— 定向工具 (AAA) 利差范围
— 定向工具 (AA-) 利差范围
— 中期票据 (AAA) 利差范围
— 中期票据 (AA-) 利差范围

● 商行债 (3A) 利差范围
● 商行债 (2A+) 利差范围
● 企业债 (2A) 利差范围
● ABS (3A) 平均利差

图表 8.12

4～5 年期国债利差表（2005—2014 年）

FISI年度	2005	2005	2006	2006	2007	2007	2008	2008	2009	2009	2010	2010	2011	2011	2012	2012	2013	2013	2014	2014
政行债																				
政行债利差范围	0.15	0.95	0.31	0.58	0.29	0.90	0.01	0.93	0.07	0.65	0.20	0.66	0.45	0.89	0.68	1.00	0.31	0.86	0.76	1.41
政行债平均利差	0.46		0.44		0.58		0.53		0.41		0.41		0.62		0.84		0.70		1.12	
商行债（3A）																				
商行债（3A）利差范围	0.50	0.88			0.42	1.00									1.09	1.46	0.86	1.02		
商行债（3A）平均利差	0.69				0.72		1.27				1.12				1.23		0.73			
企业债（3A）																				
企业债（3A）利差范围													1.92	2.56	1.66	3.46			1.12	2.40
企业债（3A）平均利差			1.21								2.14		2.16		2.35		1.71		1.82	
企业债（2A+）																				
商行债（2A+）利差范围															1.28	1.37	1.05	1.50	1.45	1.54
商行债（2A+）平均利差									0.07						1.33		1.25		1.49	
企业债（2A+）																				
企业债（2A+）利差范围													2.18	3.83	2.08	3.58	2.24	4.54	2.50	3.15
企业债（2A+）平均利差											2.84				2.99		3.12		2.73	
ABS（3A）																				
ABS（3A）利差范围	1.05	1.44													2.36		2.68	2.97	4.13	
ABS（3A）平均利差	1.29																2.83		2.82	
资产证券化 2A+																				
资产证券化 2A+利差范围															2.72	3.72	3.54		5.18	
资产证券化 2A+平均利差															3.22		2.32		4.59	
公司债（3A）																				
公司债（3A）利差范围											0.67		1.27		0.53	2.29	0.65	0.65	0.47	1.74
公司债（3A）平均利差											0.97				1.38		0.65		1.04	
公司债（2A+）																				
公司债（2A+）利差范围											2.57		2.57		1.61	2.48	1.13	3.74	1.59	2.25

续表

FIS\年度	2005	2005	2006	2006	2007	2007	2008	2008	2009	2009	2010	2010	2011	2011	2012	2012	2013	2013	2014	2014
公司债 (2A+) 平均利差														2.57		2.10		2.09		1.92
公司债 (2A)																				
公司债 (2A) 利差范围															1.12	1.12	2.25	1.89	3.44	1.18
公司债 (2A) 平均利差																2.07		2.07		2.28
定向工具 (AAA)																				
定向工具 (AAA) 利差范围													1.60	0.88	1.95	0.91	1.71		2.73	1.42
定向工具 (AAA) 平均利差														1.29		1.52		1.45		1.86
定向工具 (AA+)																				
定向工具 (AA+) 利差范围													2.12	1.11	3.15	2.33	3.84	1.51	3.46	1.84
定向工具 (AA+) 平均利差														1.53		2.63		2.38		2.70
定向工具 (AA-)																				
定向工具 (AA-) 利差范围															2.65	2.65				
定向工具 (AA-) 平均利差																2.65				
定向工具 (AA)																				
定向工具 (AA) 利差范围						1.47	-0.29	0.68	-1.62	0.88	-0.77	1.60	1.47	3.40	2.58	2.65	1.67	3.60	1.76	
定向工具 (AA) 平均利差							0.71		-0.19		0.30		1.04		2.99		2.14		2.97	
中期票据 (AAA)																				
中期票据 (AAA) 利差范围													1.47	0.72	0.93	0.28	1.48	0.35	1.44	0.79
中期票据 (AAA) 平均利差														1.04		0.62		0.71		1.11
中期票据 (AA+)																				
中期票据 (AA+) 利差范围									1.58	-0.02	1.48	0.09	2.12	1.11	1.54	0.82	2.94	0.87	2.14	1.17
中期票据 (AA+) 平均利差										0.57				1.53		1.24		1.40		1.60
中期票据 (AA-)																				
中期票据 (AA-) 利差范围													3.49	2.25	3.97	1.24				
中期票据 (AA-) 平均利差														2.87		2.71				
中期票据 (AA)																				
中期票据 (AA) 利差范围									1.07	-1.93	1.98	-2.03	2.99	0.62	2.18	1.33	2.91	1.34	1.67	0.79
中期票据 (AA) 平均利差										0.22		0.24		1.93		1.82		1.88		2.34

续表

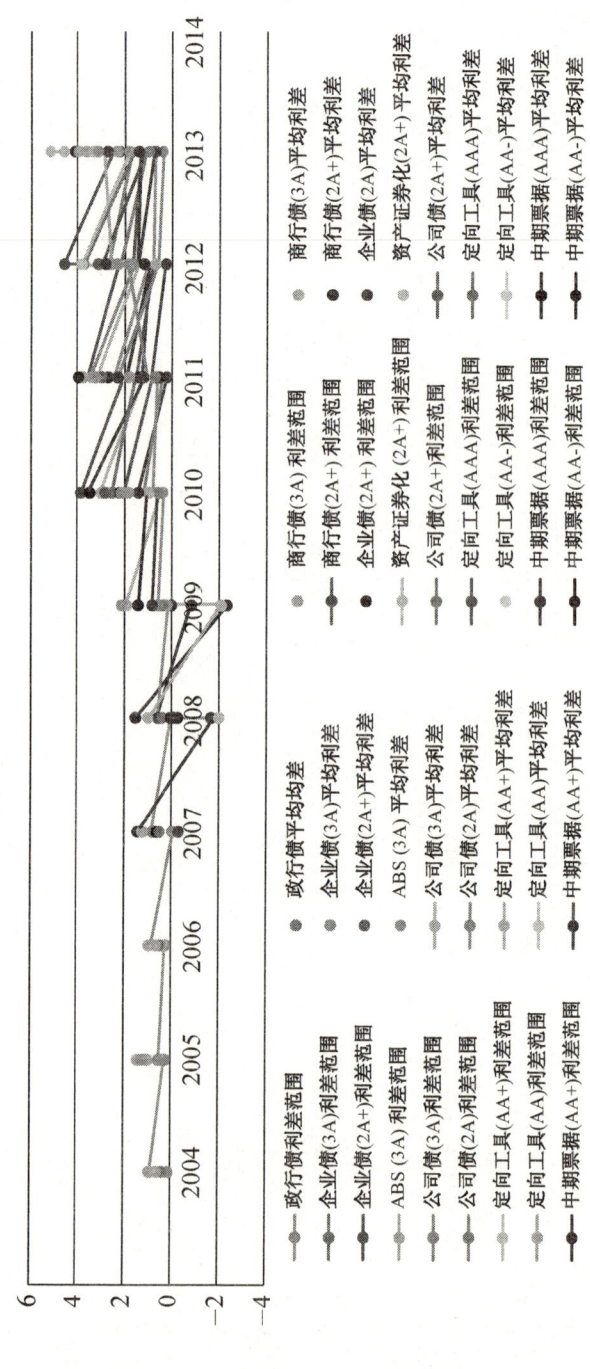

4～5 年期国债利差表（2005—2014 年）

图表 8.13

7～10 年期国债利差表（2005—2014 年）

FISV年度	2005	2005	2006	2006	2007	2007	2008	2008	2009	2009	2010	2010	2011	2011	2012	2012	2013	2013	2014	2014
银行贷款	6.12		6.39		6.84		7.83		5.94		6.40		7.05		6.55		6.55		6.55	6.15
政府债	0.61																			
政府债利差范围			0.03	0.32	0.04	0.63	0.48	0.70	0.68	0.72	0.04	0.61	0.06	1.13	0.61	1.10	0.29	0.96	0.68	1.32
政府债平均利差			0.20		0.42		0.59		0.69		0.39		0.68		0.80		0.72		1.04	
商行债（3A）																				
商行债（3A）利差范围			0.00	0.52	0.03	0.58	0.54	0.77	0.15	0.65	-0.59	0.75	-0.04	0.92	0.57	0.79		0.96		
商行债（3A）平均利差			0.22		0.27		0.62		0.39		0.22		0.63		0.79		0.96			
企业债（3A）																				
企业债（3A）利差范围			0.93	1.55	0.22	1.74	1.28	2.38	0.83	2.34	1.07	2.02	1.76	2.53	1.49	1.99	1.74	1.92	1.84	2.31
企业债（3A）平均利差			1.30		0.96		1.85		1.65		1.45		2.11		1.70		1.84		2.07	
企业债（2A+）																				
企业债（2A+）利差范围					0.98		1.12	1.54	1.64	3.10	1.66	3.14	1.99	4.64	2.02	4.28	2.59	3.58	2.88	3.70
企业债（2A+）平均利差							1.34		2.21		2.43		2.95		3.24		3.10		3.20	
企业债（2A）																				
企业债（2A）利差范围					1.10		3.09	3.44	2.48	5.34	1.81	3.96	1.64	4.69	3.63	4.74	2.51	3.56	2.33	4.55
企业债（2A）平均利差							3.22		3.75		2.83		2.75		4.10		3.06		3.35	
资产证券化（2A+）平均利差																				
资产证券化（2A+）平均利差																			2.97	
公司债（3A）																				
公司债（3A）利差范围					0.07	1.70	0.35	2.29	0.02	1.24	0.18	1.03	0.94	1.88	0.49	2.20	0.58	2.89	0.56	2.45
公司债（3A）平均利差					0.86		1.45		0.76		0.64		1.37		1.10		1.26		1.52	
公司债（2A+）																				
公司债（2A+）利差范围					1.11	1.11	1.43	1.89	0.66	3.07	0.94	2.37	1.73	3.54	1.98	3.97	1.63	3.19	1.11	3.61
公司债（2A+）平均利差					1.11		1.70		1.62		1.64		2.49		2.75		2.11		2.19	
公司债（2A）																				
公司债（2A）利差范围					1.23	1.23	2.56	2.56	1.37	4.24	0.98	2.90	2.07	3.88	2.58	4.03	1.92	3.27	1.72	3.72
公司债（2A）平均利差					1.23		2.56		2.67		2.05		2.91		3.21		2.34		2.53	
定向工具（AAA）																				
定向工具（AAA）利差范围									-0.35	1.24	-1.81	0.80	0.57	1.70	0.52	1.31	6.50	6.50	1.36	2.21
定向工具（AAA）平均利差									0.37		-0.09		1.18		0.90		6.50		1.79	
中期票据（AAA）利差范围													1.62	2.70	0.93	2.70	0.68	1.21	0.63	1.88
中期票据（AAA）平均利差													2.04		1.75		0.92		1.19	
中期票据（AA+）																				
中期票据（AA-）利差范围													-1.77	1.87	6.65	6.65	0.86	2.08	1.16	2.58
中期票据（AA+）平均利差													0.63				1.51		1.85	
中期票据（AA）																				
中期票据（AA）利差范围															6.65	6.65	2.15	3.04	1.99	3.69
中期票据（AA）平均利差																	2.48		2.78	

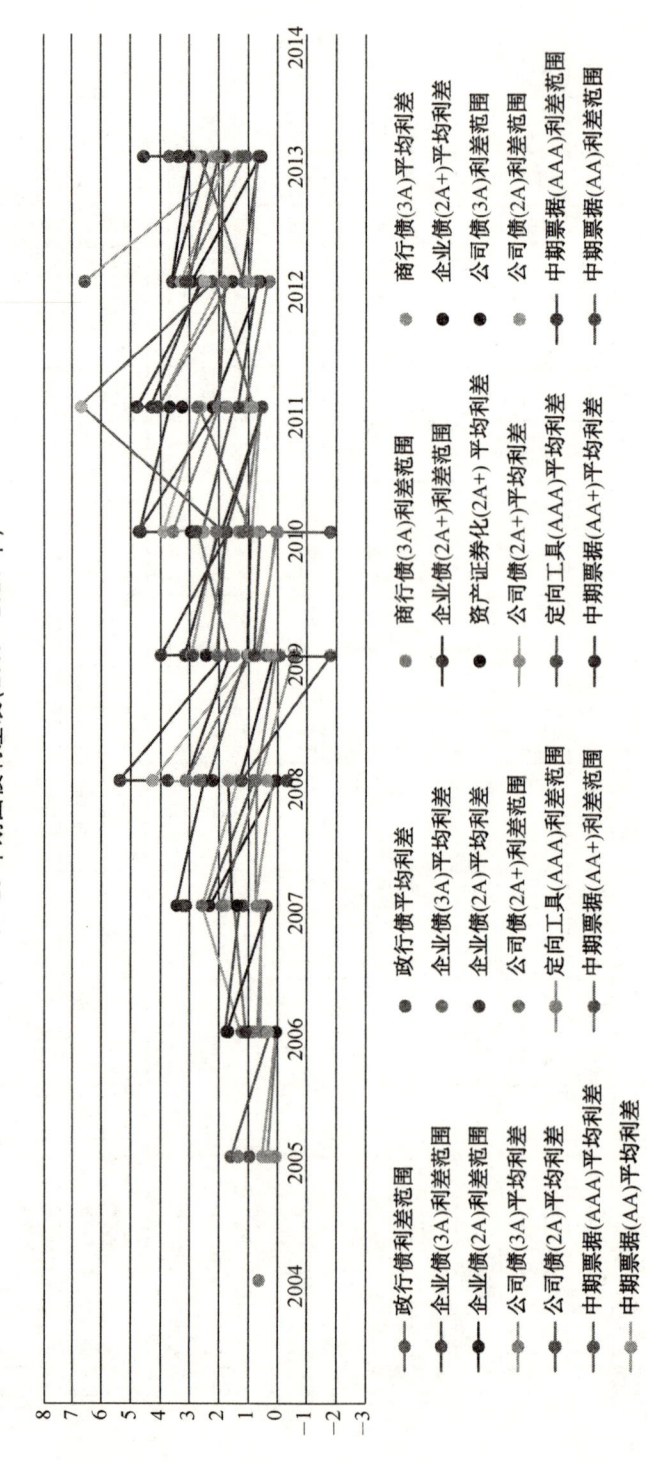

7～10 年期国债利差表（2005—2014 年）

续表

第九章

违约率及其定价

第一节 概 率 简 论

就直观来看,概率现象在日常生活工作中无处不在。"矛盾论"是概率现象的表述之一,正反对错、前后左右、高低涨跌等的两个矛盾面。事物的某一方面出现的可能性或概率皆为50%,这就是概率在个体事物上的表现,或者概率现象。随着对概率现象的深入了解,概率现象会随着环境、背景、条件的变化而变化。在某些环境下,事物的某一方面的概率远低于预计的50%;在某些背景下,事物的某一方面的概率远高于预计的50%;在某些条件下,事物的某一方面的概率接近于预计的50%,或者在预计的50%波动。在某些给定的背景或条件下,事物的某一方面出现的概率极低;在某些特定的环境或背景中,事物的某一方面出现的概率极高。总之,所谓"50%概率",这一概率现象变化多端,难以捉摸。概率的"不确定性",如同现代物理学的"测不准"原理,使得"随机概率"概念不期而遇。概率研究,更关注于数量/数据之集合、集合之规模、集合之区域或集合之范围等,而非单个个体数量/数据。因此,概率研究就从概率现象研究转向概率本质研究,或者概率理性研究。内含随机过程和数理统计的概率论,就是对随机现象统计规律性的研究。现代概率理论认为,数据越小,概率测度越难,概率越不稳定;数据越大,概率测度越准,概率越趋于稳定,越符合人们的预期。概率分布理论应该是样本与数据量关系的说明,数据量越大,样本越精确。

早期很多学者对"质数"或"素数"进行研究,并在随机概率方面有了重大的突破。经素数论者研究发现,素数随着数据越多,出现概率就越小,并且分布密度越来越高,素数出现的概率越来越稳定。素数分布理论告诉我们,数据量越大,素数比例越小,误差率越低。根据数学家高斯的猜想(质数定理),自然数从小到大,每增加三位数,自然数与质数,及其质数之间存在下列关系:

(1) 1~1 000,1 000之内的质数实为16.8%,即168个,预测数为179个,质数预期误差率为6.55%,自然数预期质数误差率为1.1%。

(2) 1~100万,100万之内的质数实为7.85%,即78 498个,预测数为78 628个,质数预期误差率约为1.66‰,自然数预期质数误差率为1.3‰。

(3) 1~10亿,10亿之内的质数实为5.085%,即50 847 544个,预测数为50 849 235个,质数预期误差率约为3.3‱,自然数预期质数误差率为1.7‱‱。

(4) 1~1万亿,1万亿之内的质数实为3.29%,约329亿个,自然数预期质数误差率为 2.89 ‰₀₀₀₀₀₀₀₀。

（5）1~1 千万亿,1 千万亿之内的质数实为 2.13%,约 2 129 亿个,自然数预期质数误差率为 8.35 ‰₀₀₀₀₀₀₀₀₀₀₀。

高斯猜想进一步表述为:

（1）大质数包含小质数,永不重复;质数代表物质的独特性和不可分解性,不可以简单用加减乘除等方式改变其物理属性。从大自然数向小自然数每三位数过渡,代表自然数或质数区域,即 3A、2A、1A、3B、3B 以下五个逐渐变化的不同区域,它们代表着不同的物质质量或面积。

（2）由大自然数向小自然数每三位数过渡,代表着自然数或质数时间观念,由大质数区域"5"的期限向小质数区域"1"的期限逐级演变。

（3）3A 区域的大质数相对的第 5 期限,和 3B 以下区域的小质数相对的第 1 期限,可以在时限上相除,使 3A 区域的大质数概率或质量、体积进一步下降 5 倍,其他区域类同。实际上,在 3A 区域的大质数是时空高度统一,通过其他区域过渡,演变成 3B 以下区域小质数的时空完全分离。

素数论者相信,素数概率,对于大多数个体(生命)都具有重大意义。因此,无论是自然人,还是拟制人(公司法人、国家法人),都是个体(生命)的存在,尽管存在的方式各不相同,素数概率对他们都起着相当重要的作用。素数论证公式如下(从 10 亿个自然数以后,却无法进一步展示这一公式):

$$\pi(n) \approx \int_2^n \frac{\mathrm{d}x}{\ln(x)}$$

函数 $\pi(n)$ 代表小于 n 的质数的数目。质数定理称,这一总数大约等于密度函数 $1/\ln(x)$ 的积分。尽管这只是一个近似值,但当 n 越来越大时,这一公式(以百分比计算)也越来越准确。

第二节　违约现象与违约率

金融资产(FIS)信用风险或违约现象,与其发行人/融资者有关。金融资产(FIS)的信用风险或违约现象来自其发行人/融资者,与发行人/融资者的信用风险或违约现象一致,而且就是发行人/融资者的信用风险或违约现象的正常延伸,除非增信。因此,讨论金融资产(FIS)信用风险或违约现象,必然先研究发行人/融资者的违约现象,或者主体(企业)的信用风险。

从直观上来看,违约现象与主体(企业)规模大小有关。企业规模越大,信用相对越好,越不可能违约;企业规模越小,信用相对越差,越可能违约,即企业规模大小与违约现象呈反向关系。据此认为,企业规模越大,越可信任,融资数量和融资规模就可以越大,融资期限就可以越长,违约现象越不可能发生。其实,企业规模大小与违约现象并没有直接关系。企业规模越大,发行的信用产品(FIS)越多、信用额度越大,信用期限越长,违约风险就越大。企业规模越小,可能越是无法融资或发行 FIS,也就不存在违约现象。即使融资或发行 FIS,较小企业所融资或发行 FIS 数量也较少、信用额度也较小,信用期限也较短,违约风险其实也较低。即使对较小企业或自然人适用 FIS,也会与其抵押品,业务特长捆绑一起,比如房产按揭、网络业务贷款等。而且,在增信领域范围内,对于较小企业或自然人融资或发行 FIS,并不适合于增信。

从表面上来看,违约现象又与主体(企业)所在行业有关。企业为金融行业的,好像信用越好,越不可能违约;企业是生产制造业的,好像信用较差,比较容易违约。实际上,金融机构属于一个风险丛生的高危行业,这只是由于中国不成熟的信用评级机构及其体制所带来的假象。如前所述,金融资产是一个风险资产,如果不控制风险或不找到最为有效的风控方式,金融机构要么是风险高发的"傻瓜"行业;要么步履维艰,过分风控,以至于有人形容中国的商业银行相对于民企融资而言犹如"当铺"。正因为如此,金融机构在信用评级上并不比生产制造行业的企业占有优势,信用等级并不高。而且,作为商业银行的主要业务,存款业务必须实施法定(强制)保险,即法定存款保险。

但是,如果将主体(企业)与信用等级相联,违约现象就会出现不同的表现。FIS 及其发行人/融资者的信用等级越高,违约现象越少;FIS 及其发行人/融资者的信用等级越低,违约现象越多。也就是说,在发行人/融资者信用等级不同条件下,违约现象与 FIS 及其发行人的信用等级会呈现反向关系。这是因为企业的信用等级高低与企业大小不是一回事。较小企业可能没有信用等级,也可能信用等级较好;较大企业并不等于高信用等级,也可能没有信用等级或者属于垃圾级信用等级;较大企业可能拥有信用等级,但又分为较高信用等级与较低信用等级,信用等级高低与违约现象构成了相反关系。

众所周知,(主体)企业的信用等级,不仅与违约现象有关,更主要的是与违约率有关。因为企业的信用等级来自信用评级机构及其信用评级体系。如前所述,在企业的信用等级与违约率的关系问题上,信用评级机构及其信用评级体系积累了全球数百年的宝贵经验。信用等级反映着一定范围的违约率,违约率也代表着一定的信用等级。就增信来说,初步的增信模式就是较高信用等级主体/资产对较低信用等级主体/产品进行所谓"出租""出售"信用等级,即金融担保(FG)。当初美国金融担保机构就是利用信用等级体制来开展金融担保业务的,即金融担保机构利用其高信用等级对低信用等级增信对象进行增信所产生的两者之间的差(信等差),来获得与之相应的信用利差。因信用利差来自无风险利率与风险利率,因而信用利差也称为风险利差。在代表最高信用等级的无风险利率与代表非最高信用等级的风险利率之间所形成的这种风险利差,相当于违约率所形成的风险利差。

信等差与信用利差或增信收益呈正相关关系。信等差越大,信用利差越大,增信收益越大,这就是金融担保(增信)机构的顶层设计,或者当初设立 3A 信用等级的金融担保(增信)机构就是为了追求这个信等差所带来的信用利差(增信收益)。更为重要的是,在违约率历史数据无法真正体现时,违约率对信用利差、信用等级的影响是非常有限的、非决定性的。在这种历史局限性条件下,信用等级及其信等差决定了信用利差和增信收益。对于新兴产业、新兴企业及其 FIS,信等差所形成的利差,必然成为增信定价、增信收益的坚实基础。

信用利差是违约率的价值反映,信用等级是违约率的信评结果。无论如何,信用利差与信用等级都是以违约率为基础的。有什么样的违约率,就应该有什么样的信用利差与信用等级,而违约率又必须基于信用历史数据。如果得知过去存在的企业/行业的违约率,就可以形成现行的信用利差与信用等级。现在或未来所创立的企业/行业,违约率则无法产生或预知。于是,现行信用等级以近似性特征对现在或未来所创立的企业/行业赋予相应近似的信用等级,资本市场则根据这种信用等级给予相应的信用利差。这样的信用等级与信用利差经历一定数量的 FIS 以后,违约率得以逐渐地验证、纠正、调整,使信用等级、信用利差与违约率之间的关系相互适合。这样,违约率及以违约率为基础的信用利差与信用等级,三者相互作用并适应过去、现在与未来各种类型的增信对象。

对于违约率,无论对于过去式 FIS 及其发行人,还是现在式和未来式的 FIS 及其发行人,主体(企业、国家)的信用违约数据都是一个积累过程。根据大数据理论,概率分布/质数概率分布都依赖于大数据。数据越大,预计样本概率越接近。在质数定理中,数据越大,质数概率及其误差率越小。因此,在信用违约数据积累过程中,违约率永远都是一个参照性的、预计样本概率,而不是确定不变的。因此,在一个如同中国这样的 FIS 新兴市场上,无论对于过去式 FIS 及其发行人/融资者,还是对于现在和未来的 FIS 及其发行人/融资者,在信用违约历史大数据面前,有关信用违约数据及其违约率都只是一个萌芽状态,仅具有参考意义。随着增信量的扩大或者信用违约历史数据的扩展,违约率不仅越来越准确,误差率越来越小,甚至违约率本身也可能逐渐由大变小。

但是,在信用违约历史数据中,违约概率是基于一定量的数据,但在不同区域的具体数据却会出现一些与违约概率完全不同的如下现象。但是,这些不同现象只存在于违约概率范围内,只是在不同区域、不同环境下出现。这种随机发生的违约概率正是困扰信用风险研究者的根本因素。

1．"肥尾现象"（Fat Tail）

"肥尾现象"又称厚尾现象或者肥尾效应,它是一个统计学名词。在统计学概率论中,一对衡量样本标准正态分布的指标是期望为 0 和标准差为 1;另一对衡量标准正态分布的指标是偏度（Sewness）和峰度（Kurtosis）,它们的指标值分别为 $S=0$ 和 $K=3$。对于一般样本数据所呈现的图形通过计算出 S 和 K 两个指标值情况来判断到底是厚尾还是尖峰、拖尾,以及左偏或右偏。若计算出的 S 大于 0、K 大于 3 的时候,该样本所呈现的特征就是尖峰、拖尾、右偏;反之则呈现的是厚尾,左偏。这两个指标能够定量地给出样本所呈现的特征情况。

密度函数为肥尾性和非正态性有两种解释:一种认为是由于信息的成堆出现,因而引起价格的巨大波动;另一种则认为投资主体对信息的处理是非线性的,信息并非马上在当前的价格上反映出来,信息的累积效应使得价格大幅波动,从而导致"肥尾现象"的产生。

正因"肥尾"的存在,使得实际情形与经济学模型之间可能产生较大的偏离,所以,在对经济学模型的实际运用中,"肥尾现象"必须与一些工具和方法配合起来使用。比如说,随机模拟能够很好地处理价格变动的跳跃、曲线转换、缺口问题及"肥尾现象",被认为是处理复杂的衍生品组合最有效、最精确的方法。其他的方法还有压力测试、敏感性分析、情境分析等。

也有人认为,"肥尾现象"或"肥尾效应"是指极端行情发生的机率增加,可能因为发生一些不寻常的事件造成市场上大震荡。尾端风险/极端风险（Tail Risk）是指统计学上两个极端值可能出现的风险,按照常态的钟型分布（Bell Shape）,两端的分布机率是相当低的（Thin Tails）;但是两个极端值的分布亦有可能出现厚尾风险/肥尾（Fat Tails）风险,那就是距离中值（Mean）出现的机率提高,也就是原本不太可能出现的机率突然提高了。运用在金融市场上,"肥尾现象"就是指极端行情出现的可能性增加而且频繁,这样可能会造成市场行情的大幅震荡,造成的原因可能是市场上出现不寻常的事件,如 2008 年雷曼兄弟公司倒闭、2010 年的南欧主权债信危机,皆产生"肥尾效应"。

2. 泰坦尼克号事件

泰坦尼克号由英国白星航运公司设计,并由位于爱尔兰贝尔法斯特的哈兰德与沃尔夫造船厂兴建,该船是奥林匹克级邮轮的第二艘巨大豪华客轮,被称为"世界工业史上的奇迹",堪称"世界上最大的不沉之船"。但是,在 1912 年 4 月 14日,载着 1 324 名乘客和 891 名船员的泰坦尼克号在北大西洋上与冰山相撞,并于4 月 15 日在北大西洋沉没,该海难也被认为是 20 世纪人间十大灾难之一。各种原因众说纷纭,诸如船长醉酒误事、幻像让冰山"隐身"、都是月亮惹的祸、被"幽灵船"击沉、被木乃伊诅咒等。其实,这是人们不可测度的随机概率问题。

其一,随机概率,人们难以测度。从直观现象上看,如果当时拥有现代预测冰山的各种仪器或信息处理设备,泰坦尼克号决不会发生如此悲剧。但问题是,人们永远无法完全掌握测度各种各样条件、环境和不同时空下所形成的随机概率。

其二,泰坦尼克号所撞上的这个北大西洋上的冰山,其面积可能仅仅为北大西洋的几万分之一,甚至几十万分之一。两者相撞的机率可能只是几万分之一,甚至几十万分之一。但在随机概率作用下,出现"肥尾现象",催生了泰坦尼克号的沉船悲剧。

其三,无论船舶"质量"原因说,还是千年一遇的"满月"引发冰山漂移原因说,都是产生"肥尾现象"的各种各样条件、环境和不同时空,这些条件、环境和时空都集中表现在"肥尾现象"中,并导致泰坦尼克号的沉船悲剧。

第三,赌场上的"仙道"。在赌场上,在"百家乐"上经常出现"长和""长庄"等现象,"轮盘"上出现"长红""长黑"等现象,"21 点""加勒比卜克"经常出现"仙道"现象,致使赌客/赢家欢呼不已。这些"仙道""长和"等现象,也是一种随机概率的表现,属于"肥尾现象"。但是,赌客以其有限资金和有限时间去博弈"仙道""长和"等肥尾现象,概率却是非常之小,故曰"机遇可遇不可求"。

第三节　违约率与增信定价

一、违约率的含义

违约率在商业银行看来,是指借款人在未来一定时期内不能按合同要求偿还银行贷款本息或履行相关义务的可能性。它是计算贷款预期损失、贷款定价以及信贷组合管理的基础。因此,如何准确、有效地计算违约率,对商业银行信用风险管理十分重要。有人认为,违约率就是指借款人在未来一定时期内发生违约的可能性,是实施内部评级法的商业银行需要准确估计的重要风险要素,无论商业银行是采用内部评级法初级法还是内部评级高级法,都必须按照监管要求估计违约率。违约率的估计包括两个层面:一是单一借款人的违约率;二是某一信用等级所有借款人的违约率。

西方商业银行尤其是那些先进商业银行,近年来充分利用现代数理统计发展的最新研究成果,在企业违约率测度上摸索出了很多方法,取得了很大的成就。以违约率测度的实践发展来看,呈现出以下特征和趋势:从序数违约率转向基数违约率,违约率的测度日臻具体化;从单个贷款的违约率测度转向组合贷款的联合违约率;从只考虑借款人自身的微观经济特征转向同时考虑宏观经济因素的影响;从基于历史数据的静态测度转向以预测为主的动态测度;从单一技术转向多元技术。违约率测度的技术更加现代化和体现出多学科的交叉化,度量日趋科学化和精确化。

国际银行业监管的统一标准——《巴塞尔新资本协议》(下称"新协议")在2004 年 6 月正式定稿。与 1998 年的协议相比,新协议的最大变化就是出现了IRB 法,也就是允许商业银行采用内部数据估计风险计量参数,包括违约率 PD、违约损失率 DLR、违约风险暴露 EAD 和有效期限 M 等。新协议要求实施内部评级法的商业银行估计其各信用等级借款人所对应的违约率,常用方法有历史违约经验、统计模型和外部评级映射三种方法。中国目前还没有一贯明确的企业违约标准,为了和国际标准接轨,需要对企业违约概念作出界定:在一定期限内(通常为 1 年)企业的贷款业务中只要出现次级、可疑或贷款损失的任一种情况的,就算是违约企业。

在增信范围内,违约率既是信用等级/信用利差的基础,又是增信收益或增信定价的前提。那么,违约率究竟应如何确定呢?以往关于违约率或信用风险的理论无非有三:复制技术、保险理论、随机模型。实际上,无论是复制技术方法,还是随机模型方法,过去大多基于纯粹信用风险,自从加入"交易对手风险"这一变量后,可加变量已经太多,而且变量本身又难以确定。这样,违约率数学模型也就过于复杂,难以真正把握和实际运用。

保险理论则以信用违约历史数据为基础寻求违约率,因此有人指责保险理论所依据的信用历史数据不能代表现在和未来,并且也没有数学模型。其实,这种指责是有失偏颇的,也没有多少理论依据。首先,没有"数学模型",在大数据定理问世之后,这将不再是个问题,何况以往数学模型本身都有缺陷存在,即使风险中性的数学模型,也不是适用全部企业,何况它还有定价要素的自我循环问题。其次,关于"不能代表现在和未来"的质疑,目前来看也已经不成问题。对于标的资产/增信对象(FIS 及其发行人/融资者),包含着三种不同的方式,即过去式、现在式和未来式。对于过去式的增信对象,可通过信用(违约)历史数据寻求其违约率。对于现在式和未来式的增信对象,尽管无法通过信用(违约)历史数据寻求其违约率,但可以参照行业已形成的信用等级/信用利差来确定。正因为如此,违约率在历史长河中的不确定性,却在现实的信用等级/信用利差中得到相对确定性;否则,以违约率为基础,反映着违约率的信用等级/信用利差,就失去了现实存在的必要性。那么,失去现实意义的违约率,本身也就失去历史发展的现实基础。

二、违约率的确定

一般来说,违约率可以用实际违约率(Actual Default Probability)与风险中性违约率(Risk-neutral Default Probability)两种方法来确定。这两种违约率的确定方法,过去的论证理论与数学模型只是代表了某一方面、某一局部的研究成果,而不具有普适性的真理,需要随着时间变化,逐步丰富和完善。

实际违约率就是通过分析 FIS 及其发行人/融资者有关信用违约历史数据,并对历史数据中的信用违约(事件)进行计算,从而可以获得历史数据中所隐含的违约率。实际违约率模型,主要由 Credit Risk、Credit Metrics 和 Credit Portfolio View 创立。Credit Metrics 的数学模型是先由蒙特卡罗模拟法来模拟出大量的有关所有标的资产/增信对象的信用评级变化情况的数据,然后利用这种变化来估计信用损失的概率分布。根据这个实际违约率模型,可以得出:①实际违约率模型可以基于某一个标的资产/增信对象,也可以基于某一类标的资产/增信对象,或者基于某个信用等级的标的资产/增信对象。②实际违约率模型必须是基于具有信用评级的标的资产/增信对象,否则无法了解信用评级变化情况。③实际违约率模型只适用公开发行的债券,并不是全部固定收益产品(FIS)。

实际违约率应该是根据实际发生的,不仅限于债券的,并按照相同信用等级或者同质的标的资产/增信对象的集合来计算的违约率。比如,MBA 中的每个个人按揭贷款,并不存在信用等级问题,但在 SPV 名下的"资产池"中,这种集合式的资产必须以违约率为基础进行风险定价,以便设置 SPV 不同层级的权益结构。这样的违约率该如何确定,就不是前述实际违约率模型可以解决的。在没有适合的违约率数学模型(迄今为止,还未曾发现 ABS 违约定价模型)之前,在单个增信定价的基础上,应该是按照素数理论所具有的相关数学模型,或者按照大数据理论的相关数学模型进行计算,使得集合数据的(违约)概率比单个数据的(违约)概率更具趋于稳定性,并随着集合数据的增加,使得(违约)概率趋于不断下降,最终可以获得比单个数据的(违约)概率更低的(违约)概率。

风险中性违约率就是通过分析 FIS 及其发行人/融资者的目前信息,通过标的对象的目前 FIS 价格计算出利率所隐含的违约率,从而得到风险中性的违约率。目前最为流行的 CDS,基本上都是以风险中性违约率为基础,并构架 CDS 定价模式。风险中性违约率是以 2000 年 Hull and White 的数学模型为代表,这个数学模型对主体增信产品(CDS)进行了定价分析。

Hull & White(2000)提出了一个的信用互换评价模型,是一种属于简化的违约模型(Reduced-form Model),用以求出一个普通信用互换的保险费。相关内容如下。

1. 模型的假设条件

(1) 对象为信用违约互换的交易对手,且无违约风险。

(2) 单一参照债权(Reference Obligation)。

(3) 使用风险中立违约概率(Risk-neutral Probability)。

(4) 风险中立违约概率、利率及回收率三者相互独立。

(5) 使用由时间 $0 \sim t$ 的违约概率密度函数 $q(t)$。

(6) 违约时,信用保护卖方应付的补偿金为 $L - RL[I + A(t)] = L[I - R - A(t)]$,其中 L 为本金,R 为债券价值的回收率(Recovery Raet),RL 即为违约后债券的剩余价值,而 $A(t)$ 为应计利息率。

2. 间断型时间的违约概率估计

假设有一内含 N 个相同风险的债券组合,这些债券的到期日为 t,其中 $t_1 < t_2 < t_3 < \cdots < t_n$,且违约只允许发生在 $t_i(i < n)$。变量定义如下:

B_j:第 j 个债券在时间为 0 时的价格;

G_j:国库券(无违约风险债券)在 0 时点的价格;

$F_j(t)$:第 j 个债券在时间 t 的远期价格;

$v(t)$:时间 t 至 0 的折现因子;

$C_j(t)$:债权数量(Claim Amount),在时间 t 时第 j 个债券的价值;

$R_j(t)$:时间 t 时债权价值的回收率,$R_j(t) \times C_j(t)$ 即是债券在时间 t 违约后的剩余价值;

α_{ij}：在违约后，债券损失的现值；

P_j：风险中立违约率。

再假设利率固定，回收率 $R_j(t)$ 及债权数量 $C_j(t)$ 已知，则第 j 个债券在时间 t_i 发生违约时，债券持有人的损失现值为：

$$\alpha_{ij} = v(t_i)[F_j(t_i) - R_j(t_i)C_j(t_i)]$$

国库券现值与第 j 个债券现值的差可视为该债券在时间 0 时的损失期望值。而损失的期望值等于第 j 个债券在所有 t_i 的违约损失乘以各时间 t_i 的违约概率，即 $\sum_{i=1}^{j} P\alpha_{ij}$。因此可以得到以下关系：

$$G_j - B_j = \sum_{i=1}^{j} P\alpha_{ij}$$

进一步地就可以得到第 j 个债券在时间 t_j 内的违约概率：

$$P_j = \frac{G_j - B_j - \sum_{i=1}^{j=1} P_t \alpha_{ij}}{\alpha_{ij}}$$

对于风险中性违约率模型，应该认识到如下几个方面：①这个数学模型是根据标的资产的目前 FIS 价格来推导出 FIS 的违约率；②这个数学模型利用无套利理论进一步推导出增信产品（CDS）的价格。如果这个 FIS 发行人/融资者从来没有发行过债券，而银行贷款及其他工具并不能真实反映 FIS 发行人/融资者的信用等级或违约率，就无法使用风险中性违约率模型。可见，这个风险中性违约率模型如同 CDS 需要自我增信进行恶性循环一样，也是需要自我求征的恶性循环。所谓追求或计算违约率，却要求提供 FIS 价格（风险利率），而风险利率又可反映 FIS 发行人/融资者的信用等级，而信用等级又可显示违约率。

除了以上两种数学模型去确定违约率，并以违约率进行增信定价之外，违约率的确定，特别是对于既无信用违约历史数据，又无目前 FIS 价格的标的资产/增信对象，可以根据穆迪信评机构认可的市场隐含评级（Market Implied Ratings，MIR）来求得。市场隐含评级是一种基于 FIS 市场交易信息或信用利差的评级，在市场有效性假说基础上利用当前所获得的市场交易信息或信用利差来反映评级对象或标的资产的相对信用风险或信用等级，并以此确定违约率。

信用利差或风险利差作为增信定价，其实就是实现违约率与信用利差的平衡，达到这一效果：DP = CS。信用利差的研究，对于违约率的确定，对于信用等级的认可,具有现实而重要的意义。根据概率分布理论,以现有信用利差作为概率样本,在一定增信量条件下求得违约率,缩小误差率,从而达到违约率与信用利差的平衡。这样,只要掌握现有信用利差,就可以进一步去确定违约率。本书第八章关于中国 10 年间(2005—2014 年)信用利率与信用利差的历史数据,将作为中国违约率的现实基础,为增信定价打下坚实基础。

前几年中国钢贸企业 FIS 违约损失高达万亿元人民币以上,震撼了中国整个 FIS 市场,令市场投资者谈虎色变。其实,排除这些钢贸企业多年前都是 3A 信用等级(中国信评体系)令人意外的因素,高达万亿元人民币的违约损失,却并不令人震惊。如果从我国 2005 年开始起步的 FIS 市场计算,近十年的 FIS 总量早已过百万亿元人民币。因此,从违约率上看,钢贸企业 FIS 违约率仅在 1% 左右,如果按照中国钢贸企业及其 FIS 真实信用等级来算,或者 FIS 市场上的信用利差计算,这个违约率其实并不算很高。值得关注的是,这几年中国银行间市场上的各种债券/FIS,年违约总量在 700 亿元人民币左右,使得有些投资者难以承受。但如果理性地考察一下,基于这个市场上的债券/FIS,年平均存量为 20 万亿元人民币左右来计算,违约率竟然不足 4‰。这么低的违约率着实令人意外与不解。当然,我们必须意识到,中国国家信用还未完全撤退,刚性兑付并未消失,货币超发仍在持续,市场信用还未真正建立。在这种条件下的违约率或信用利差,误差率肯定难以真实体现。

三、违约率的风险定价

作为产品信用支持的 CDS/CRMW,对于具有相当财务透明度的、有一定信用等级的标的资产或者融资对象/增信对象,尚有用武之地;对于不具财务透明度的、尚无信用等级或信用利差的融资对象,比如个人、小微企业、地方政府(央企国资、地方政府平台公司),在产品信用支持的 CDS/CRMW 产生之前,仅适用于主体信用支持的金融担保。

对于具有稳定现金流的金融资产,可能金融资产项下的每个融资者并不具备信用等级,可以通过资产证券化(ABS)方式,将 SPV 所形成的不同层级权益结构,即以权益增信(产品)释放信用风险。其理由如下:

(1)尽管这些融资对象不具财务透明度的、尚无信用等级或信用利差,但在这些同质金融资产集合成为 SPV 名下的“资产池”后,通过运用大数据概率原理、素数原理等概率理论,可以有效地确定违约率,并随着数据扩大而逐步控制并降低违约率。因此,ABS 定价是在原来单个资产定价基础上进行集合产品的定价,这个集合定价则与质数理论或大数据概率理论相关。

（2）这些同质金融资产的利率相对而言比较高，而且期限较长，风险覆盖比例相对也较大。因此，ABS 风险可以有效控制。

（3）在前述条件下，根据违约率与风险覆盖比例差额，ABS 得以设计不同层级权益结构，由次级权益对优先级权益进行增信，次级权益就是增信权益。如果优先级权益与次级权益均可上市交易流通，则转化为优先级证券与次级证券，次级证券又可分为夹层证券和底层证券。优先级证券为无风险利率产品，夹层证券和底层证券则是风险利率产品，夹层证券和底层证券就属于权益增信产品。

（4）在 ABS 起步阶段，对于概率论的运用效果、违约率定价理念还未有正确认识，优先级权益流通性不够，次级权益往往不能上市交易流通。因此，优先级权益或次级权益往往还需要 FG 进行增信。值得关注的是，单一标的资产 ABS 及其增信与此无关，前面章节已有证述。

对于不具财务透明度的、信用等级较低或信用利差较大的融资对象，比如地方政府（在中国还包括央企国资、地方政府平台公司）为基础设施进行融资，金融担保（FG）因此而生。SPV 可以直接运用到对金融担保（FG）所形成的资产（风险资产/增信资产）进行产品化，其原因如下：

（1）此类金融资产的主要特征为，还款来源（政府财政收入）不透明，期限相对较长，信用风险因此相对较高。但同时，作为地方政府为基础设施融资，具有与公司法人不同的特性。基于这些特征，这类金融资产再融资也就相对比较容易方便，政府信用风险爆发需要一定时间的累积，这为增信提供了操作空间。

（2）此类金融资产的另一重要特征是金额巨大。如果金融巨大而采取 ABS 方式，集合此类金融资产形成 SPV 名下"资产池"，再发行 ABS 产品可能会消耗社会大量有限资本，要么造成社会资金紧张，形成市场利率上升及其货币超发，要么产品无人问津，难以为资本市场所接受。

（3）与个人、小微企业相比，各级政府数量相对有限，根据大数据与素数理论的基本原理，不仅违约率难以有效控制与降低，而且融资利率相对较低，这两者相结合就难以构架 SPV 的不同层级的权益结构，并难以此所产生的权益增信（产品）进行增信，难以释放此类金融资产信用风险。也就是说，一旦违约率冲破 SPV 的不同层级的权益结构，要么会质疑优先级证券为无风险利率产品，要么质疑对夹层证券和底层证券进行 FG 增信的合理性与必要性。何况，ABS 业务不是垄断业务，而是市场化业务。市场化的 ABS 会进一步分散此类金融资产数量，使得集合此类金融资产数量难以保证违约率有效控制与降低，无法正确构架 SPV 的不同层级的权益结构,从而难以对 ABS 进行正确定价。

综上,通过金融资产(FIS),或者风险资产/增信资产进行资产集合并移至 SPV 名下组成"资产池",利用"资产池"数量与规模进行测度违约率,从而构架 SPV 不同层级的权益结构,使金融资产、增信资产的风险面发生根本变化或弯曲。

通过违约率为基础的风险定价,金融资产/增信资产可以找到风险边界,使得金融资产的状态发生了变化。经增信(主体增信/产品增信)后的金融资产仍为 FIS,却变成了无风险利率产品(增信 FIS 或优先级证券)。违约率在"资产池"风险边界或风险集合处发生弯曲,分离出经风险定价的风险利率产品或权益增信产品,无论是来自 FG 所形成的增信资产,还是金融资产(FIS)本身都可以成为流通交易的 SPV 增信权益或者夹层证券和底层证券。

违约率不再与单一金融资产的违约率测度方式相同。因为单一金融资产即使具有信用等级,也经不起时间考验,不可能不随时间的推移而变化,否则有违信评理念和企业生命周期理论。违约率只有基于资产集合数据,才能产生客观的违约率,才能进行风险定价,分离出无风险资产与风险资产(权益增信产品),最终对金融资产/增信资产实现风险控制。

违约率及其产品化的意义,在于产品交易定价可以校正调整违约率定价,同时释放、消化、转移权益增信产品的风险,以及整个"资产池"中的金融资产/风险资产的内在风险,并使权益增信产品有限责任化,终止主体增信产品因主体性而需承担的无限责任。

第四节　增信定价方式与类型

一、增信方式转变

站在增信者(物)的价值构成角度看,对"信用租售"的主体增信属于身价增信,是一种民事担保向商事担保转化的过渡阶段的增信方式,例如 FG/CRMA;逐渐转化为名义上信用(保护)买卖,实际上风险(资产)交易的产品增信及其主体增信产品,属于定价增信,是一种以买卖投资为特征的商事担保的增信方式,例如 CDS/CRMW;而重塑"风险转移"的权益增信及权益增信产品,则属于另一种定价增信,是以具有增信功能的 SPV 权益结构这一增信方式来实现风险转移,包括 SPV 次级(分档)权益或者夹层证券和底层证券。增信方式从身价增信到定价增信的转变,不仅带来增信定价方式的转变,而且带来增信定价类型的转变。

1. 身价增信

身价增信是指在增信关系中处于增信对象或标的资产对立面的增信者,以其自身价值进行增信。增信者不仅包括增信主体,融资担保(FG)机构和 CRMA 的增信机构,以及增信物权,还包括因 SPT、BT 不同权益结构所产生的增信权益,次级(分档)权益。身价增信所形成的增信资产不具有流动性,一般为单一增信。身价增信,一般来说,其增信对象大多是尚无信用等级或者无法评定风险及其风险定价,故增信者就须以自身价值为此类增信对象/标的资产进行增信。

2. 定价增信

定价增信既包括对风险进行定价,并以此定价风险或风险资产通过标准增信合约所形成的主体增信产品(CDS/CRMW)作为增信者,又包括对 SPV 名下"资产池"中的集合资产以违约(概)率为基础的风险定价,形成不同权益结构并以权益增信产品(SPV 增信权益、夹层证券、底层证券)作为增信者。也就是说,增信者是从增信对象或标的资产中分离转移出来的经定价的风险或风险资产,而不是在融资担保的增信关系中处于增信对象或标的资产对立面的,具有较高信用等级的融资担保(FG)机构或增信机构、增信物权。

增信者,要么是对具有信用等级的增信对象/标的资产进行分离或转移风险,并以风险定价所形成的主体增信产品反过来对增信对象/标的资产进行定价增信;要么是不具有信用等级,通过资产集合移至 SPV 名下形成"资产池",以随机违约率为基础进行风险定价,形成 SPV 的不同层级权益结构,以低层级的夹层证券、底层证券对高层级的优先级证券进行定价增信。因此,增信者为交易流通的金融产品和有价证券,即主体增信产品和权益增信产品。主体增信产品(CDS/CRMW)作为交易流通的金融产品,都是以信用买卖或信用利差为定价增信的,一般又为单一增信产品,承担无限责任,或为无限责任产品。SPV 的权益增信产品(夹层证券、底层证券等)作为交易流通的有价证券,一般又为权益增信产品,仅承担有限责任,或为有限责任产品。

定价增信可以将身价增信所形成的增信资产进行产品化,并予以流动性,从而形成定价增信。例如,因主体合同增信(FG/CRMA)所形成的增信资产,其实是身价增信,如果将其予以流动性,形成主体产品增信(CDS/CRMW),可以转化为定价增信。又如,因主体权益增信所形成的次级权益,也是身价增信,如果予以流动性,使次级权益演变成夹层证券与底层证券,也就可以转化为定价增信。

二、增信定价方式

增信定价方式,随着增信方式的转变,从形式上的信用利差逐步转化为实质上的风险利差,再到以集合资产(池)的实际违约率作为增信定价方式,形成了各自不同的增信定价方式:信用利差、风险利差及其实际违约率。

1.信用利差

信用利差即以金融担保(FG)的信用租售等增信方式,以增信双方的信用等级差(信等差)所形成的信用利差作为增信定价,实际上也是金融担保(FG)行业的一种形式定价。增信对象一般为地方政府债或市政债,包括基础设施项目的债券及其债务融资工具,它们具有一定信用等级,但与企业法人不同,不可能为最高信用等级。因此,金融担保(FG)机构作为增信者,必须追求最高信用等级,以期获得因信等差所形成的最大信用利差作为增信收益(增信定价)。以信用利差作为增信定价的方式,可以用于(地方)政府、基础设施项目等特殊增信对象,也可用于具有一定信用等级,但从未发生过融资发债的公司法人。

2.风险利差

风险利差即对增信对象或标的资产以风险转移的增信方式,并对所转移的风险进行定价,包括信用违约互换(CDS)、信用风险缓释工具(CRM)。无论是CDS还是CRM,均以信用(保护)的标的资产进行买卖,以标的资产的信用风险或风险利差作为增信定价方式。风险利差的定价一般采用风险中性违约率模型的方式对风险进行增信定价。

3.实际违约率

实际违约率即将FIS资产或风险资产进行集合形成"资产池"并移至SPV名下,根据"资产池"中的各个资产价格与集合数量,运用素数理论的数学模型或大数据理论的数学模型,进行集合式的风险定价或增信(产品)定价。

三、增信定价类型

增信定价根据增信资产价值来源,可以分为身价增信与定价增信;根据增信资产所处的状况,又可以分为单一资产定价、集合产品定价与产品市场定价。

1.单一资产定价

到目前为止,除了ABS其他增信定价都是单一资产定价,包括FG/CRMA,CDS/CRMW,尽管CDS/CRMW也有产品市场定价。单一资产定价包括:①对于未有信用等级、未有信用历史的企业与各级地方政府(在中国还包括央企国资、地方政府平台公司等），可以模拟信用等级差所产生的信用利差进行增信定价，比如 FG/CRMA。②对于有信用等级、有信用历史的企业，运用风险中性定价模型进行增信定价，比如 CDS/CRMW。

2. 集合产品定价

集合产品定价不是对风险资产的直接定价，而是以单一风险资产（直接定价）为基础，在风险资产产品化过程中所进行的间接定价。集合产品定价就是利用素数理论与大数据概率理论，对 SPV"资产池"中的集合资产，包括 FIS 或者增信资产或风险资产，进行以违约率为基础的风险定价。应该指出的是，ABS 作为 FIS 集合产品，其定价模型到现在为止还未有正式定型，大部分只是对风险因子进行量化分析，并构架风险定价模型。

集合产品定价包括（增信资产）批发定价、（权益增信）产品定价和（增信产品）市场定价。

（1）（增信资产）批发定价，是权益增信产品定价的前提或"半成品"，是集合资产所需批发资产买卖的定价方式。

（2）（权益增信）产品定价，就是增信资产批发定价的最终结果，是权益增信产品发行价格。

（3）（增信产品）市场定价，无论单一产品定价还是集合产品定价，正确与否仍需市场交易进行调整并进行交易定价。如果产品定价有误，市场定价可以进行调整与校正，以防价格过度与失衡，避免无理性的价格波动给市场及其投资者带来的巨大市场风险。

第十章

权益增信产品与风险资产

第一节　SPV：风险转移的利器

一、特殊法人融资与增信困局

第二次融资革命与增信，使得 FIS 发行人/融资者从公司法人转向特殊拟制人——国家及其各级政府，或者地方政府等。在中国，除了交通设施项目融资外，基础设施项目融资还包括国家工业化过程中的工业布局和人口城市化中的生活区域设施等，并通过央企国资、地方政府及其平台公司的各类债务来反映。但是，除了央企国资上市融资之外，由于 FIS 发行人/融资者难以市场化方式进行增信，即使 FG 偶尔可以作为一下，却无法满足 FIS 规模化发展的需求。即使中国努力推广 PPP（政府与社会资本合作模式），那也不是中国政府所愿，实在是无奈之举。央企国资、地方政府及其平台公司的负债，占取中国 60% 以上 FIS（融资）市场份额。与第二次融资革命相应的增信，金融担保/融资担保（FG）作为主体增信，已经很难支撑中国如此庞大的、数百万亿元人民币的融资额度/增信需求。

如果要支撑数百万亿元人民币融资额度/增信需求，在从事 FG 的金融机构看来，要么募集数十万亿元人民币资本金开展低效的 FG 业务，要么继续现行非市场化的"刚性兑付"或者"债转股"政策；否则，就应该进行增信创新，主动引入创新增信产品，或者对权益增信产品进行创新。在资本效益化、增信安全化的条件下，支撑起数百万亿元人民币融资额度。但与第二次融资革命不同的是，这次是通过改革增信方式，或以颠覆性方式对增信进行史无前例的改革，从而可以解决我国如此庞大的、数百万亿元人民币的融资难题，当然也就可以为全球数百万亿美元的基础设施融资需求带来可能机遇，从而造福全人类。因此，这次增信改革可称为"第二次增信革命"。

二、第一次增信革命与 SPV

第一次增信革命解决金融资产（FIS）的风险控制问题，即通过金融资产标准合约，将具有稳定现金流的同质 FIS 集合组成"资产池"，并移至 SPV 名下；以违约率为基础进行风险定价，形成 SPV 不同层级的权益结构且证券化；夹层证券、底层证券对优先级证券具有吸收、转移风险的增信功能，因而成为权益增信产品。

而且,与此同时,SPV 名下"资产池"中的全部 FIS 的信用风险也随之得以释放/消化。因此,第一次增信革命所带来的权益增信产品是与 SPV 这个拟制人——国家赋予金融机构最为有效的风控利器紧密相关。值得关注的是,SPV 权益结构设置具有下列条件与要求。

(1) 制造金融资产(FIS)合约标准化。首先,金融资产属于具有稳定现金流的 FIS,包括按揭贷款、银行贷款、信托资产与租赁资产等;金融资产的风险一般为上市公司长期负债或者供应链中的上市公司应收账款、个人按揭贷款等资产。其次,为了转移风险,无论是批零买卖业务,还是产品发行业务,都必须将制造金融资产(FIS)的合约进行标准化改造,特别是易于资产转让的相关条款。最后,标准化合约易于批零业务,更易于打包组成"资产池"。标准化合约可以形成 SPV"资产池"。

(2) 同质资产组成"资产池"。同质 FIS 便于测度违约率,因而需要将同质资产集合组成"资产池"。如果 FIS 不是同质的,"资产池"里的违约率不仅难以测度,而且测度结果的有效性易受质疑。如果违约率无法测度或无法获得正确的测度结果,就无法进行风险定价。

(3) 这样的同质"资产池"不仅易于测度违约率,而且根据大数据和素数原理,数据越大,违约率越趋于稳定,并且越来越下降。正因为如此,同质资产批零交易,产品发行才有了交易发行成本;否则,风险转移,无论是批零交易还是产品发行,都没有交易成本,交易也是不可行的,风险转移更是纸上谈兵。

(4) 违约率测度准确,有利于风险定价。为了风险定价,必须测度违约率,也就是说,风险定价是以违约率为基础的。如果风险定价不是以违约率为基础,那么,集合同质资产形成"资产池"也就失去意义,运用 SPV 也就失去了价值和作用。

(5) 风险定价,有利于设置 SPV 权益结构。基于风险定价,SPV 可以设置不同层级的权益结构。如果没有风险定价,那么 SPV 就难以设置不同层级的权益结构。由于风险定价基于违约率,因此 SPV 名下的"资产池"可以划分不同违约率的范围与界线,从而可以为 SPV 构建不同层级的权益结构。

(6) SPV 权益结构最终形成增信权益,又因其流动性被称为证券,比如夹层证券与底层证券,两者均为权益增信产品。

与各类资管计划、信托计划和理财计划不同,SPV 是法律特别给予金融机构最为有效的风控利器,是用于风险转移的风控方式和资管模式。各类资管计划、信托计划和理财计划都只是用于风险递延的风控方式和资管模式,只有 SPV 及其权益增信产品才属于转移风险的风控方式和资管模式。

三、SPV 权益结构设置

SPV 不同层级的权益结构,包括优先级权益与次级(分档)权益;次级(分档)权益对优先级权益具有增信功能,次级(分档)权益属于增信权益。由于 SPV 一开始被赋予流动性,因此优先级权益与次级权益转化为优先级证券与次级(分档)证券,次级(分档)证券又分为夹层权益与底层权益。夹层证券与底层证券是对优先级证券的增信,底层证券是对优先级证券和夹层证券的增信。夹层证券与底层证券则分别是由权益增信转化过来的权益增信产品。夹层证券与底层证券在释放、转移了优先级证券的风险的同时,也把 SPV"资产池"中同质资产证券信用风险全部予以释放、消化,所有风险随着夹层证券与底层证券而转移到交易市场中,并通过市场交易及其交易定价进一步释放市场风险,即 SPV"资产池"中同质资产的信用风险全部转移到市场交易者及其交易市场中。

风险转移,除了权益增信产品外,还可以金融资产批零买卖去实现。当然,金融资产批零买卖,最终还得通过权益增信产品去彻底释放、消化、转移风险。但是,有的金融资产(FIS)的风险转移,也可以不用通过金融资产批零买卖业务、SPV 及其权益增信产品发行业务,而是需要通过主体增信(FG/CRMA)及其产品化(CDS/CRMW)来实现初步的风险转移,形成增信资产。比如地方政府债或市政债、基础设施项目融资及其央企国资等融资工具,需要通过金融担保(FG)业务制造并形成金融资产,可称为风险资产或增信资产。

增信资产虽然也属于金融资产,但与金融资产(FIS)不同。如果金融资产为 FIS,经增信后的 FIS 为无风险利率产品;增信所承载的、从 FIS 转移出来的、经定价的风险,为风险资产或增信资产。这样,增信后的 FIS 与增信资产都是金融资产,两者合一才为 FIS。FIS 减去增信资产是增信后的 FIS,为无风险利率产品;FIS 减去增信后的 FIS 是增信资产,为风险利率产品或权益增信产品。因此,作为一种金融资产,增信资产也应该实现风险转移,再开展批零买卖业务和产品发行业务。而这个产品发行业务正是让增信资产通过 SPV 及其权益增信产品释放、消化、转移风险。针对增信资产,SPV 的权益结构设置会与 ABS 有所区别,或者应该赋予 SPV 新的权益结构,也许,这正是 SPV 新的历史使命。

第二节　SPV：新的历史使命

一、增信资产

经主体增信，从金融资产（FIS）分离转移出来的，并经定价的风险，为风险资产（Risk Asset，RA），也就是增信资产（Asset From Credit Enhancement，AFCE），即经增信机构开展的增信业务（FG/CRMW）所形成的资产。增信资产，在金融担保（FG）看来，叫作金融担保资产；对从事信用风险缓释的增信机构（CRMA）来看，称为增信资产；对于从事 CDS/CRMW 交易的金融机构或信用（保护）买方来说，为信用保护资产或者 CDS 资产。无论是形式上的金融担保，还是实际上的信用租售；无论是形式上的信用（保护）买卖，还是实质上的风险（资产）转移，在增信范围内所形成的资产，均为增信资产。

制造增信资产的各种金融机构，不限于金融担保机构，包括任何从事金融资产零售业务的金融机构，都可以是从事增信零售业务的金融机构。由于受制于传统担保业务垄断概念限制，增信媒介或增信合约都是非标的，而且难以对外（行业以外）进行转让。但是，作为主体增信产品，CDS/CRMW 打破了主体增信（FG）的限制性，即通过合约标准化，使得纯粹的主体增信向主体增信产品转化，对接上了资本市场，使所有资本市场上的参与者均可参与主体增信产品交易。

尽管从金融资产（FIS）中分离、转移出来的信用风险经定价为风险资产或增信资产，但主体增信，无论是主体增信（FG/CRMA），还是主体增信产品（CDS/CRMW），增信资产作为风险资产仍然留在金融担保/增信机构手中。从这个意义上讲，或者主体增信相对于金融资产（FIS）来说，只是形式上的风险转移，实际上也只是风险递延，如同资管计划、通道业务。即使主体增信产品，CDS/CRMW，它们在未摆脱"主体性"之前，仍然属于风险资产，尽管号称主体增信产品。

二、SPV 与增信资产

增信资产都是风险资产，无论是形成于金融担保（BG），还是形成于信用风险缓释协议（CRMA），除了长期 FIS，这些增信资产绝大部分来自地方政府债或市政债，及其中国特殊法人代表中央企业、地方国资集团的负债及其各种融资工具，其实绝大部分应该是基础设施项目融资。为了转移风险，无论是批零买卖业务，还是产品发行业务，都必须先将制造增信资产的合约进行标准化改造，特别是增信资产转让条款。增信资产的制造合约标准化,有利于增信资产批零买卖业务,更有利于增信产品发行业务。

由标准合约所组成的"资产池",才便于测度违约率,所以如果增信资产制造合约不标准,首先无法在二级市场上进行批零买卖,也无法打包形成增信资产的"资产池",更是难以测度 SPV 名下增信资产的违约率。如果违约率无法测度或无法获得正确的测度结果,就无法进行正确的风险定价。标准合约所组成的"资产池",不仅易于测度违约率,而且根据大数据和素数原理,数据越大,违约率越趋于稳定,并且违约率趋于下降。正因为如此,增信资产批零交易,增信产品发行才有了发行成本和交易成本。风险定价是以违约率为基础的,如果风险定价不是以违约率为基础,那么,集合增信资产所形成的资产池也就失去了意义,运用 SPV 也就失去了价值和作用。

基于风险(增信)定价,SPV 可以设置权益结构。如果没有风险定价,那么SPV 就难以设置权益结构。由于风险定价基于违约率,因此 SPV 名下的"资产池"可以划分不同违约率的范围与界线,从而可以为 SPV 构建权益结构。SPV 权益结构可以是不同层级的权益结构,如同 ABS 那样,比如优先级证券、夹层证券与底层证券;也可以是单一权益结构,但内部又分 SPV 权益与 SPV 名下风险"资产池"(负债)这两种不同的权益结构,如同有限公司权益结构(公司股权与公司债务)。SPV 单一权益结构可以把风险资产池中全部风险尽最大限度地进行覆盖,并且把风险进一步释放,消化、转移到可以流动交易的 SPV 权益,即权益增信产品中,并通过市场交易及其交易定价进一步释放风险,将风险转移到市场交易者及其市场交易本身。

由此可见,SPV 不仅可以为 FIS 构造不同层级的权益结构,也可以为风险资产/增信资产(RA/AFCE)构造不同于 ABS 的单一权益结构,从而形成真正意义上的权益增信产品。如果说,公司法人具有权益增信功能及其上市公司拥有上市股票这一权益增信产品,是因融资而生的,非为增信而生;如果说,为 FIS 转移风险而用 SPV,正是 SPV 的特殊目的;那么,为增信资产而用 SPV,这或许正是 SPV 新的历史使命。

第三节　SPV:第二次增信革命

同为金融资产,FIS 与 RA/AFCE 不同。FIS 包括无风险利率产品和风险利率价格产品,两者是价格与产品的统一。RA/AFCE 则因增信是从 FIS 分离、转移出来的，经定价的风险，只是 FIS 价格组成的一部分，是风险利率价格。但在总体风险上，FIS 与 RA/AFCE 却是一致的。由于 FIS 与 RA/AFCE 两者在价格上可能差之百倍或千倍，这个价差，却对于一国银行体系与货币体系影响甚大，涉及影子银行和货币超发的规模与质量。因此，基于 FIS"资产池"的 SPV 所构造的不同层级权益结构（ABS），与基于 RA/AFCE"资产池"的 SPV 所构造的单一权益结构有着完全不同的意义和作用。尽管风险转移都是金融机构的最为有效的风控方式或资管模式，SPV 也都是金融机构最为有效的风控利器/资管利器，但对于不同性质的金融资产，SPV 权益结构却各自不同。

RA/AFCE 是基于主体增信（FG/CRMA）而产生，主体增信产品（CDS/CRMW）如果变更为风险（资产）交易结构后也可以产生 RA/AFCE。主体增信不仅解决不了 FIS 规模发展需求（效益性），而且增信主体（机构）也需要承担无限责任（安全性），没有办法体现增信效益性和增信安全性的统一。主体增信产品尽管解决了 FIS 规模发展需求，除了已经以清算规制解决的"交易对手风险"外，却仍然无法解决主体（机构）承担无限责任问题，进而无法绕过自身增信问题。因此，主体增信或者主体增信产品，这些主体之间或产品之间发生的直接增信或外部增信，必然要让位于权益增信产品（间接增信/内部增信），这是增信安全性与增信效益性有机统一的必经之路。如上所述，主体增信所产生的 RA/AFCE，尽管是分离、转移了 FIS 风险，但却仍然将风险留在了作为金融机构的增信机构手中。因此，与其说是风险转移，不如说是风险递延。从创造金融资产角度来说，RA/AFCE 也是一种零售类型的金融资产，与 FIS 一样。从风险递延角度来看，主体增信与所谓资管计划、通道业务一样，金融资产（FIS）的信用风险只是在不同金融机构之间流转。

要终结金融资产（FIS）的信用风险，只是运用风险递延这一风控方式或资管模式是没有出路的，无论是资管计划、单一 ABS，还是主体（机构）增信。要终结金融资产（FIS）的信用风险，或者以金融产品支持基础设施项目融资，必然运用风险转移这一金融机构最为有效的风控方式或资管模式，而且必须运用 SPV 这一国家赋予金融机构防范金融风险的利器，将主体增信（直接增信/外部增信）及其主体增信产品演变成权益增信产品（间接增信/内部增信）。SPV 不仅可以运用于金融资产（FIS）而产生不同层级的权益结构，通过权益增信产品转移金融资产FIS 信用风险，而且也可运用于 RA/AFCE 而产生单一权益结构，只是通过内部权益结构化，使得权益增信产品转移 SPV 名下 RA/AFCE"资产池"的风险。

尽管都是运用国家赋予金融机构防止金融风险的特殊目的载体（SPV），却与第一次增信革命不同,SPV 名下的"资产池",不再是固定收益产品(FIS),而是 RA/AFCE。FIS 与 RA/AFCE,如前所述,不仅资产构成不同,风险与定价不同,而且所面对的融资主体或融资项目、融资规模及其融资目的也完全不同。

1. 主体增信

主体增信(FG、CRMA)或者机构增信,主要是针对基础设施项目融资,在美国表现为地方政府债或市政债,在中国则表现为各级政府或者地方政府及其平台公司、中央企业与地方国资。基础设施融资具有融资规模大,融资时间长,融资效率低等重大风险特点。主体增信的产生,或者直观地说,增信概念包括直接增信或外部增信,就是为基础设施融资而生。但是,主体增信却不能满足基础设施巨额融资需求;否则,要么融资成本居高不下,要么增信资本效率低下,而主体增信抵御不了随机违约率。因此,主体增信既不能达到增信效益性,也达不到增信安全性,更谈不上两者统一。

2. 主体增信产品

主体增信产品(CDS/CRMW),一方面不适用于财务透明度低的基础设施项目融资或者地方政府及其央企国资的融资需求,因此,为了增加交易效益,裸交易推动了虚拟交易,加大了杠杆,累积了风险;另一方面受限于产品自身的"主体性",包括证明自身信用的抵押品,资源无法实现最佳配置,增信效益大打折扣。CDS/CRMW 虽然可以支撑起巨额的基础设施融资,但增信安全却令人担忧,两者无法达到高度统一。

3. 权益增信产品

如果将基础设施巨额融资的 FIS 直接打包组成"资产池"并移至 SPV 名下,发行 ABS 来转移风险,尽管运用权益增信产品的方法没有任何错误,但这种 ABS 会带来新的系统性问题。这是因为:

(1)由于基础设施项目融资所需金额特别庞大,如果将基础设施项目融资(FIS)进行证券化,可能会消耗掉很大的一部分社会资本,社会资本可能承受不了如此庞大金额的 ABS。一方面,社会资本可能不愿意过多配置收益较低的无风险利率产品(优先级证券);另一方面,即使社会资本可以承受,由于消耗过多社会资本,也会推高其他资金成本,进一步推高市利率,可能给整个资本市场或者众多金融机构带来极大的负面影响。

(2)地方政府在具体数量上不如自然人/个人或其他公司法人多。因此其在计算、测度集合资产的违约率方面会有困难,可能难以稳定和控制违约率,风险定价就难以成行,从而也就难以设置 SPV 的权益结构,SPV 权益难以覆盖 SPV 名下

RA/AFCE"资产池"的风险,或者权益设置过于粗糙可能造成权益结构之间的巨大混乱,并因失衡而崩塌。

（3）基于 SPV 名下的 FIS"资产池",SPV 权益中的优先级证券与夹层证券占据 ABS 绝大部分,而底层证券仅占极小部分。从理论上讲,基于 SPV 名下 FIS"资产池"的优先级证券与夹层证券,是无法抵御"肥尾现象"的。何况,各个商业银行或投资银行都可以发行 ABS。作为 SPC,"美国二房"拥有并管理着数十万亿美元之巨的 FIS(绝大部分只是个人按揭资产,还不是地方政府债/基础设施融资),数量如此之巨正是为了抵御随机违约率及其"肥尾现象"。单个商业银行或投资银行所发行的 ABS/MBS 逐渐减少甚至消失,也正是出于如此考虑。

（4）如果基于 SPV 名下的 RA/AFCE"资产池",采取 ABS 不同权益结构,绝大部分权益(优先级证券、夹层证券)仍然属于 FIS,一旦违约率计算失误,或者出现"肥尾现象",那么,SPV 权益就可能无法覆盖 SPV 名下的 RA/AFCE"资产池"中的风险,SPV 权益就会崩塌,可能会造成系统性风险。因此,只有通过 SPV 单一权益(产品证券),如同上市股票,并采用不同发行方式;建立中间层权益增信产品,如同优先股、次级债和可转债,增加覆盖 SPV 名下的 RA/AFCE"资产池"中的风险。这些权益增信产品、SPV 单一权益(产品证券)及其中间层(权益增信)产品,可以通过市场交易及其市场定价来真正抵御随机风险或"肥尾现象"。

因此,相对金额巨大的基础设施融资,在考察了全部以往增信方法或增信途经后,结合现有各种权益增信功能、各种权益增信产品的所有优势后,第二次增信革命必然爆发,可以不期而遇,无论现行金融监管机构喜欢与否。在融资成本低下,增信资本效率最佳,增信风险可控的条件下,实现权益增信产品效益性与安全性的统一,满足全球基础设施巨额融资需求,这是目前世界各国金融界必须面对的客观现实,也是造福于全人类的必然要求。

第四节　全球基础设施融资需求

权益增信功能伴随了第一次融资革命,第二次融资革命却于数百年后,当黄金与美元分离并由美元主导信用世界时,催生了主体增信。主体增信,其增信对象就是地方政府债、市政债等与基础设施项目紧密相关的融资工具。但由于增信者,金融担保(FG)机构/信用风险缓释(CRMA)增信机构资本金有限,无法支撑基础设施融资规模化发展,而可以支撑基础设施融资规模化发展的主体增信产品,却无法支持财务透明度不高的基础设施项目融资。因此,迄今为止,尽管全球基础设施项目融资需求巨大,却没有获得任何行之有效的金融产品的大力支持。

就目前而言,美国总统特朗普提出在未来5年实施美国1.5万亿美元的基础设施项目建设与项目投融资,却在华尔街找不到任何金融产品支持。于是,特朗普转而求助于基础设施投融资至少在表面上最为成功的中国。近期东盟国家会议表示,东盟各国近五年的基础设施项目融资需求高达3.5万亿美元,但是前景不容乐观。新时代中国所提倡的"一带一路",主要是基础设施项目投融资,在未来20~30年间,"一带一路"沿途国家的基础设施投融资总额高达10万亿美元以上。全球各国基础设施,包括殴美国家基础设施老化已成现实,因此如需更新与发展,全球基础设施投融资总额在未来若干年内应该高达百万亿美元。随着全球一体化的迅速发展,人类命运共同体的逐步形成,人类追求幸福生活的需求日益增长,大幅度加大全球基础设施项目建设与投资已经是不争的客观需求。如何适应这种增长的客观需求,则是世界各国金融界必须面对的现实和挑战。

欧洲设立有限公司或公司法人,开创了权益融资及其权益增信功能的先河,但是却满足不了社会经济迅速增长与欧洲对外扩张的步伐。然而,公司权益上市融资,并将权益增信功能转化为权益增信产品,即上市股票,一下子打开了通向全球的资本市场。迄今为止,全球上市股票融资总额可能已经达到数千万亿美元。同样,人类为特殊法人国家政府融资,或者基础设施项目融资,在主体增信已经满足不了基础设施融资(FIS)规模化发展需求时,同样需要创造上市股票般的权益增信产品,用来支持全球基础设施融资(FIS)规模化发展。

世界各国金融界所面临的选择是,要么如同过去一样,对于全球基础设施巨额融资需求视而不见;要么如中国一样,在"外汇长城"保护下,形成互相关联的三个百万亿元人民币级现象:具有风险的金融资产(FIS)、影子银行与人民币超发;要么选择SPV这一金融机构风控利器,改造ABS权益结构及其权益增信产品,创新权益增信产品,用来满足全球基础设施项目融资及其规模化发展的需求,加速建设全球基础设施,造福于全人类。

第十一章

创新增信产品

第一节 思 路 创 新

一、总结历史经验

由于民事信托演变成商事信托,民事担保演化成商事担保,无论是群星拱月的 ABS,还是被人遗忘的权益增信产品(夹层证券与底层证券),其实是金融皇冠上最为耀眼的"两颗明珠"。

如果直接使用风险(资产)交易结构,除去 CDS 或 CRMA 的形式交易结构,即信用(保护)买卖,则意味着,RA/AFCE 应与 FIS 一样,可以运用特殊目的载体(SPV),并在 SPV 这个人类智慧之树上盛开出国色天香的牡丹:创新增信产品,即崭新的权益增信产品,异于 ABS 中的夹层证券与底层证券。

如前所述,"美国二房"内含着增信资产,即对住宅抵押贷款所提供的增信(担保)业务(包括 FG 和 CDS)所形成的增信资产,并与住宅抵押贷款及其他资产混合在一起构成了 SPC 式的"美国二房"资产。尽管"美国二房"是 SPC,却把外部管理人与外部管理的拟制人合成一体共同上市。这样,增信资产不仅没有提升"美国二房"股价和资产质量,而且成为其重大风险。"美国二房"如果把这些增信资产单独运用 SPV,发行不同于 ABS/MBS 中的权益增信产品,不仅有利于"美国二房"的风险转移,可以提升"美国二房"股价和资产质量,而且,可以对 ABS 的权益增信产品进行变革,形成创新增信产品,这将翻开增信历史,或者当代金融史上最重要的一页。但是,"美国二房"偏偏就失去了这个历史机遇,却与本书偶遇,并尽释其美丽与天真,与天地同辉。

1. 增信方向

关于融资者(公司法人)的自身增信,应该已经相当完善。从有限公司开始,公司股权、公司股票对公司债务具有权益增信功能,再向增信权益(产品)的上市股票转化,上市股票相对于上市公司债务,则为权益增信产品,进而又通过优先股、次级债与可转债,不断演化出不同层级的权益增信产品。由此可见,权益增信功能及其产品化,在内部管理拟制人、公司法人及其上市公司中得到诠释。即使上市公司的一般债务或金融机构的此类金融资产,其信用风险均可通过 CDS/CRMW,或者 CLN 这种主体增信产品得以转移。然而,权益增信功能及其产品化,这个人类知识瑰宝,却被增信历史掩埋、失落了 300 多年。

剩下的未上市公司的一般债务,特别是长期的、难以短期获利的基础设施融资,表现为地方政府债或市政债,中国更是表现为央企国资融资、地方政府债及其平台公司债务。与这种债务相对应的,是中国金融机构庞大的金融资产(FIS),这无疑涉及金融资产(FIS)的风控方式或资管模式。以下所有增信形式、增信载体、增信媒介,都是沿着这个增信大方向进行变化发展的。

2. 增信形式

金融担保(FG)通过信用租售定价机制和及时偿付,将没有经济意义、只是追求法律责任的民事担保驱逐出了增信行业。或者说,民事担保并不属于增信。只有金融担保,开始了主体增信。但是,主体增信不仅风险巨大,在追求资本效益最大化的条件下,无法满足 FIS 市场规模化发展的需求,而且金融担保的持牌经营与行业监管,又限制了市场投资者或社会资本的进入。因此,金融担保,作为"信用买卖"这一商事担保的过渡概念,迅速地被真正的商事担保"信用(保护)买卖"所取代。

作为信用(保护)买卖的代表产品,CDS 在 21 世纪初得到了迅猛发展,并于2016 年 9 月底在中国登陆,中国还同样以信用(保护)买卖方式推出了信用风险缓释工具(CRM)。另外,ABS 的夹层证券/底层证券,不仅反映了 SPV 不同层级的权益结构,而且也反映了拟制人所特有的权益增信功能,特别是对 SPV 权益的流动性安排,使得权益增信产品大放光彩。可惜的是,人们只是将其视为一种所谓"内部增信",并与其他似是而非的一些概念混同,把这个"内部增信"搞得面目全非。因此,权益增信产品从一开始就未被人们真正认识,其所固有的特殊增信价值也被所谓"砖家"弃之如敝屣。

3. 增信载体

CDS 不仅改变了增信形式,由行为担保改为信用(保护)买卖,而且使增信主体从此走出了身价增信的古老怪圈,跨入了增信产品与定价增信的大门。从增信主体演化到增信产品,CDS 不仅抛弃了行业限制(行业监管和持牌经营),释放出资产追逐效益的天性,而且聚集了巨额资本进入增信行业,支撑起 FIS 市场规模化发展,实现了增信产品所具有的增信效益最大化。但是,以标准合约为增信媒介的增信产品都是主体增信产品,如同最早拟制人无限合伙,并未最终解决主体无限责任的问题,即增信安全性问题。

权益增信产品开始出现在资产证券化(ABS)中,即夹层证券与底层证券。SPV 不同权益结构的设置,夹层证券与底层证券因为可以吸收、转移优先级证券的风险而成为增信权益,因其流动性而成为权益增信产品。夹层证券与底层证券在 ABS 中初露锋芒,不仅成为定价增信的权益增信产品,而且解决了主体增信产品的无限责任问题,实现了增信效益性与增信安全性的统一。由于金融机构急于利用 ABS 的融资功能和再融资功能,却并未真正认识到 ABS 所带来的权益增信产品(夹层证券和底层证券)的真正意义,也未了解其在金融机构风控方式或资管模式中所具有的终极性功能。其实,即对金融机构来说,权益增信产品是最为有效的风控方式或资管模式。

4. 增信媒介

根据以往的增信知识,所有增信媒介均为合约增信,无论是以非标合约为增信媒介的主体增信(FG/CRMA),还是以标准合约为增信媒介的产品增信(CDS, CLN)。但是,300 多年前早已存在的增信媒介,拟制人的权益结构,比如公司股权与公司债务,上市股票与上市公司债务,拟制人内部存在着不同的权益结构等,却可能因人类健忘症,也许是利益集团故意错误引导,被人遗忘。尽管曾经在 ABS 中昙花一现,拟制人权益结构却被人与其他似是而非的机制混淆为所谓"内部增信",束之高阁,差点成为死亡固化的历史。

在拟制人的不同层次、不同形式的权益结构之间,下一层级的权益对上一层级的权益存在着吸收、分离、转移风险的这一增信功能,下一层级的权益也就是增信权益。作为内部管理拟制人的公司法人如此作为外部管理拟制人的,SPV 也是如此,两者均可产生增信权益。因存在增信权益,拟制人的权益结构也就成为一种不同于增信合约的增信媒介。

5. 经验总结

综上,权益增信功能或者增信权益,应该是增信历史的基本源头,权益增信产品却是增信历史的根本未来。无论是增信形式,还是增信载体,抑或是增信媒介,权益增信产品都是效益性和安全性的统一,能够支撑 FIS 市场的规模化发展。与此同时,作为金融机构最为有效的风控方式或资管模式,权益增信产品应该是终极性的增信,无论是主体增信,还是主体增信产品,无论 SPV 的"资产池"是由 FIS 组成还是由 RA 组成,最终都将在权益增信产品中彻底完全地释放、消化、转移风险。这也就是说,可以将风险资产或增信资产组成"资产池"并转移至 SPV 名下,通过违约率进行风险定价,形成相应的权益结构,就可以创新权益增信产品。

二、机制安排与运用

授予金融机构风险控制真正利器 SPV,其特殊目的,就是只能用于金融机构的风险控制,而非融资目的。作为最为有效的风控方式和资管模式,风险转移在

SPV 权益增信产品中得到完美诠释,是增信效益性与增信安全性的高度统一。在运用 SPV 这个法律赋予金融机构的风控工具或资管利器之前或者发行权益增信产品之前,应该对金融资产(FIS)或者增信资产或风险资产(RA)进行批零交易买卖,然后集合资产组建"资产池"并移至 SPV 名下,通过以违约率为基础的风险定价,形成 SPV 的权益结构,形成权益增信产品。

ABS 并不注重资产价格,更强调信托责任,采取谨慎态度进行资产管理。这是因为 SPV"资产池"中的资产属于 FIS,相当于正资产,可以支撑 SPV 的不同权益结构。如果主体增信(FG)脱离担保概念,CRMA 不再自我限制转让,主体增信产品(CDS/CRMW)改为风险(资产)交易,它们均可成为增信资产。增信资产通过二级批发市场,由产品发行机构将所购增信资产组成"资产池",并移至 SPV 名下,就可以形成 SPV 权益结构,其中就包含着权益增信产品。

这个权益增信产品不仅讲究定价管理,而且追求信托责任。这样商事信托与商事担保的有序结合就能够相得益彰,形成效益性与安全性统一的创新型权益增信产品。创新型权益增信产品就是在信托责任基础上,把增信资产或风险资产(RA)与权益投资资产都归于 SPV 名下进行管理,既强调积极的定价管理,以投资资产成倍地增加风险资产的风险覆盖率,又强调谨慎的资产管理,以价格管理为前提,进行适当投资。这种创新型权益增信产品,可谓是"珠联璧合",定能绽放出更加绚丽的光芒,成为金融皇冠上最亮丽、最硕大的"明珠"。

第二节　产　品　创　新

一、增信形式创新

无论是金融担保,还是信用(保护)买卖,拟或是权益结构设置,都是风险转移的法律形式,即增信形式。因此,增信形式上的创新,是增信的根本创新,犹如从担保行为,转向信用(保护)买卖,再转向风险(资产)交易,就意味着通过增信合约这一增信媒介,从民事担保向商事担保演化,无论主体增信(FG/CRMA),还是主体增信产品(CDS),由此形成的担保资产或增信资产,通过 SPV 权益结构,形成权益增信产品,都是增信形式不断创新的结果。

可见,从形式上的信用(保护)买卖,转向实质上的风险资产交易,这个转变本身就可以产生诸多创新增信产品,即从 FG 到 CDS、CLN,再到 CRM。风险(资产)交易所形成的增信资产,是转移风险的初级阶段,也是 SPV 权益增信进行创新的前提基础。ABS 所对应的 SPV 名下"资产池"是 FIS,如果 SPV 名下资产池是 RA,SPV 的权益结构可以不同于以往的 ABS。创新权益结构,就是权益增信产品的创新,也就是增信形式的创新。

二、增信内容创新

1. 基础资产不同

ABS 的基础资产即 SPV 名下"资产池"所集合的资产,是具有稳定现金流的固定收益产品(FIS)。而创新增信产品的基础资产,则是增信资产(AFCE)或风险资产(RA)。众所周知,AFCE 或 RA,来自 FIS 的信用风险或定价风险,是从 FIS 中独立出来的风险资产,是 FIS 实现了首次风险转移所形成的风险资产,也就是 FG/CRMA 所形成的增信资产,甚至可以是 CDS/CRMW 所形成的增信资产,只要其抛弃形式上的信用(保护)买卖,改变成实质上的风险(资产)交易。正因为 SPV 名下的"资产池"(基础资产)不同,可以产生不同于 ABS 的 SPV 权益结构,也就可以对原来的权益增信产品(夹层证券与底层证券)进行创新,这个创新增信产品,可以称为 Risk-asset Backed Securities(RBS)。

RBS 没有取自增信资产(AFCE),却来自风险资产(RA),这是因为与最早产生权益增信产品的 ABS 保持形象上的一致,一方面比较简捷;另一方面是在 ABS 基础上更加完善。因此,原来笔者所著《增信原理》一书中将其中称为"复合增信产品",终于找到了它的历史归宿和现实框架。

2. RBS 对价支付不同

ABS 的"资产池"来自打包的集合的 FIS。FIS 打包集合成"资产池",移至 SPV 名下时,存在资产交易对价,即一旦 SPV 的不同权益/证券发行成功,SPV 将向原始权益人支付资产交易对价。RBS 的"资产池"却是由 RA 集合所形成的。RA 所组成的"资产池"在转移给 SPV 时却是无须支付对价给原始权益人的。相反,RBS 原始权益人在转移增信义务或信用风险时应向 SPV 支付风险对价,从而将风险对价或风险资产转移至 SPV 名下。正因为如此,RBS 可以构建不同于 ABS 的 SPV 权益结构,可以对权益增信产品进行创新。

3. RBS 权益设置不同

ABS 设置了不同层级的结构化权益,包括优先级证券、夹层证券与底层证券。夹层证券与底层证券吸收转移了优先级证券的风险,均属于增信权益;底层证券更是对优先级证券和夹层证券的增信,是最基础的增信权益。因此,优先级证券和夹层证券都是不同的利率产品(FIS),只有底层证券真正属于权益产品,如同公司股权/上市股票那样。

RBS 可以设置不分层级的统一权益,与 SPV 名下"资产池"中的具有"负资产"性质的风险资产(RA)一起构成了不同权益,如同公司股权或上市股票。但是,在 RBS 内部权益之间同样存在着增信关系,是 SPV 权益资产(RBS)对风险资产(RA)的增信,如同保险公司上市股票相对于保险公司债务同样是增信权益,或者权益增信产品。RBS 作为 SPV 的增信权益,如同上市股票,具有"下不保底上不封顶"的风险收益特征,而且主要是为了对付随机违约率或"肥尾现象"。

4. RBS 权益内容不同

(1)相对有限 RBS 与相对无限 RA。RBS 是相对于 RA 的 SPV 权益,相对有限数量的 RBS,与相对无限数量的 RA,或者相对无限数量 RA 加入 SPV 名下资产池,支持着相对有限 RBS。在一定时空条件下,RBS 与 RA 构成一定价值比例。

(2)RBS 收入归 SPV 名下"资产池",犹如保险公司股票上市。上市部分的 RBS 收入归于"资产池"。这种 RBS 收入与 RA 相结合,可以大大增加风险覆盖度,用以抵御随机违约率。

(3)RBS 与 RA 的比例关系。为了抵御随机违约率或者"肥尾现象",依据 RBS 与 RA 的比例关系,可以增发也可以回购,以维护 RBS 价格、RBS 收益率以及保持 RA 资产池一定的风险覆盖率。

三、RBS 优势

ABS 的夹层证券和底层证券,都是在风险市场化、风险有限责任化条件下所产生的,属于定价增信的权益增信产品,不仅克服了主体增信(FG/CRMA)的内在缺陷,而且克服了主体增信产品(CDS/CRMA)的固有缺陷。RBS 与 ABS 一样,也属于 SPV 这一拟制人的权益增信产品,却与 ABS 的基础资产、权益结构、权益内容不同。RBS 所运用的 SPV 名下的"资产池"是由风险资产(RA)集合而构成的,SPV 权益则是统一权益,同样可以对作为风险资产的"负权益"进行增信。而且,RBS 作为 SPV 增信权益,并没有分层分级,意味着 RBS 属于上市股票那样的增信权益,而非 ABS 的增信权益(夹层证券与底层证券)。

1. 主体增信(FG/CRMA)

主体增信的主要缺陷是支持不了 FIS 市场规模化发展。主体增信依赖于 10 倍资本金支持增信额度,不仅满足不了 FIS 市场规模化发展的需求,而且也承受不了随机违约率及其"肥尾现象"。增信机构如同赌徒带着有限资本,在有限时间内与赌场进行博弈,必输无疑。ABS 或 RBS 这种权益增信产品却正好相反。ABS 或 RBS 正是能够适应或支撑 FIS 市场规模化发展,通过数量之集合稳定、降低 FIS/RA 的违约率,通过违约率为基础的风险定价,形成权益增信产品,体现了增信有效性和增信安全性的统一,有利于增信市场上的投资者作出正确的投资判断。

2. 主体增信产品(CDS/CRMW)

尽管经历了 2008 年美国金融危机,CDS 通过清算中心(所)或权证化克服了因名义上的信用(保护)买卖结构所带来的"交易对手风险",但另一根本缺陷却一直无法克服,那就是产品投资者的投资增信问题或投资者/增信者(CDS 信用买方)的抵押品价值问题,实际上反映了产品的主体性还未摆脱无限责任这一重大问题。也就是说,CDS/CRMW,产品投资者/增信者(CDS 信用买方)仍需承担无限责任,如果 CDS/CRMW 的标的资产,或者被增信者/被担保人发生信用事件(包括信用违约),产品投资者/增信者仍会被要求承担增信义务。于是,这就产生了产品投资者/增信者的抵押品价值问题,即产品投资者自身的投资增信问题。因此,CDS/CRMW 作为主体增信产品,与主体增信一样,都难以抵御随机违约率及其"肥尾现象"。正因为如此,CDS/CRMW 其实也就是增信资产,尽管称之为主体增信产品。RBS 与 ABS 设计的绝大多数(95% 以上)利率产品(FIS)不同,都是如同上市股票般的权益产品,实现了 RBS 作为金融产品的有限责任化。而且,RBS 把产品价格建立在随机违约率基础上,并设计了抗衡"肥尾现象"的多层次、多样化的其他权益结构或权益增信产品,以防"肥尾现象"对 RBS 价格,及其 SPV 名下增信资产的迅猛冲击。

3. 权益增信产品

RBS 的 SPV 权益结构不同于 ABS,RBS 作为 SPV 权益,只是承担有限责任,产品风险完全由市场承担。RBS 是基于集合风险资产(RA)所形成的、并移至 SPV 名下的"资产池"。RA 本身是经过正常的增信定价,资产池集合的 RA 有利于科学测度违约率,由此可以稳定、下降违约率,并在测度违约率的基础上进行风险定价。RBS 在风险定价基础上,利用增信时间与增信收费这个 T 的乘数效应,与 SPV 权益之间形成合适比例关系,形成与 ABS 不同的 SPV 权益结构。因此,RBS 既能抵御随机违约率,又为有限责任,而且产品风险通过市场交易与市场定价进行转移与释放,即由市场及其市场投资者承担产品风险。

4. 增信权益

不同权益均来自主体或拟制人,RBS 增信权益也是 SPV 权益的一部分。RBS

的增信权益,不仅吸收转移了作为"负资产"增信资产的风险,而且也吸收转移至 SPV 及其名下"资产池"的 RA 风险。RBS 不仅是增信权益上市流通,也是主体上市(流通性)的表现,更由身价增信转化为定价增信,犹如上市股票与上市公司。RBS 通过 RA 产品化或增信权益产品化,可以克服随机违约率,特别是克服随机违约率所带来的"肥尾现象"。RBS 相当于为泰坦尼克号安装了超级声纳,或者插上了翅膀,或者把泰坦尼克号变成了深海潜艇,可以规避其原本难以避免的恶梦般的冰山,尽管这个冰山占不到北冰洋面积的几万分之一。RBS 也相当于为有限资本和有限时间的博弈者提供了探寻"仙道"的利器,可以认清表面赔率给博弈者带来的假象。

四、RBS 现实成果

作为创新增信产品,RBS 可以重构中国金融基础,确定金融机构批零地位。金融机构应该划分为制造金融资产的零售金融机构和在二级批发市场上购买金融资产的批发机构及其产品发行机构,并且,为了防止道德风险,两者不可跨界。

从事零售业务的金融机构,制造金融资产(FIS)和风险资产,包括贷款资产、债券资产及其债务融资工具、信托资产、租赁资产,增信资产,适当给予风险递延这一资管模式,包括保理业务,资管计划/信托计划及其单一 ABS 等。但是,这些风险递延的资管模式,应控制在年度 M2 总体目标之内。更重要的是,从事零售业务的金融机构,应该将其制造的金融资产进行分类,把需要出售的金融资产和全部增信资产通过二级批发市场进行出售,在获得零售利润的同时,实现金融资产的完全、彻底的风险转移。

从事批发业务的金融机构,不可获得风险递延这一资管模式,包括单一标的资产 ABS。一方面,从事批发业务的金融机构如果获得风险递延这一资管模式,不仅在业务上存在道德风险,而且与从事零售业务的金融机构相冲突。进一步看,在金融监管上,金融资产批零业务混同,可能会共同加速累积系统性风险。近五年中国金融机构全面而相互竞争的资管计划,通道业务就已经形成了百万亿元人民币级的"灰犀牛"、影子银行和人民币超发。另一方面,从事批发业务的金融机构应该通过二级批发市场购买金融资产(FIS/RA),但并不是为了持有而购买,而是为产品发行而购买。运用 SPV,将其所购买金融资产、增信资产进行组合,形成 SPV 名下的"资产池",并以违约率为基础进行风险定价,形成不同层次、不同分级的权益结构,达到权益增信效果,并发行权益增信产品,ABS 或 RBS。

风险资产或增信资产实际上也是由从事零售业务的金融机构所制造的。增信资产主要用于支持基础设施项目融资。目前中国基础设施项目融资包括央企国资负债,地方政府债及其平台公司负债,总额达到百万亿元人民币,占据中国FIS市场份额的60%以上。对于因增信这些金融资产而形成的增信资产,应该通过二级批发市场进行交易,建立"资产池",并根据违约率进行风险定价,最终形成SPV不同权益结构,发行权益增信产品(RBS),可以转移增信资产的风险至资本市场,并由市场交易与市场定价进行风险释放与转移。

值得关注的是,增信资产的分布决定着风险度。增信资产如果分散于公司法人,此类风险需要资本计提;增信资产集中度不足,因违约率会难以测度而无法准确定价;当增信资产高度集中时,违约率会趋于稳定和低下。因此有必要建立最多为一至两家的增信产品(RBS)发行机构。增信产品的发行机构专业从事增信资产批发业务、增信产品发行业务,却无须引入竞争机制。众所周知,"美国二房"不是"美国多房",经过了2008年的金融危机"美国二房"资产在数量和金额上却并未减少,但美国其他银行机构所发行的ABS/MBS的数量和金额却越来越少。这充分说明了增信资产集中度对违约率的正面影响,也证实了素数概率在经济主体上的运用是可行的。

第三节　风控要点与措施

作为创新增信产品,RBS的产品设计都是违绕着风险控制及其风控措施这一主题,把克服随机违约率及其"肥尾现象"作为风控措施的要点。

一、增信"资产池"

RBS的基础资产就是SPV名下的"资产池",这个"资产池"是由风险资产(RA)或增信资产(AFCE)所组成,它由从事零售业务的担保机构或增信机构(FG/CRMA)通过标准合约所制造。FG/CRMA的增信对象主要是基础设施项目融资所产生的地方政府债或市政债,在中国更多地表现为央企国资负债,地方政府债及其平台公司各种债务融资工具等。这些基础设施项目融资大多是长期的FIS,为增信资产后续的风险覆盖、风险转移提供基础。也就是说,基于长期FIS的增信资产,为批零交易、产品发行和"资产池"管理提供了足够的管理成本,即时间成本。作为批发业务的金融机构,RBS发行机构可以在二级批发市场上购买增信资产,组成增信资产的"资产池",并移至SPV名下。RBS发行机构可以把购买的增信资产相对无限制地、无须支付对价的注入"资产池",不仅为 RBS 定价提供了无限想象力,而且 RBS 对 RA 的风险覆盖能力得以持续。

综上,RBS 发行机构可以通过二级批发市场无限地购买 RA,用以支持零售担保机构或增信机构(FG/CRMA)不断地制造 RA,以此支持数额巨大的全球基础设施项目融资和 FIS 市场规模化发展。

由于零售金融机构受限于 10 倍杠杆率的资本金,需要通过二级批发市场出售 RA 制造者所创造的 RA 来维持不断制造 RA 的能力,并规避其所无法承受的随机风险或"肥尾现象"。而 RBS 发行机构购买 RA 却无须支付对价,而且可以收到增信义务/增信责任的增信对价(增信费用)或者风险对价。因此,RBS 发行机构作为增信资产管理机构和发行机构,可以无限地在二级批发市场上购买 RA,并将购买的 RA 组建成"资产池"移至 SPV 名下,无论是已经成立的 SPV 名下,还是即将成立的 SPV 名下,用以支撑 RBS 的价格。必须明确的是,作为 AR"资产池"的管理人,RBS 发行机构购买 RA,只是为 SPV 购买或代 SPV 购买,而不是为了自己持有而购买,如同基金管理公司一样。

二、违约率与风险定价

组建 SPV 及其"资产池",除了风险隔离外,就是为了测度违约率,并根据违约率进行风险定价。RBS 定价前提是,RA 本身就是经定价的风险,单一 RA 本身已有定价,无论是来自 FG 或者 CRMA,还是来自 CDS,只要剔除 RR 定价因子。单一 RA 定价在 CDS 定价模型中一目了然。因此,RBS 并不关注单一 RA 如何定价,而是关注 RBS 对 RA 的风险覆盖度、调控相关的违约损失与增信收费及其平衡关系。无论是风险覆盖度,还是平衡调控,都是基于增信时间(T)及其不断注入的增信额度(SUM)。增信时间(T)和增信额度(SUM)则是抗衡随机违约率或"肥尾现象"的关键因素。

违约率上升,违约损失增加,偿付总额扩大,甚至偿付困难,但是实际违约率并没有改变,这就是所谓"肥尾现象"。从理论上讲,在 RBS 存续期间的某段时间内,某个信用等级、某个行业、某些地区的 RA 违约率可能上升,违约损失可能较大。当然,也可能某些风险资产违约率下降,增信收益上升,违约损失缩小,甚至很长一段时间内都没有违约损失。其实,这两种情况都与"肥尾现象"有关。

1. 正确应对"肥尾现象"

无论违约损失持续缩小,增信收费增加;还是违约损失突发巨量,甚至难以应付,都应该采取下述定价观点来处理"肥尾现象"。

（1）"肥尾现象"并不涉及违约率变化问题，无须立即调整增信收费。经常调整增信收费，就会造成 RBS 定价问题、风险问题，从而影响其市场信誉，这些问题都关乎着 RBS 的存在与发展。

（2）违约率，从科学理论角度看，它其实也不是一个确定数字概念，应该是一个数字范围概念。因此，RBS 的定价，也应该是一个价格范围。即使在 RBS 发行时对风险资产池有个比较具体而确定的价格，但也只是那个时段所确定的价格。RBS 只有通过市场交易最终确定的交易价格，才是真正体现 RBS 的内在价值。当然，市场交易价格，更不是一个确定数字概念，而是一个具有函数性变动的波幅，是一个波幅范围。

（3）在经过一个较长时间（T）以后，并且达到一定的增信额度（SUM）后，违约率才会慢慢稳定下来，预期误差率也会逐渐缩小，对违约率的判断将越来越准确/精确，RBS 价格也越来越准确/精确反映/把握随机违约率，抵御肥尾现象。管理并处理好肥尾现象，是 RBS 定价管理模式中不可或缺的前提条件。

2. 正确处理随机违约率

随机违约率涉及 RBS 定价，它应该体现在某个阶段的增信额度（SUM）中，绝非单一 RA 违约率。违约率涉及集合增信，即集合 RA 的资产池所具有的违约率，必然是一种集合性质的违约率。不同集合性质、不同信用等级的 RA"资产池"，具有不同的违约率，任何类型的单一 RA、或单一信用等级 RA 违约率，都不能取代、改变这种集合性质的违约率。在集合性质的违约率条件下的违约损失，与在一定增信额度（SUM）下的增信收益，与现行的信用利差或风险利差，都应该是可以达到平衡的。RBS 的价值正是建立在这种平衡基础上，体现了增信效益性与增信安全性的高度统一；否则，RBS 的价值无以建立，增信又何以安全。

一旦集合性质的违约率上升，导致违约损失加大，偿付总额增加，甚至偿付困难时，必然涉及 RBS 产品定价的有效性和调控性及其增信收益问题。这时要看原来违约率所决定的 RA 定价是否准确，违约损失与增信收益是否倒挂。当这种集合性质的违约率上升时，一方面，应该判断出，是否属于"肥尾现象"，是否是定价不准而需要调整 RBS 价格；另一方面，要观察 RBS 市场价格是否发生较大震荡，波幅是否巨大。但是，当违约损失加大，偿付总额增加，甚至偿付困难时，可能只是发生"肥尾现象"，并没有产生集合性质的违约率上升。如只是发生"肥尾现象"，就无须调整 RA 的增信收益。

集合资产的违约率管理或定价管理，即使对于经历了近五十年的 ABS 这种成熟产品，目前也没有 ABS 定价机制，或者针对 SPV"资产池"进行 ABS 定价的数学模型,ABS 也是以单一 FIS 风险定价为基础的,并关注影响 ABS"资产池"违约率包括"早偿"现象在内的各种因素,最终也将以概率论,特别是素数理论作为ABS 定价的科学基础。

3. 增信时间(T)管理

假设,标准增信时间(T)在横坐标上,如果 $T>1$,即增信时间(T)向右移动时,代表增信时间延长或正增长;如果 $T<1$,即增信时间(T)向左移动,代表增信时间缩短或负增长。如果集合性质的违约率所达成的违约损失,与一定增信额度(SUM)条件下所形成的增信收益,两者之间的平衡就是 RBS 价值,那么 RBS 价值应该是增信时间(T)所创造的。

增信时间(T)作为 RBS 价值的尺度/调节器,与 RBS 价值正相关。增信时间(T)越长,RBS 价值越大;增信时间(T)越短,RBS 价值越小。而且,不同信用等级的增信对象,所需增信时间(T)是不同的。增信对象的信用等级越高,增信时间(T)越长,那么 RBS 价值就越大;增信对象的信用等级越低,增信时间(T)越短,则RBS 价值就越小。由此看来,增信时间(T)与信用等级的增信对象呈正相关关系,增信时间(T)决定了增信资产池的违约率或集合违约率。增信时间(T)越长,集合违约率越低,RBS 价值越大;增信时间(T)越短,集合违约率越高,RBS 价值越小。

4. 增信额度管理

增信额度(SUM)与增信收益正相关。增信额度越大,增信收益越多;增信额度越小,增信收益越少。不仅如此,根据概率原理和质数定理,增信额度又与违约率的预期误差率、集合违约率呈反向关系。增信额度越大,违约率的预期误差率越小,违约率可能越低;增信额度越小,违约率的预期误差率越大,违约率可能越高。

在集合性质的违约率条件下,增信额度具有特别重要意义。CDS/CRMW 作为主体增信产品,基本上都是基于单一产品违约率。增信额度对 CDS 来说,从表面上看意义并不大,如果增信仅为对冲业务所需。但是,当 CDS/CRMW 的投资者希望控制标的资产的信用风险,那么必然会对 CDS/CRMW 进行集合投资,用以控制风险,追求 CDS 投资价值。这样,增信额度对于控制随机概率,准确预测或降低违约率,追求增信产品内在价值,或者进行定价管理,就将具有重大作用。因此,在 RBS 产品设计或产品定价中,我们应该充分关注增信额度对 RBS 产品价值或产品风险的重要性。这不仅表现在 RBS 价格上,而且在"肥尾现象"的处理上,都要把增信额度作为 RBS 定价与风控的一个调节器进行运用。

5. 风险覆盖率管理

风险覆盖率管理应基于限额增信管理模式。在一定增信总量条件下,在增信时间(T)调节下,最大限度地进行风险覆盖率管理,必须使风险覆盖率大于1,从而创造 RBS 的增信价值。

1）单一增信

单一增信公式如下:

$$E = ST = (B1 - B2)T$$

式中,T 为增信时间,E 为增信收益;S 为利差;$B1$ 为无风险利率;$B2$ 为风险利率。

当处于单一增信条件下,且是新兴行业、新兴企业或新型项目,或者信用等级不确定的企业为增信对象时,信用历史数据尚未形成,因此信等差所形成的利差为增信收益,或者增信定价基础。因此,当且仅当 T 大于 1,风险覆盖率也就大于1,也就是增信价值大于1。

2）集合增信

集合增信公式如下:

$$QL = QR \cdot QM$$
$$QE = QS \cdot QT \cdot QM$$

式中,信用等级 Q 为 3A、2A、1A、3B、2B、1B 之集合;QL 为不同信用等级所对应的违约损失;QR 为不同信用等级所对应的违约率;QM 为不同信用等级的增信总量;QE 为增信收益总额;QS 为不同信用等级的(增信)利差;QT 为不同信用等级的增信时间。

那么,QR 与 QS 在大数据统计概率上趋于一致,即 $QR = QS$。

3）集合增信价值

增信业务/增信产品/增信行业要盈利,应在集合增信条件下,增信收益大于违约损失,即风险覆盖率要大于1。$QT \geq 1$,即增信时间 T 大于 1 年。那么,增信收益总额大于违约损失,增信价值为正值,即:

$$QE/QL = QS \cdot QT \cdot QM/QR \cdot QM \geq 1$$

若 $QT \leq 1$,1 年中的某一个时刻,小于 1 年的时间,或者 0.5 年。那么,增信收益总额小于违约损失,风险覆盖率要小于1,增信价值为负值,即:

$$QE/QL = QS \cdot QT \cdot QM/QR \cdot QM \leq 1$$

4）增信时间

增信时间(T)包括两种情况:

（1）增信时间 $T \leqslant 1$ 的情况。①FIS 的总量结构所形成的存续时间小于 1 年。②FIS 的总量结构所需大于 1 年但违约却发生在 1 年内某一时刻,使收取增信费用的总量未达到超过 1 年以上而发生违约偿付。

（2）$T \geqslant 1$ 的情况。利差等于增信收益条件下,$T \geqslant 1$ 实现的可能在于:①T 在增信时间坐标上向右移动,即 FIS 期间或增信时间(T)应该大于 1 年,这意味着 FIS 或增信资产应该是长期的,对应的是高信用等级的长期 FIS,从而验证了前述增信对象应该是长期的、高信用等级的 FIS。②T 在增信时间坐标上向左移动,即 FIS 期间或增信时间(T)应该小于 1 年:要么增信时间(T)小于 1 年,比如低信用等级的短期 FIS,增信时间小于 1 年;要么高信用等级的长期 FIS 在增信后的 1 年内突然发生违约损失。在这种增信时间(T)小于 1 年的条件下,可以未来增信收益作为解决 $T \geqslant 1$ 的前提,并在增信时间坐标上向右移动。也就是说,当信用风险出现明显的"胖尾现象"时,为了 FIS 市场的稳定性,应该可以设置注入式管理模式,将未来增信收费或者 RBS 未来价值作为价值补充,支撑 RBS 价格。为此,在设计 RBS 时应预留未来很多空间或额度,比如分次发行产品、RA 的相对无限注入、投资者保护基金等。

三、SPV 权益

基于 RA 定价,RA 通过 SPV 权益结构作为媒介传输,转移至 SPV 名下的 RA "资产池",并由 RBS 产品发行人进行管理。RBS 发行人将按各个信用等级及其相应比例、各个地区、各种行业、每个企业发展阶段等各种因素,从二级批发市场上进行购买 RA,且依据相关法律法规,设立 SPV 并将这些 RA 转移进入 SPV 名下的 RA "资产池",并由 RBS 发行人作为 SPV 管理人进行管理。

这些 RA 应通过标准增信合约取得、承载、传输、转移至产品发行人所代理的 SPV 名下。为了便于发行 RBS,增信机构在制造 RA 的零售业务中应该采用标准增信合约。无论是 RBS 发行人的代理商,还是独立增信机构,都应该采用标准增信合约,否则 RA 无法转移,可能会给从事增信零售业务的各类机构带来巨大风险。这些 RA 转移到 SPV 名下,并不是发行 RBS 时一次性将 RA 转移到 SPV 名下的,而是根据 SPV 设立文件所规定的,RA 可以不断"注入"、转移到 SPV 名下。当然,转移到 SPV 名下的 RA 总额,是否确定,如何确定,都将由 SPV 设立文件规定。为了抗衡随机概率或"肥尾现象",这个 RA 总额在 SPV 设立文件规定中也将是附条件的。

如同证券化产品(ABS),RBS 按照发行文件,募集投资资金。但是,RBS 所募投资资金不是支付给原始权益人的,而是进入 SPV 名下,成为 SPV 名下资产(权益投资资金)。SPV 因 RBS(权益)出让,投资者购买 RBS 而获得的权益投资资金,SPV"资产池"在成倍提高 RA 风险覆盖率的同时,也可以用于适当投资,提高投资收益。作为 SPV 的合法权益,RBS 的发行额度,应该基于 RA 本身资金加上 RBS 权益投资资金与 RA 名义资产总量的比例,即 RBS 对 RA 的风险覆盖度。这个发行额度,可以由 RBS 发行人择机发行,并不要求发行人一次性发行完毕。而且,随着风险资产的增加,发行额度将随之增加。发行人择机发行,主要是为了用于平衡、增加 RA 的风险覆盖率,对抗、抵御随机违约率或"肥尾现象"。

第四节 制 度 配 套

一、制定 RBS 交易规则

原有增信业务(FG/CRMA)都是不可转让的,或者在有限的行业内转让,即所谓"再担保""再保险",它们都不是以增信业务/增信合约/增信资产,即 RA 进行交易为前提的,因而不存在对 RBS 交易规则与交易市场建设的需求。现代增信业务或主体增信产品,无论是 CDS,还是 CRMW,都以增信产品交易市场为成立前提。增信产品交易市场可以是公开交易市场,比如中国两个证券交易所。也可以隶属于"柜台交易"性质,比如各个地方金融资产交易市场。这个"柜台交易"可以是一家公司自行挂牌交易,也可以由坐市商双边挂牌交易,当然也可以引入第三方结算机构。

据此,RBS 不仅可以通过在二级批发市场购买 RA,使增信机构在转移 RA 风险的同时获取零售利润,而且 RBS 可以作为权益增信产品进行上市交易,通过 RBS 交易转移 SPV 名下"资产池"中的所有 RA 风险,并实现 RBS 市场化的交易定价,完善 RBS 定价机制。据此,创立与发展 RBS,必须建立一个行之有效的、市场化的 RBS 交易平台,这就如同股票交易市场,或债券交易市场等公开交易市场。公开交易市场将使 RBS 连接上整个资本市场,因而与全部市场资本相连接,RBS 就是以市场信用为基础的创新增信产品。

二、设立法定偿付机制

在 RBS 交易市场制度建设中,重要的是应该通过制度性安排设立 FIS 信用违约时需要建立及时偿付及其制度安排的偿付机制,用以达到增信效果。从具有现代增信意义上的"金融担保"开始,历史已经证明,偿付机制是达到增信效果的最佳制度安排,是区别于民事担保、传统保险的重要标志。站在严格立场上说,尚未实行偿付机制的所谓增信业务或增信产品,都是"伪增信"。

法定偿付机制,应该先建立在 RBS 作为现金化产品的基础上。只有现金化产品,才能建立以"增信准确金"为核心的法定偿付机制。增信准确金就是与集合化违约率相适应的与违约损失相平衡的增信收益,以现金形式储存于受托人银行账户中(SPV 名下 RA"资产池"中的现金资产),以应对 FIS 信用违约时需要及时偿付及其制度安排。但是,当集合违约率发生变化或者发生"肥尾现象"时,增信准确金可能扩大到很多防范 RBS 交易市场的诸多制度性安排。比如,可以按照增信资产池中的预期增信收益,发行如同优先股或次级债等其他权益增信产品,也可以由投资者保护基金购买增发的或尚未发行的 RBS 等产品发行收入,都将成为增信准确金。

三、建立法定增信制度

至于要形成增信额度(大数概率),加大 RBS 对 RA 的风险覆盖度,实现 RBS 的收益与风险平衡调整机制,国家/政府应该对中长期(3 年以上)FIS 实行法定增信制度,如同全球商业银行所建立的法定存款保险。如果说,在国家信用支撑 FIS 市场条件下,刚性兑付盛行,根本忽视增信的需要和存在而当国家信用准备撤离 FIS 市场,钢贸行业大量违约事件,在惊悚之余还未反应情况下,"债转股"这种行政性手段就成为必然。那么,以市场化手段吸收 FIS 信用风险的 RBS 姗姗来迟之时,难道还要无视 FIS 信用风险,忽视和否认增信的需求? 进一步说,存款法定保险制度就是对所谓高信用等级、人们以往无比信赖的商业银行长期信用的保险,难道高信用等级企业的长期信用要比商业银行更可信赖,而且信赖到无须增信(保险)? 另外,RBS 作为分享经济,必然需要迅速落实一个稳定而巨大的增信市场,并迅速以一定量的增信额度组成 RA 资产池,才有可能支持 RBS;否则,分享经济不会产生正效益。

法定增信制度不仅将促使中国 FIS 市场将发生巨大变化,FIS 的信评条件也将发生根本变化,尽管前述信用利差也已说明中国信评机制的高评现象而采取市场隐含评级方式,中国 FIS 信评不准、高评 4 个信用等级的初级信评时代也将一去不复返。可以预期,法定增信制度不仅可以恢复中国 FIS 的实际信用等级,并将会对投资者心态造成重大影响。增信产品,无论是主体增信产品

（CDS/CRMW），还是权益增信产品（ABS/RBS），对于 FIS 投资者来讲，都是相随并进的。

四、增信现金化制度

1. 增信收费现金化

在 RA 交易基础上发展起来的增信零售业务，必然要求增信零售业务进行现金化增信收费（增信收益），即增信合约生效前把约定的未来增信年份应收取的增信费用，以一次性方式全部收取。增信零售业务实现增信收费现金化，可为 RA 交易、形成 RA"资产池"、并为设立 SPV 及其 RBA 定价与发行打下坚实基础，也是增信零售业务摆脱主体增信风险、获取零售业务利润的必要前提；否则，增信零售业务就失去了存在和发展的基础。因此，RBS 如要以增信零售业务为基础，必须改造增信零售业务，使增信零售业务适应 RBS 设立的需求。除了现金化增信收费要求外，对增信合约及其相关文件标准化，更符合 RBS 的规章制度及其操作方法。

增信收费现金化的理论前提是与以主体信用为基础的增信主体不同的，RBS 是以市场信用为基础的，不存在长期信用风险，或不会产生长期信用等级不确定性，即不存在倒闭破产问题。即使增信的 FIS 及其发行人破产倒闭，RBS 同样可以通过法定偿付机制赔偿 FIS 投资者的违约损失。因此，无论对于增信 FIS 及其发行人/融资者，还是增信 FIS 投资者/持有人，增信是确定的，增信义务是可以实现的，增信赔偿是可以预期的。因此，一次性现金支付增信收费，或者增信收费现金化，应该是合理的、平等的。

增信收费现金化作为标准增信合约的相关条款，作为 FIS 发行人/融资方的义务，或者作为增信机构的权利，也是完全合理合法的。众所周知，以往增信收费分期支付，其实是基于对增信主体/增信机构的不信任。设想一下，在增信零售业务中，如果增信机构对 FIS 增信并一次性收取增信费用后却因故倒闭，或发生信用危机导致信用等级下降。那么，这对已经支付全部增信收费的 FIS 及其发行人/融资者来说，增信收费现金化显失公平。如果 RBS 作为增信者（增信载体），就不存在增信机构的信用风险问题。反之，如果分期分批支付增信费用，可能存在问题的却是，增信后的 FIS 及其发行人/融资者，在 FIS 到期前若干年后发生信用违约，甚至破坏倒闭。这样，RBS 作为增信者，要及时履行增信义务，承担全部违约损失，及时支付赔偿金额。但是，RBS，或者 SPV 名下 RA"资产池"却没有全部收到预期的增信收费。对 RBS 来说，分期式的增信收费显然也是有失公允的，

RBS 在承担义务的同时,没有享有应有的权利。

增信收费现金化,从表面来看,增加了 FIS 的发行成本或 FIS 的融资成本,不利于融资者/投资者,其实这是极大的误解。增信基本功能之一,就是"风险换利率";否则,增信无法成行,增信行业无法发展。当然,增信收费现金化还存在市场利益导向问题。增信收费现金化对于 FIS 利率/增信利差变动仍然存在一定折损率。信用等级高的增信利差折损率越大,信用等级低的增信利差折损率越小。因为信用等级低的增信不仅仅是融资成本,还有发行成本。因此,增信收费现金化以后,增信收费折损率是一种客观存在,那么可以预见,增信代理必然如同保险代理蜂拥而至。图表 11.1 是增信费用现金化对 FIS 发行利率及其各方成本的影响说明。

图表 11.1　　　　　　　　　　增信收费现金化表

项目	发行利率	增信利率	增信费用/亿元	发行总量/亿元	实际利率	优惠利差
融资者	4%/年	3.6%/年	20 bp	100	3.838%/年	0.162%/年
3A/5 年期	4%/年	3.6%/年	20 bp	101	3.836%/年	0.164%/年
投资者	4%/年	3.6%/年	20 bp	100	3.76%/年	0.16%/年
3A/5 年期	4%/年	3.6%/年	20 bp	99	3.76%/年	0.16%/年
融资者	4.5%/年	3.9%/年	30 bp	100	4.29%/年	0.21%/年
3A/3 年期	4.5%/年	3.9%/年	30 bp	102.1	4.282%/年	0.218%/年
投资者	4.5%/年	3.9%/年	30 bp	100	4.11%/年	0.21%/年
3A/3 年期	4.5%/年	3.9%/年	30 bp	97.9	4.11%/年	0.21%/年
融资者	5.8%/年	4.2%/年	100 bp	100	5.36%/年	0.44%/年
2A/3 年期	5.8%/年	4.2%/年	100 bp	103	5.326%/年	0.474%/年
投资者	5.8%/年	4.2%/年	100 bp	100	4.66%/年	0.46%/年
2A/3 年期	5.8%/年	4.2%/年	100 bp	97	4.63%/年	0.474%/年
融资者	6.2%/年	4.5%/年	120 bp	100	6.06%/年	0.14%/年
2A/5 年期	6.2%/年	4.5%/年	120 bp	106	5.97%/年	0.203%/年
投资者	6.2%/年	4.5%/年	120 bp	100	4.72%/年	0.22%/年
2A/5 年期	6.2%/年	4.5%/年	120 bp	94	4.628%/年	0.128%/年

2. 产品交易现金化

RBS 的发行、交易、做市、偿付等交易都应采取现金方式交易,而不是如同主体增信产品(CDS/CRMW)基本上采取合同交易方式,尽管现在 ISDA 也要求 CDS 尽量或尽快采取现金方式进行交易。CRMW 虽然称为权证交易,但也只是如同 CDS 的合同交易方式,即按合约规定分次分批支付增信费用(信用保护费用)。然而,RBS 的每个交易环节或阶段都会产生交易成本,并因交易成本而对 RBS 进行持续的市场化定价。但是,无论如何,交易成本都应在 RBS 价格范围内;否则,过度投机将会使 RBS 偏离增信价值,甚至导致增信市场交易失序。

五、设立 RBS 投资者保护基金

如上所述,RBS 有着股票 PE 值的预期增长和经营业绩,当然也有可能亏损。因此,可以预见,在不同 PE 值的预期条件下,RBS 交易价格波动应与股票类似,甚至波幅更大。因此,RBS 的交易场所、登记结算、税务机构在收取相应交易、登记、结算等税费后,应对其收取全部税费的 50%,由金融监管机构统一组建 RBS 交易市场的"投资者保护基金",以防 RBS 交易市场上的系统性风险,维护 RBS 交易市场的稳定性。

设立 RBS 投资者保护基金,是基于如下事实。首先,可以保证在国家信用撤离后,FIS 市场维持稳定和更加市场化的发展,不会因国家信用撤离产生市场信用缺失的状况。其次,政府原来就希望建立业已过时、风险巨大的国家级融资担保基金,投入数千亿/万亿元人民币。现在不用掏钱,而是用 RBS 交易税费的 50% 成立投资者保护基金,可谓为国分忧,减少投入。最后,如果不设计出 RBS 的内在 PE 值,如同一般 ABS,或者(投资)基金,也不可能因具有较大的交易波幅及其交易量所产生的巨额税费。故道,取之于民,用之于民。RBS 作为分享经济,也是需要公共资源支持的。

六、改善增信分配与税收制度(公共资源)

基于目前人们对增信缺乏了解,对增信分配和税收制度更是无从下手,只能把增信行业作为服务行业进行收税。当前的增信费用是按服务企业征税,增信机构收取的增信费用即确认为业务收入。但是,当 FIS 信用风险出现前,增信费用已经交税并分配完毕,却只能要求资本金履行增信义务。如果增信机构投资人不愿投资,或仅承担有限责任,那么,在美国发生金融危机时以纳税人的税收进行"救市"也就顺理成章了。由于这种税务制度的失当,对增信机构或增信产品的

投资者来说,增信分配是极其不合理的。另外,增信行业、增信产品及其增信衍生产品,作为分享经济,也是需要公共资源支持的。

众所周知,增信经营的是增信(信用)风险,所谓增信收费,其实就是信用风险的承担成本和经营成本,并且还是一个风险巨大、杠杆式的经营成本。也就是说,在增信收费后,如果增信义务没有结束,意味着增信收费还不能成为经营收入,如同证券化的收入,需要对风险转移作会计确认。

首先,在一般增信业务中,对增信义务(风险)尚未终结的增信收费,至多只能算作预收款,不应征税。如果说,在中国 FIS 市场刚性兑付盛行时代,增信机构所从事的增信业务只是形式的,因此增信机构只要收取增信费用就须上交税费。但是,随着钢贸违约事件及其大规模信用违约事件发生以后,在国家信用逐渐撤离,刚性兑付正在终结的新条件下,原来税费制度必须作相应调整,应以风险转移的会计确认原则为基础。例如,某个增信费用在增信业务完全终止前或 FIS 兑付前,增信费用作为信用风险对价,仅仅是一种预收款形式,这种预收款应该不是一种债务,而是一种尚未确认的营业收入。因此,增信费用此时还不能转化为增信机构的收入,因此也无从涉税。当然,增信机构在增信收益所承担的全部增信义务完全终止时,或增信的 FIS 全部兑付后,或者出售 RA 时,增信机构方可开票确认收入,或者对其出售 RA 的零售利润征收所得税。在收取增信费用时,增信机构可以开具增信收据;在确认收入后,方可开票,交纳税费。

其次,信用违约是概率化的,增信义务也是需要增信总额作为基础的。没有增信总额作为基础的信用违约,不可能是概率化的,那么增信收费(定价)就无法适从。也就是说,某个增信义务的终止也不意味着增信费用可以自动确认为增信机构的增信收入。当增信机构所承担的增信义务总量大于未正式开票确认的增信费用总量时,增信机构应仍处于增信义务或信用风险边际范围内,增信费用仍可处于未确认收入状态。比如,注册资本为 100 亿元人民币的增信机构,已完成的增信总额(增信资产)为 1 000 亿元人民币,平均按 2% 计算收取增信费用,合计为 20 亿元人民币。其中,增信义务已经终止的只有 300 亿元人民币,这样就存在 6 亿元人民币的增信费用,是否在会计上终止确认,并因转化为业务收入而需纳税。如果纳税,未来 700 亿元人民币的增信资产发生违约赔偿怎么办? 税务机构肯定说,先纳税然后再递延。但问题是,这种风险巨大的增信业务在发生违约赔偿后,会因资本金 10 倍杠杆率放大赔偿风险,以及信用等级下调造成司法追诉风险,最终可能导致增信机构的倒闭破产。先纳税然后再递延的税收政策对倒闭破产的增信机构没有任何意义,增信机构的理性投资者会放弃投资,远离增信机构,增信市场则因缺少投资者而消失。

同样是纳税,假设某一增信机构已经完成增信义务的增信总额(增信资产)为2万亿元人民币收到200亿元人民币增信费用完成交纳税费及完成权益分配50亿元人民币。剩下150亿元人民币的增信资产却发生违约,注册资金为100亿元人民币的增信机构将因不足赔偿而倒闭。这样的税收分配制度,肯定对增信市场是不公平的,尽管符合有关公司法、破产法等法律规定。

由此可见,增信机构在增信总额所承担的全部增信义务完全终止前进行部分确认收入,开票纳税,无论对于增信投资者,还是对于增信市场,都将产生负面影响;反之,问题同样存在。如果不确认收入,不开票纳税,就意味着增信投资者无法获得投资回报,税收机构无法获得税收。这个两难问题如何解决,涉及完善我国增信税收和权益分配制度。要完善我国增信税收和权益分配制度,除CDS/CRMW外,就必须改变现有增信业务(融资担保),使现有增信业务转型为增信零售业务。

增信零售业务使增信机构在转移增信业务(风险资产)前,不再确认增信收入,也不会纳税分配。当完成出售RA后,增信零售业务风险已经完全转移,可将营业差额或服务收益差额确认为零售业务收入,再行纳税分配。如果增信零售业务由增信代理机构完成,那么,增信代理机构收到的代理费用则可确认收入,再行纳税分配。RBS发行人在把增信业务(风险资产)转移给SPV,进入增信"资产池"后,把转移差额或服务费用确认为增信收入,再行纳税分配。根据国际惯例,SPV本身没有税收,但投资SPV的权益凭证比如RBS所产生的利润,可以免税用以支持增信事业/增信行业/增信产品(RBS/ABS)的顺利发展,在未来若干年后,在RBS/ABS的产品风险和市场风险相对稳定以后,可按20%所得税对制造RA的增信机构、RBS/ABS发行机构及其产品投资者进行征税。

第十二章

重构中国金融基础与全球金融格局

第一节　构建金融机构批零业务

一、批零业务

从风险控制或资产管理角度看,金融机构应该分为两类:一类是从事零售业务、制造金融资产的金融机构;另一类是从事批发业务或发行业务,即通过产品发行转移金融资产内在风险的金融机构。所谓"零售业务",就是制造金融资产的金融业务。商业银行、保险公司、信托投资公司、金融租赁公司、金融(融资)担保公司等金融机构,都是制造金融资产的零售机构,制造了贷款资产、债券资产、保险资产、信托资产、金融租赁资产、保险资产、金融担保资产或增信资产等各类金融资产,其中,绝大部分金融资产是作为 FIS 形式而存在。作为零售金融机构,在制造金融资产的同时,应该对金融资产进行有效风控和监管,防范金融风险,特别是系统性风险。所谓"批发业务"或发行业务,是指金融机构在二级批发市场上购买金融资产,包括 FIS 和 RA,并开展金融资产产品化或产品发行的金融业务。从事发行业务的金融机构在二级批发市场上购买各类金融资产,不是为了自己持有金融资产,而是为了开展金融资产产品化或发行金融产品,并在资本(投资)市场上通过市场交易和交易价格分散、释放、消化金融资产的内在风险,最终由资本市场及其参与者承担投资风险。这也意味着,发行金融产品,应该属于市场化的金融产品,如果是不受市场投资者欢迎的金融产品,则是没有市场的,也是无法成功发行的。这同时也意味着,如果经不起二级市场交易的检验,所制造的金融资产就没有办法向交易市场转移风险,就必须追究金融资产制造者(业务经理)的过失及其可能存在的道德风险,实现市场化的金融监管。

所有金融资产,无论是 FIS 还是 RA,都是具有内在风险的。大部分金融资产都是 FIS,具有"主体性"风险及其所延伸的产品风险。为此,作为制造金融资产的零售金融机构,必须进行风险控制(风控)或资产管理(资管),选择风控方式或资管模式。与此同时,所有购买金融资产的批发金融机构,也必须采用最为有效的风控方式或资管模式,通过发行金融产品或者权益增信产品(ABS/RBS)转移风险,而且是市场化的金融产品。但在制造金融资产的零售金融机构与购买金融资产的批发金融机构两者之间,应该建立金融资产的二级批发市场,以利于金融资产有效便捷的买卖交易。当然,建立这个二级批发市场的前提,必须是在中国金融监管当局真正树立起以金融资产批零方式和产品化方式达到风险转移的监管方式,并按此监管方式对金融机构进行分类监管。目前中国成立银保监和证监会的体制表明,似有建立这种监管方式的意图与发展趋势。

众所周知,如果不为了风控与资管,制造金融资产非常简单方便,任何傻瓜都可以制造金融资产。因为制造金融资产先是利益输出,目的就是收取时间成本和风险收益。如果不对制造金融资产进行风控,只是利益输出,就无法获得收益,就会丧失金融资产,造成金融机构价值损失,最终形成金融风险。因此,要制造金融资产,就得实施风险控制。风险控制的关键在于制造金融资产的利益导向:持有还是出售。

持有,可以获得金融资产全部持有期间的利润。从事零售业务的金融机构制造短期金融资产,不影响金融机构的资金周转率或资金运用效率。但制造长期金融资产,将会影响金融机构的资金周转率或资金运用效率,特别会影响其流动性。金融机构如果出了流动性问题,会使社会融资困难,融资成本或融资利率居高不下,可能伤害实体经济;或者会反逼中央银行释放流动性,可能造成货币超发,长期积累风险而引发系统性金融风险。因此,正确认识到短期金融资产与长期金融资产的风险区别,对于金融机构来说,是十分重要而有益的。

金融资产(FIS)发行人/融资者无论信用等级高低,长期金融资产风险都大于短期金融资产,因为金融资产(FIS)发行人/融资者作为公司法人存在生命周期,信用评级也仅为 1 年有效。因此,这些发行人/融资者因为生命周期而使长期信用等级无法稳定,因此长期信用是不稳定的,因而是具有风险的。可见,长期金融资产,既会影响金融机构的资金周转率或资金运用效率,特别影响其流动性,又因长期风险可能带来不可估量的损失,对于金融机构来说,必须选择最为有效的风控方式/资管模式。

金融资产信用风险持有方式有两件,或以零售方式制造/创造金融资产,又或以批发方式和产品化方式转移信用风险。批零业务考核标准也因此确立,经营责任也因此厘清。有了零售方式的业务模式,业务风险或金融资产的信用风险可以最有效地得到控制。对于制造金融资产的零售机构来说,真正的风控方式/资管模式无非是两种:风险递延和风险转移。

二、风控方式/资管模式

风控方式/资管模式应该具有四种形式:风险分散、风险对冲、风险递延和风险转移。在资金投资类型中,适应于风险分散、风险对冲这两种风控方式/资管模式。具体来说,风险分散仅存在于持币状态需要投资时;风险对冲更合适于期货指数及其衍生产品,但在衍生产品(CDS/CLN)却与风险转移有所交结。在资产管理类型中,适合采用风险递延、风险转移这两种风控方式/资管模式。具体来说,风险递延由于金融机构自身利益,特别是流动性需要而广泛存在于金融机构之间;而风险转移目前更多发生在股票上市,如果 PE 作为金融资产并接受监管的话。当然,ABS 的权益增信功能还与风险转移没有挂上关系,其实风险转移在 ABS/MBS 的不同权益结构设置中得以实现。但是,基于风险概率(违约率)为基础的风险定价,风险转移却在 SPC 形式的"美国二房"中得以真正实现。因此可以说,金融资产的现行风控方式或者现行资管模式,最为普遍的是风险递延,最为有效的是风险转移。

1. 风险递延

风险递延作为一种风控方式/资管模式,只是延长金融资产信用风险(违约率)的暴发时间,或者因时间改变而改变经济环境所具有的不同违约率。比如将单一信贷资产发行信托计划、资管计划或理财计划及其他"通道产品",甚至发行所谓单一标的资产 ABS(下称"单一 ABS")。风险递延并没有真正解决金融资产的风险问题,只是起到"递延"作用,推迟风险发生。在会计上风险无法终止确认,因而无法出表。在法律上买卖交易方式难以合法合规成立。然而,中国金融机构却在"会计做假账"条件下通过这些风险递延的所谓创新金融工具,把表内资产表外化,或者在表外制造与表内风险一样、杠杆不一样的金融资产,从而形成了百万亿元人民币级的、如同笨重"灰犀牛"一样的表外资产,也就是影子银行的主要表现。

风险递延的主要特征是,金融资产在表内表外相互交易,或者自行担保、隐性担保、关联担保,以及相同资产额度同业交易等,总之所有交易无法成就"真实出售"。

(1) 从一个金融机构转到另一个金融机构,从一个金融业务或金融产品变换成另一个金融业务或金融产品。比如,通过资管计划/理财计划/信托计划、单一 ABS 等各种名目的投资计划或金融产品,仅仅只是推迟贷款业务或金融风险的发生。

(2) 从一个金融机构的金融资产变换成另一个金融机构的金融资产,比如运用通道业务、(假性)保理业务、等额资产互换(假性买卖)业务、融资担保业务等方式,推迟了金融资产风险的发生。

(3) 各个金融机构都有所谓创新产品"资管计划",可以在表外形成所谓金融机构没有风险的金融资产,实际上与表内金融资产一样,具有相同的信用风险,同样需要"刚性兑付"。

　　具有风险递延功能的各种工具,包括各种名目的资管计划、理财计划、投资计划或信托计划。各种名目的计划,只是通过资产表外化推迟金融资产风险的发生,或者在表外制造更多的金融资产,以逃避表内资产风控方式,包括资本金管理,杠杆率管理等。各种名目的"计划"是以"计划"为名募集资金,对金融机构自行制造或持有的金融资产进行投资,希望转移、消化金融资产的内在风险,由计划投资人承担。但这只是主观愿望而已,实际并非如此,存在着如下诸多无法实现风险资产出表的事实和法律缺陷。

　　(1)"计划"在法律上并非是如同投资基金(PE)一样的外部管理拟制人,没有任何法律意义。

　　(2)计划投资人与受托人金融机构,任由中国文字描绘为委托关系,而非信托关系,但实际上却把投资人资金转移至作为计划管理人(金融机构)名下。

　　(3)资产受托人(金融机构)把受托资产投资于资产受托人名下的资产或进行交易,委托人不仅不能真实了解资产受托人名下的资产的实际情况,又非真正了解这种法律关系的道德风险。

　　(4)资产受托人名下的资产定价都由资产受托人决定,而非根据金融资产的违约率或者信用等级进行定价,更非买卖双方通过协商定价,特别是对于无信用等级的金融资产。

　　即使不是购买管理人自己表内金融资产,同样存在无法"真实出售"的因素。其一,为了市场竞争,资金募集、投资与交易过程中往往存在隐性担保、关联担保。其二,金融机构代客理财"吃差价"。这就意味着,金融机构与某个项目签订"投融资协议",再通过"计划"进行融资实现了"投融资协议"的利润,其中只是支付了"计划"融资成本。计划投资者只是获得一个融资收益,却要承担"投融资协议"的全部风险,这种"刚性兑付"的投资关系能够成立吗?"刚性兑付"只能存在于融资关系,不可能存在于(投资)代理关系。

　　其实,"刚性兑付"从头到尾就是一个"伪命题"。所谓"计划",就是忽悠、甚至欺骗老百姓或投资者的"金融计划"。这个"金融计划"就是,在谈到计划风险时,金融机构与投资者就是投资代理关系,一切风险由投资者承担;在涉及投资收益时,只是给投资者如同 FIS 一样的预期收益率,与代理的全部投资收益无关,实际上金融机构在"吃差价"。因此,前述各种事实说明这个"金融计划",应该是金融机构的融资行为,并非存在"真实出售",也无法成为表外资产。因此,对于投资资金,应该如同表内资产一样,实行"刚性兑付"。近期中央力推"去杠杆",要求金融机构把百万亿元人民币级的"灰犀牛"重回表内,逐步停止各种名目的"计划",割除其融资功能或再融资功能,表外资产重回表内,并按表内杠杆率进行控制,这必将成为新时代中国走向金融强国的基本思想。但是,要实现"去杠杆"风控目标,必须配之以最为有效的风控方式和资管模式即风险转移。

2. 风险转移

风险转移作为一种风控方式/资管模式,就是要解决金融资产的风险问题,真正起到风险转移的作用,终结从事零售业务金融机构的内在风险,即转移金融资产的内在风险。风险转移,从法律形式上讲,包括金融担保、信用(保护)买卖及其风险(资产)交易三种形式。但是,要真正转移、终结金融资产的内在风险,必须将其风险终止确认。

对于制造金融资产的零售机构而言,风险转移的风控方式/资管模式,主要包括金融资产零售业务,金融担保业务或增信业务。如果保理业务等"真实出售"业务,不是为了风险转移而发行金融产品而为,仅为持有,那么信用风险实际上并未真正转移。如果为金融担保机构受让金融资产风险(风险资产),仅为持有,要么无法满足金融资产规模化发展需求,要么是导致社会资本的巨大浪费或效率低下,更重要的是,金融风险仍然存在于金融担保机构手上,那么信用风险实际上并未真正转移。"真实出售"的对象不应是制造金融资产的零售金融机构,而是购买金融资产、发行金融产品的批发金融机构。这种金融机构在二级市场上购买、批发金融资产,不是为了自己持有,而是为了转移金融资产的内在风险,通过金融产品和权利增信产品(ABS/RBS)发行和交易,以市场交易和交易价格,即由市场风险吸引、转移所有资产的内在风险,并由市场(投资者)承担。

风险转移又分为三种状况:

(1)金融资产(FIS)真实出售。如上所述,通过批零业务转移风险。比如个人长期按揭贷款、供应链中的非上市公司应收账款等。

(2)仅仅出售风险(资产)而不包括无风险利产品(FIS),比如 FG、CRMA,通过增信业务形成增信资产。增信资产与 FIS 一样,都是金融资产。比如央企国资、地方政府(平台公司)为基础设施项目融资所产生的长期债务,包括银行贷款、企业债及其他债务融资工具。对于这种长期债务,应该转移风险,形成增信资产。

（3）FIS 证券化和 RA 产品化。无论是 FIS 还是 RA 都是金融系统中零售机构所制造的金融资产，金融风险仍然留存在金融系统中。

因此，要把这个金融风险转移出去，通过批零业务，并依据法律赋予的 SPV 这一风控利器，最终发行金融产品和权益增信产品（ABS 和 RBS）。

三、产品化

从事金融资产（FIS）/增信资产（RA）批发业务和发行金融产品（ABS/RBS）的金融机构，所谓券商或投资银行，或者创设 1～2 家 RBS 产品发行机构。这些产品发行机构应该在二级市场上购买/批发长期金融资产（FIS）和增信资产（RA），可以通过标准合同进行买卖交易。产品发行机构，购买/批发金融资产（FIS）或增信资产（RA），不是为了持有，而是为了发行金融产品（ABS/RBS），包括把 PE 投资的公司股权通过上市发行而成为上市股票，把金融资产（FIS）/增信资产（RA）打包组成"资产池"，设置 SPV（不同层次）的权益结构，并将权益增信产品（ABS/RBS）上市交易，通过市场交易及其交易价格分散、转移金融资产（FIS）和增信资产（RA）的内在风险。

综上，金融资产买卖不可避免，是风险转移的必要形式之一，并因"真实出售"而实至名归。资产买卖或真实出售，就是风险转移的风控方式/资管模式。对于制造金融资产的零售机构而言，"为卖而造"才是正确的风控理念。如果零售机构卖不了所制造的金融资产，即无法实现风控目的，又无法实现制造利润，"追责"就既方便又容易。因此，对于制造金融资产的零售业务监管，先要树立"为卖而造"的业务监管观念，才能真正运用好最为有效的风控方式/资管模式，即风险转移。发行与交易金融产品，通过市场交易及其交易价格释放、化解、转移金融产品的内在风险，由交易市场承担金融产品（ABS/RBS），及其金融资产（FIS）和增信资产（RA）的所有风险。

也就是说，金融机构所持有金融资产（FIS）和增信资产（RA）的内在风险，是通过金融资产产品化，并由交易市场的投资者以交易价格形式最终承担。无论 FIS，还是 RA，批零业务的最终通道就是发行金融产品（ABS/RBS），即金融资产产品化。从事金融资产批发业务和发行金融产品的金融机构，不应从事制造金融资产的零售业务，禁止其发行不能转移风险的、只起融资作用、制造金融资产的资管计划，单一 ABS 等融资工具。从事金融资产批发业务和发行金融产品的金融机构，包括券商、基金，均应由金融产品发行监管机构——中国证监会负责监管。

第二节 重构金融体系的支撑基础

一、金融体系

在美国金融机构体系设置中,中央银行(美联储)和美国财政部是最重要、最基础的金融机构,这无可非议。但是,"美国二房"作为 SPV 的特殊形式 SPC,却起到了风险转移的市场化、全球化的作用,并与美联储、美国财政部一起构成了美国金融机构体系所赖以存在的三足鼎立的支撑基础。美国证监会只是证券监管机构,资本市场的仲裁者或裁判员。但美国没有设立银监会或保监会来监管制造金融资产的零售机构。美国零售金融机构包括商业银行、信托租赁、担保保险,均采取市场化的自律监管。在这种市场化自律监管下,美国零售金融机构要比其他大陆法系国家的零售金融机构更为安全、健康、有序。

在美国金融机构中,制造金融资产的商业银行,称为零售银行。专业从事金融产品发行与投资的,称为投资银行。对于长期金融资产,比如按揭贷款,零售银行奉行"为卖而造"的理念,及时把金融资产的风险转移出去。而购买金融资产的金融机构或资产管理机构,则不是为了持有而买,而为了转移金融资产的风险而批发金融资产并发行金融产品。但是,美国的长期金融资产,尽管包括了按揭资产,形成了"美国二房"及其 ABS 为代表的风险转移机制,却并未包括基础设施项目融资(工具),无法形成以 SPV 为资管利器的,转移金融担保资产(FG 所形成的增信资产)内在风险的权益增信产品(RBS)。因此,直至目前为止,美国基础设施项目融资仍然无法取得金融担保资产(RA),及其权益增信产品(RBS)的支持。正是因为美国金融市场上缺乏转移这种类型增信资产(RA)内在风险的权益增信产品(RBS),美国基础设施项目融资非常困难。如果美国进行增信产品创新,以类似 RBS 这类权益增信产品支持美国基础设施项目融资,那么,中国的增信产品创新会受到很大影响,从而导致中国的人民币国际化进程缓慢。

大陆法系的欧盟,因为缺少金融资产风险转移机制,包括批零机制和产品化机制,欧盟商业银行及其金融机构的内在风险难以转移,这就阻碍了金融机构的健康发展。因此,欧盟的商业银行及其金融机构不是很发达,信用评级相对美国商业银行及其金融机构的信用评级要低得多。欧盟金融机构只有以下几种办法来维持这种金融体制:

（1）欧盟央行现在只是开动印钞机增加欧元供应量，通过一个认购主权国家国债的类似欧盟货币基金来超发欧元，比如每月购买800亿欧元主权国家国债，现在已降至每月购买300亿欧元。

（2）由德意志银行通过CDS对欧盟主权国家国债进行增信，然后由欧盟内部其他金融机构与其进行对冲交易。即使如此，美国三大信评机构仍将德意志银行信用等级降至3B。

（3）欧盟的租房人口比例可能高达60%以上，因此欧盟商业银行的按揭贷款比美国少很多，欧盟商业银行的资本金周转压力较小。

（4）欧盟的基础设施建设老化，由于与美国一样，欧盟金融市场上缺乏支持基础设施融资的金融产品，及其与RBS类似的权益增信产品，欧盟同样存在额度巨大的基础设施融资需求。

目前中国金融机构所从事的金融业务都是混淆了批零业务，主要有如下情况：

（1）银行信贷资产证券化所发行的ABS/MBS，应该属于转移风险的金融产品，而不是制造具有信用风险的金融资产。实际上，目前中国银行业现行ABS都是单一ABS，属于风险延伸的金融产品，并不属于转移风险的金融产品。

（2）无论从事零售业务的金融机构，还是从事批发业务的金融机构，都在开展所谓的表外资产业务，即通过资管计划创造金融资产。金融机构既做零售业务，制造金融资产，又做批发业务，发行金融产品，金融监管的道德风险不可避免，中国证监会的道德风险遭人质疑也是源自于此。

同理，从事零售业务的金融机构，如果仅仅为持有金融资产而制造金融资产，其中道德风险必然滋生。从事零售业务的金融机构直接发行金融产品，先不说市场是否接受这样的金融产品，其中金融机构的道德风险必然遭受质疑。进一步来看，不区分金融机构的批零业务，由从事零售业务的金融机构直接发行金融产品，金融风险是否转移值得怀疑，并且导致了目前中国上百万亿元人民币级的"灰犀牛"现象或影子银行，中国银监会的业务监管方式应该遭到质疑。

二、重建中国金融体制的支撑基础

1. 消除影子银行、抑制货币超发和提升国家主权信用

在中国金融机构体系中，并未按零售业务机制和产品发行机制来区分金融机构，而以各种金融工具共同制造了巨量而长期的金融资产，名义上都是以央企国资、地方政府（平台公司）负债形式存在，其实都是基础设施项目融资，只是通过

央企国资、地方政府(平台公司)的负债形式来表现。在采用风险递延的风控方式和资管模式时,必然产生三个百万亿元人民币级的现象:具有信用风险的金融资产(FIS)、影子银行、人民币超发。从而,这三个百万亿元人民币级的现象让国家主权信用承担巨大负荷,造成巨大负面影响,致使国家主权信用等级按三大评级机构信评标准下降至 A 或 A-。

如果改用风险转移的风控方式和资管模式,金融资产通过批零业务、产品化方式,就可以将金融风险转化为市场风险,产品风险,由市场化交易、市场化定价的权益增信产品(ABS/RBS)受让并承担。金融资产的信用风险,不再是由任何一个作为拥有一定资本金法律主体的金融机构来承担了,也不再是由国家主权信用来承担。如果金融资产的信用风险不再由金融机构或国家主权信用承担,而由资本市场上交易的 ABS/RBS 来承担,那么,影子银行与人民币超发自然而然地退出历史舞台,国家主权信用也会升至最高信用等级。

2. 产品利率逐渐市场化,可以取消法定利率

金融产品的发行,金融风险通过违约率进行风险定价,并通过市场交易进行市场化定价,必然形成两种产品,无风险利率产品和风险利率产品。无风险利率产品又分为两种,直接经过产品增信的金融资产(FIS),和通过 ABS 间接形成的优先级证券(FIS)。无风险利率产品,相当于短期国债收益率。随着金融资产(FIS)产品化深入,逐渐消除了影子银行,抑制了货币超发,国家主权信用自然得以提升至最高等级。当国家主权信用升至最高等级,国债收益率必将趋于不断下降,那么无风险利率产品也将下降。这样,银行利率必然跟随这种市场化产品也将下降,并随着这种市场化产品利率的深化改革与发展,中央银行到时即可取消商业银行的法定利率。

3. 金融风险更易监管

根据风险转移的风控方式和资管模式,建立批零业务机构,从事制造金融资产的零售机构和从事金融资产批发及金融产品发行机构,批零业务分离使得不同机构率先消除了道德风险和金融腐败。

从制造金融资产的零售机构来说,对于零售机构持有的短期(1 年内)金融资产制造,监管“制造经理”应该非常方便。一方面,经理人员不可能如此快辞职;另一方面,监管规则也可规定,即使辞职也需承担业务责任并进行辞职审计。

对于中、长期金融资产制造,应该采用两种监管方式:增信和零售。其一,金融资产的风险在零售业务中必然要经过二级批发市场买卖交易的检验,经得起二级批发市场交易检验的金融资产,零售业务监管终止。如果金融资产在二级市场上无法交易,那么自然可以监管"制造经理"。其二,长期金融资产如果无法增信,那么就无法实现"为卖而造"的经营理念,对"制造经理"的监管不得而知。

从金融资产批发和金融产品发行机构来说,第一,通过二级市场交易购买金融资产,检验了金融资产零售业务;第二,发行金融产品,在测度违约率并进行风险定价时,也是对购买行为进行了检验;第三,金融产品发行后所发生的金融资产违约事件,也是可以检验零售机构和批发发行机构的批零业务和道德风险。

总之,金融机构无论通过批零业务机制实现(金融)资产出表,还是通过发行金融产品实现(金融)资产出表,这两种监管方式其实就是上述风控方式和资管模式——风险转移,而且,在建立了风险转移的风控方式和资管模式的同时,也就等于建立了金融监管方式。

第三节　"一带一路"熊猫债

"一带一路"熊猫债就是在中国或国际资本市场上发行募集资金,并以人民币计价的外国债,包括外国国债、外国企业债,或者亚投行贷款ABS。首先,"一带一路"熊猫债的发行交易及其到期兑付均以人民币计价,是一种人民币资产。"一带一路"熊猫债不可以外国货币(比如美元、欧元)计价发行交易,尽管可以在中国资本市场以外的全球资本市场发行交易,也可以通过外汇市场换汇交易。其次,"一带一路"熊猫债必须涉及"一带一路"沿途国家,比如巴基斯坦等国家。非"一带一路"沿途国家所涉的债券可以是熊猫债,但不可能是"一带一路"熊猫债。再次,外国债,不仅包括外国国债与外国企业债,而且包括亚投行贷款ABS。因为亚投行贷款经以人民币计价的ABS的主要部分"优先级证券"属于固定收益产品(FIS),可以在资本市场发行交易,中国也可以在全球资本市场发行交易。接着,"一带一路"熊猫债必须在全球资本市场发行交易。如果不是全球发行交易,不仅意味着信用风险都集中在中国资本市场而由中国资本市场承担,而且还具有非常严重的政治风险(亚投行贷款的ABS除外)。"一带一路"熊猫债发行交易,初期可以在中国资本市场上发行交易,然后可以通过中国香港资本市场进行发行交易,最终在全球资本市场发行交易。最后,"一带一路"熊猫债应该是,也必然是,以创新增信产品进行增信的外国债。因为如果没有增信,"一带一路"沿途国家信用等级无法在全球资本市场发行交易这种熊猫债,要么这种熊猫债利率或融资成本居高不下,要么"一带一路"熊猫债发行人无法接受。因为如果没有创新增信产品进行增信,是没有办法满足"一带一路"熊猫债规模化发展的需求。

一、前提条件

1. 沿途国家自行投融资非常困难

"一带一路"沿途国家,大多为发展中国家。从长期、全局角度看,尽管"一带一路"基础设施投资有利于这些沿途国家的发展,但沿途国家现有财力有限,捉襟见肘。即使在国际资本市场上融资,不仅融资成本高企,而且可能附带诸多政治条件,让沿途国家望而却步。即使沿途国家中的一些私营机构拥有相当资金,但对投资周期如此长的项目并无信心。"一带一路"基础设施投资收益与投资成本,或者投资风险不匹配,依赖中国投融资也许是沿途国家的不二选择。

2. 中国单独投融资的风险巨大

即使不计政治风险,中国也无法单独满足数额巨大、时间较长、投资风险与投资收益不匹配为特征的"一带一路"基础设施项目投融资的需求,这里包含以下几层含义:第一,中国巨额外汇可以平衡目前中国进出口业务以及维护"外汇长城",但不足以单独投融资于"一带一路"基础设施。第二,中国投融资于"一带一路"基础设施建设,不仅要有利于国内经济结构调整,而且要有利于国内金融脱虚向实。也就是说,中国对"一带一路"基础设施投融资,要采取以国家利益为中心的双赢思维,克服并抛弃过去那种无偿援助的,争做意识形态老大的极左思维。第三,对"一带一路"基础设施项目投融资,要与新时代中国发展理念相协调。新时代中国发展理念之一,就是打破美元霸权地位,实现人民币国际化。

3. 实现人民币国际化

人民币已经具备国际货币的基本功能,基础设施项目建设及其投融资则是中国的最强项,只是需要如同"一带一路"这样的伟大倡议的催化,需要"点石为金"的金融思路与金融产品。在为"一带一路"沿途国家及其基础设施项目投融资的同时,实现人民币国际化,这也是中国发行"一带一路"熊猫债的必要条件。

4. 巨大风险

"一带一路"基础设施投资可能长达二三十年,因此,"一带一路"熊猫债所需资金时间至少长达30年以上,单一资金所需时间也在15~25年。这么长期的融资项目,在现行信用评级体系下,不是任何国家、任何投资主体可以承受的,尽管中国基础设施数百万亿元人民币投资例外,但也无法复制于"一带一路"。"一带一路"熊猫债所需资金总量巨大,数十万亿美元,在现行三大评级机构控制的资本市场上是很难募集的。无论中国,还是"一带一路"沿途国家都无法解决。中国也根本无法,也不应该用中国近三十年的基础设施投融资方式用于"一带一路",否则无异于自掘坟墓。"一带一路"沿途国家大多为发展中国家,在国际资本市场筹资困难,而且筹资成本极高。即使俄罗斯,尽管中国刚为其发行了近十亿美元的为期 3 年的熊猫债,但这不可大量复制。"一带一路"基础设施的经济效益,实际上又将在一个基础设施巨额投资完成的大系统中才能真正实现。因此,达不到系统效果的投资,风险巨大。

5. 改变现有融资方式

在现有融资方式中,主体信用是融资基础。但是,对于基础设施融资,就目前资本市场来说,政府信用却难以支持,或评级不支持。尽管美国 20 世纪最后 30 年的近万亿美元的基础设施融资,是通过由主体增信方式的金融担保(FG)支持的地方政府债和市政债来实现。但美国发明于 20 世纪末、盛行于 21 世纪初的产品增信(CDS),尽管在理论上无限支持 FIS 市场规模化发展,却并不支持基础设施融资,甚至导致美国特朗普政府 1.5 万亿美元的基础设施项目也无法成行。

二、经验教训与增信创新

"一带一路"沿途所涉国家众多,且大多为发展中国家。因此,"一带一路"沿途所涉国家共同发展,必涉及互联互通的基础设施,包括空港、海港和陆上交通网络。这些基础设施投资建设,不能单一发展,必须是协同发展。协同发展就是要求产生协同发展效应。基础设施投资建设必然要求协同发展。基础设施投资建设特征:金额大、周期长;收效慢、效益低;缺口大,需求旺。然而,基础设施融资产品缺失——所有金融产品不支持基础设施融资。就连美国市政债与地方政府债也需要 FG 增信,并且 FG 这种增信支撑不了美国基础设施项目融资规模化需求。中国巨额基础设施投融资的前提是,中国"外汇长城"的保护。即便如此,中国巨大的基础设施项目融资的后遗症仍然是非常严重的。直至今日,依然困扰着中国整个金融行业,这就是中国金融行业特有的三个百万亿元人民币级现象:金融资产、影子银行和人民币超发。

"一带一路"熊猫债增信的必然需求如下:

(1)由于"一带一路"国家绝大多数属于发展中国家,信用等级低下。如果没有增信,要么无法筹资,要么成本高企。

(2)没有增信,就不可能有全球资本市场发行交易,中国将单独承担所有风险。

（3）现行增信产品（CDS/CRMW）不支持财务透明度不够、信用等级低下的"一带一路"熊猫债，或者仍然无法摆脱三大国际评级机构操控。

（4）必须使用创新增信产品（RBS）进行增信，形成中国主导的全球新型金融格局。与此同时，为了避免中国巨额基础设施融资的后遗症。

"一带一路"熊猫债，应该以创新增信产品（RBS）进行增信创新。"一带一路"熊猫债必须增信，但对于金额规模巨大的"一带一路"熊猫债，如果仅以主体（机构）增信，是万万不能的，任何增信机构（主体）无法承受金额规模巨大的"一带一路"熊猫债。只有创新增信产品（RBS）方可既能满足"一带一路"熊猫债规模融资的需求，又可抵御随机违约率的冲击。同时，按照 CDS 产品增信来看，RBS 应与 CDS 一样，其信用等级也应该是最高的。所以，创新增信产品（RBS）所增信的"一带一路"熊猫债，其信用等级也应该是最高的，应该为无风险利率产品。

三、具体增信程序

1. 增信零售/代理机构

选择一些大型资本机构，以其雄厚资本作为创新增信产品（RBS）及其产品发行机构的零售/代理机构，可对"一带一路"熊猫债进行增信。

（1）增信合约。大型资本机构必须使用创新增信产品（RBS）及其产品发行机构所制定的标准增信合约，而不是用一般的增信合约（FG/CRMA），以便发行创新增信产品（RBS）。因为大型资本机构不应，也不能长期持有增信资产或风险资产（RA）。

（2）增信资产（RA）。大型资本机构在完成签署增信合约，收取增信费用，并约定增信合约及/或其增信资产（RA）由指定委托人，即创新增信产品（RBS）及其产品发行机构拥有，大型资本机构本身不承担增信义务。

（3）增信代理费用。大型资本机构作为增信零售/代理机构，收取相应的零售收益或代理费用，约为 RA 现金资产的5%～10%。

2. RBS 发行机构

RBS 发行机构先与大型资本机构签订增信代理协议，与产品发行交易场所签订 RBS 发行交易协议；然后再与产品交易场所共同制定产品发行交易规则；最后再由产品交易场所与产品登记结算机构签订相关协议。

3. RA"资产池"管理机构

RBS 发行机构也是 RA"资产池"的管理机构。具体责任如下：

（1）对增信资产进行优化配置，科学管理。

（2）代表 RBS 对产品投资者进行利益分配。

（3）代表 RBS 对违约债券进行即时偿付。

（4）代表 RBS 对违约主体拥有法定追诉权。

四、合作共赢

增信的"一带一路"熊猫债,对于中国与国际资本市场上的各方,都是合作共赢的。

1. 中国资本市场

其一,增信的"一带一路"熊猫债,相当于在中国资本市场发行了一种如同中国国债那样的无风险利率产品属于非本国债务,不仅有利于中国是负责任大国的正面形象,更为"一带一路"基础设施项目投融资提供了巨大的资金引擎,有利于"一带一路"倡议的实现。其二,增信的"一带一路"熊猫债所募资金,可以人民币向中国购买基础设施项目建设所需的各种设计、材料、设备与劳务,必然可以转移中国国内过剩的生产能力,加速国内经济结构转型。其三,增信的"一带一路"熊猫债大量发行交易,可以促使中国金融脱虚向实,减少金融杠杆。与此同时,亦可转移人民币超发所带来的"泡沫",用于人民币国际化。其四,增信的"一带一路"熊猫债发行交易,有利于中国利率的市场化改革进程。中国的市场利率缺乏 RBS 这种市场信用产品的支持,导致市场利率扭曲。中国本身也存在数百万亿元人民币的 FIS 市场需要转移信用风险,从而可以改善银行资产质量,提高国家信用等级,减少货币超发(泡沫)带来的市场利率压力。其五,"一带一路"沿途国家/项目企业的正常还本付息,不仅有利于"一带一路"熊猫债的全球发行与交易,更有利于加快人民币国际化程度。其六,RBS 的全球发行交易,有利于改变以往美国主导的、三大国际评级机构控制的,以信用评级为基础的全球资本市场,建立以中国为主导的、RBS 增信为基础的全球资本市场,重构全球金融格局。

2. "一带一路"沿途国家/项目企业

"一带一路"熊猫债发行,对于"一带一路"沿途国家/项目企业来说具有不可多得的发展机遇和国家利益。第一,"一带一路"沿途国家通过发行"一带一路"政府熊猫债筹集资金,用于投资于"一带一路"沿途项目企业资本金,有利于分散中国对"一带一路"沿途项目的投资风险。第二,发行"一带一路"熊猫债,有利于促进"一带一路"沿途项目的谈判进程和投资建设进程,为"一带一路"沿途项目融资打开了资金渠道。第三,发行"一带一路"熊猫债,最终为"一带一路"沿途国家带来发展机遇,搭上中国迅速发展的快车道。

五、具体模拟方案("一带一路"沿途国家,巴基斯坦某港口)

1. 港口项目(企业)资本金及其比例

巴基斯坦政府投资部分,可发行巴基斯坦国家"一带一路"熊猫债进行筹资,专项投资于港口项目公司的资本金。中国投资机构投资部分,以其自有资金进行港口项目资本金投资。巴基斯坦国家私营机构投资部分,任何巴基斯坦的私人投资机构,以其自有资金进行项目资本金投资。投资项目的资本金比例由各方自由协商。

2. 项目融资

(1)亚投行贷款。在港口项目企业资本金到位后,寻求亚投行贷款。

(2)"一带一路"港口项目熊猫债:在港口项目企业资本金到位后,寻求发行"一带一路"港口项目熊猫债/港口企业熊猫债,专项用于港口项目投资开发。

(3)选择组合:根据需要,由上述(1)(2)两项进行各种组合。

3. 巴基斯坦熊猫债类型

第一种熊猫债类型是巴基斯坦国家"一带一路"熊猫债,用于港口项目资本金。第二种熊猫债类型是港口项目"一带一路"熊猫债,用于覆盖港口项目投资所需。第三种熊猫债类型是亚投行贷款 ABS,用于覆盖港口项目投资所需。在"一带一路"熊猫债全球发行交易之前,尽量多用亚投行贷款,以防政治风险。

4. "一带一路"熊猫债用途

巴基斯坦"一带一路"熊猫债专项用于港口项目投资的企业资本金(巴基斯坦国家熊猫债)及其项目投资建设资金(港口企业债/港口项目债,亚投行贷款 ABS)。巴基斯坦"一带一路"熊猫债所募集资金为人民币。绝大部分资金以人民币形式向中国企业购买港口项目设计、材料、成套设备、劳务等一揽子工程项目所需资源,极少部分资金由中国企业根据项目建设需要,通过申购外汇购买外国资源。

5. 还款来源

港口项目"一带一路"熊猫债/亚投行贷款:由港口项目的运营收入来偿还。巴基斯坦国家熊猫债:由港口项目的运营收入来偿还,不足部分由巴基斯坦国家财政收入进行偿还。

6. 产品发行交易市场

"一带一路"熊猫债的产品发行交易市场,前期在中国的沪、深两个证券交易所发行交易,然后通过香港证券交易所发行交易,最终走向全球证券交易所发行交易,包括纽约、伦敦、东京、法兰克福等证券交易所发行交易。

7. 发行代理人/做市商

可由某个商业银行或券商成为"一带一路"熊猫债发行代理人/做市商,然后再寻找国际化发行代理团队,当然要以中国发行代理人为主,以国际发行代理人为辅,或以不同地区市场区分不同发行人。

第四节　人民币国际化与重构全球金融格局

一、人民币国际化

"一带一路"熊猫债在国际债券市场上发行交易,必须能够让国际投资者中意,而且成为国际债券市场上的最佳债券产品,是国际投资者最佳选择。实现人民币国际化目标的前提条件是,"一带一路"熊猫债必须以 RBS 进行增信,并且预期人民币汇率上升。以下述例子说明:国际投资者买入一个期限为 10 年或 20 年的、RBS 增信的"一带一路"熊猫债,将是一次人民币国际化实现过程。

首先,RBS 增信的"一带一路"熊猫债利率,应该是与中国国债收益率相似的无风险利率产品,初期年息在 2%~3%,未来年息可能在 1.5%~1.8%。这是因为:①RBS 作为产品增信,与 CDS 一样,应该具有最高信用等级。被 RBS 增信的"一带一路"熊猫债利率应该是无风险利率,与中国国债收益率相似。②随着中国把金融机构的风险通过 RBS 转移到市场上,金融机构的资产质量得到大幅提升,影子银行与人民币超发问题逐步得以解决,中国政府的主权信用将会逐步上升到最高等级,中国国债年度收益率将收窄至 1.5%~1.8%。③由于 RBS 增信,投资这种熊猫债的年收益将得以保证获得,这是这种熊猫债的投资人关注点之一。

其次,RBS 增信的"一带一路"熊猫债汇率,可以预期每年有 3%~5% 的升值预期。假设,早期总量 10 万亿元人民币熊猫债中有 20%,中期总量 50 万亿元人民币熊猫债中有 40%,晚期总量 100 万亿元人民币中有 60% 的熊猫债,是由国际投资者投资,那么,中国未来若干年里将拥有庞大的外汇收入。在中国数额庞大的外汇收入同时,人民币发行量会得到一个很好的比例关系。因此,未来 20~30 年,人民币可预期与美元的汇率为 2:1,或 3:1。这也就意味着,国际投资者买入一个期限为 10 年或 20 年的、RBS 增信的"一带一路"熊猫债,除了获得"一带一路"熊猫债的无风险利率外,还可以获得额外的人民币汇率升值收入,即汇率年上升 3% ~5%。

人民币国际化带来的人民币汇率上升,这是中国经济强健发展的表征,这不仅有利于缓解人民币超发压力,解决中国金融脱实向虚的倾向,更重要的是人民币汇率上升,并给"一带一路"熊猫债一个好的预期,使得以人民币计价的"一带一路"熊猫债可以成为最具含金量的人民币回笼资产。因此,国际投资者定会买入人民币,再投资于"一带一路"熊猫债,这是人民币国际化第一步,也是人民币国际化过程中最重要的一步,即人民币储备功能得以实现。

综上所述,新时代的中国,肩负打造人类命运共同体的重任,"一带一路"为中国所倡导,人民币国际化随之而来,重构全球金融格局已经刻不容缓。人民币国际化,不是简单的人民币自由兑换问题,也不是单纯支付结算功能,最为深远的影响却是实现货币储备功能,即人民币债券国际化。全球发行交易的"一带一路"熊猫债,不仅可以为"一带一路"未来二三十年的基础设施建设提供数百万亿元人民币(数十万亿美元)的巨大资金引擎,而且为人民币国际化提供了充分而必要的时代机遇。在消除人民币超发/泡沫,实现人民币国际储备功能的同时,作为国际资本市场上极具流动性的优质交易资产或人民币交易所需优质"回笼资产",自然而然地就实现了人民币的自由兑换。

人民币走出去以后,中国央行需要拥有国际社会需求的优质产品作为"回笼资产"去收回人民币,犹如美国、欧洲均有两个"渠道"可以"回笼"美元或欧元。

(1)商品渠道。以美国为例,大到波音飞机,小到苹果手机,美国可以不断输出商品,把发出去的美元收回来。欧盟也是如此,欧洲拥有高档的奢侈品、精尖的工业制造品等,美国与欧盟都通过这些全球需求的商品及其渠道可以把发出去的美元或欧元收回来。

(2)资产渠道。美国有很多全球认可的最安全、最保值资产,全世界都拿着挣到的美元去购买美国的最安全、最保值资产,比如美国的国债、"美国二房"债券与 ABS/BBS、上市股票。

按照金融投资原理,持币不如持资产,可以增加收入。反观中国,一个问题是目前缺乏具有很强竞争力的商品。中国目前大部分商品是加工贸易,如果给美国做加工贸易,贴上美国商标以后就得以美元计价,贴上欧洲商标就得以欧元计价,都不是人民币计价。另外一个问题是中国缺少安全有效的资产,不仅缺少极具投资价值的股票,国债评级计价与国际上差距较大,债券市场提供不了安全有效的债券。因此,人民币国际化,不仅缺少商品回笼的渠道,而且缺少资产回笼的渠道。这是目前人民币走向国际化的阻碍。

现行增信产品并不支持信用等级低下的"一带一路"熊猫债，或者仍未脱离三大国际评级机构负面影响。但是，RBS 的全球发行交易，有利于改变以往美国主导的、三大国际评级机构控制的、以信用评级为基础的全球资本市场，建立以中国为主导的、RBS 增信为基础的全球资本市场，重构全球金融格局。随着国际投资者不断持有 RBS 增信的"一带一路"熊猫债，也意味着以人民币计价发行交易的债券属于有效的全球配置资产，或优质的人民币回笼资产。因此，人民币作为国际货币的储备功能已经实现，人民币国际化自然而然地实现了。

二、重构全球金融格局

如果 RBS 增信的熊猫债（不限于 RBS 增信的"一带一路"熊猫债），可以满足中国数百万亿元人民币的"脱虚向实"的市场需求，转移中国数百万亿元人民币的"灰犀牛"或影子银行的内在风险，实现中国经济结构的调整与转型，同样也就可以满足美国近期 1.5 万亿美元的基础设施项目融资，同样也可以满足东盟近五年 3.5 万亿美元的基础设施项目融资，同样也可以满足"一带一路"近二十年的数十万亿美元的基础设施项目融资等，如能满足全球未来几十年数百万亿美元的基础设施项目融资需求，全球基础设施项目一定会让世界各国人民受益，那就一定会造福全人类。

RBS 增信的熊猫债，与 RBS 增信的国内各种 FIS，这些数百万亿元计的，以人民币计价的熊猫债与国内各种 FIS，在 RBS 增信下，就会演变成无风险利率产品，应该比美国国债具有更高信用等级，并且在人民币汇率上比美国国债更具吸引力。如果这些无风险利率产品兑换成美元计价，那么，这些几十万亿美元的，由 RBS 增信的熊猫债与 RBS 增信的国内各种 FIS 将占据世界 FIS 市场的一半左右。另外，RBS 作为创新增信产品，也将走出国门，融入或对接全球资本市场，其名义资产或增信资产同样也会达到几十万亿美元，甚至数百万亿美元。随着全球交易市场的相互联结，交易市场网络化不可逆转。中国债券交易市场及其 RBS 市场包括：中国银行间债券交易市场，两个证券交易所。然后连接香港债券市场，最后连接全球资本市场，包括伦敦交易所、纽约交易所、东京交易所、法兰克福交易所等。因此，RBS、RBS 增信的熊猫债与 RBS 增信的国内各种 FIS，随着发行交易国际化，不仅极大地推动人民币国际化，也将彻底改变全球资本市场的资产占比、运行方式、信用评级等各种因素，重构了全球金融格局。

参 考 文 献

［1］姜建清. 商业银行资产证券化［M］. 北京：中国金融出版社,2004.

［2］史悦,孙洪祥. 概率论与随机过程［M］. 北京：北京邮电大学出版社,2017.

［3］徐国栋. 优士丁尼《法学阶梯》评注［M］. 北京：北京大学出版社,2011.

［4］F·W·梅特兰. 国家、信托与法人［M］. 樊安,译. 北京：北京大学出版社,2008.

［5］胡志刚. 不动产物权新论［M］. 上海：学林出版社,2006.

［6］杨兆龙. 大陆法与英美法的区别［M］. 北京：北京大学出版社,2009.

［7］成之德. 资产证券化理论与实务全书［M］. 北京：中国言实出版社,2000.

［8］唐元琦. 信用违约互换定价分析［J］. 浙江大学硕士论文,2004.

［9］王祚君. 增信原理［M］. 上海：立信会计出版社,2017.

［10］弗雷德里克·S·米什金. 货币金融学［M］. 郑艳文,译. 北京：中国人民大学出版社,2011.

［11］达纳·麦肯齐. 无言的宇宙［M］. 李永学,译. 北京：北京联合出版公司,2015.

［12］亚当·拉伯. 巴塞尔之塔［M］. 綦相,译. 北京：中国金融出版社,2014.

［13］丹·科纳汉. 英格兰银行［M］. 王立鹏,译. 北京：中国友谊出版公司,2015.

［14］Anderson W J. Continous-time Markov China ［M］. New York：Springer-Verlag, 1991.

［15］Singleton. Central Banking in The Twentieth Century ［M］. Cambridge：Cambridge University Press, 2010.

［16］Batchvarov A, Hani C, Davies W. Mortgage Securitization. Default Swaps and Financial Guarantees, Who Buys, Who Sells? ［J］. Housing Finance International,2002(17).

［17］Hull J, White A. Valuing Credit Defaut Swaps：No Counterparty Default Risk ［J］. Journal of Derivatives,2000(12).

［18］Jarrow R A, Turnbull S M. The Pricing and Hedging of Options on Financial Securities Subject to Credit Risk ［J］. The Journal of Finance, 1995

(50).

[19] Kijima M, Muromachi Y. Credit Events and The Valuation of Credit Derivative of Basket Type [J]. Review of Derivatives Research, 2000(4).

[20] Madam D, Unal H. Pricing the Risk of Default [J]. Review of Derivatives Research, 1998(2).

[21] Eccllesia R L, Robert. Estimation of Credit Default Probabilities [J]. Journal of Banking and Finance, 2008(7).

[22] James H. The Value of Risk [M]. Oxford: Oxford University Press, 2013.